Gustav-Adolf Schur · Täve

Was sind überhaupt »Memoiren«? Ein Buch über Siege und Niederlagen, Erinnerungen an amüsante Stunden, Hinweise auf einige bittere?

Was schreibt man auf, was läßt man weg?

Beim Klassikerrennen »Rund um Berlin« 1952 wollten sich am Start alle über mich ausschütten vor Lachen. Ich trug Kniestrümpfe. Das ist ungefähr so, als würde sich ein Schwimmer einen Hut aufsetzen. Auch meine Schuhe fanden alle lustig, sie hielten sie für leicht frisierte Halbschuhe. So etwas stand sogar in der Zeitung. Tatsächlich waren es Rennschuhe, die ich mir bei einem Schuster im Nachbardorf nach Maß hatte nähen lassen. Mein Pech war, daß der gute Mann noch nie im Leben Radrennschuhe gesehen hatte. Die Sache hatte aber auch ihre gute Seite – man nahm mich nicht sonderlich ernst.

Ich gewann.

Das alles noch einmal aufschreiben? Der gute alte Wilhelm Liebknecht ließ mich in seinem Volksfremdwörterbuch jedenfalls wissen, daß das Wort »Memoiren« aus dem Französischen stammt und sich verschieden übersetzen läßt: »Gedächtnis, Gedenken, Denkschrift, schriftliche Darlegung von Erlebtem, Lebensbericht«, wobei Liebknecht betonte: »Meist politischen Inhalts.«

Über mich ist in einem halben Jahrhundert sehr viel geschrieben worden – Kluges, aber auch Albernes, Wahrheit wie Lüge. Soll ich etwa in diesem Wirrwarr aufräumen? Jetzt, da ich – das liest sich schockierend – die Schwelle zum achten Lebensjahrzehnt überschreite? In den meisten Erinnerungen, die heute in den Buchläden auftauchen, rechnen Politiker, Schauspieler, Schriftsteller, auch Sportler, mit dem oder jenem ab. Oder sie beschreiben ihren »Widerstand«. Nein, ich bin nie aus Protest in entgegengesetzter Richtung gefahren. Ich war nicht mit allem einverstanden, aber ich versuchte immer abzuwägen, was nützlich für die Menschen war und ob das Prinzip meinen Idealen entsprach. Ich bin in der DDR aufgewachsen, und ich habe ihr die Treue bewahrt, auch wenn es heute »in« sein sollte, sich für alles Mögliche zu entschuldigen.

Bei manchen stehe ich in dem Ruf, ebenso gutmütig wie starrköpfig zu sein – eine der vielen maßlosen Übertreibungen, die über mich verbreitet wurden. Wahr ist daran nur, daß ich alles, was ich tue, gründlich bedenke. Ich habe selten anderen gestattet, für mich Entscheidungen zu treffen, und das führte auch zuweilen zu Konflikten. Das alles noch einmal ausbreiten? Schnee von gestern aufbügeln? Viel Lust verspüre ich dazu nicht. Und immer wieder: Wen interessiert das eigentlich? Als ich in den Bundestag gewählt worden bin, kamen neue Zweifel auf. Würden die Leute nicht vielleicht sagen: Kaum ist er im Parlament, schreibt er Memoiren. Da ging mir so einiges durch den Kopf. Freunde meinten: Laß die Leute reden.

Jemand drückte mir eine Liste angeblich routinierter »Ghostwriter« in die Hand. Ich hatte von denen noch nichts gehört und verließ mich wieder aufs Fremdwörterbuch. (Ich sollte vielleicht hier schon mit meinem Lebensbericht beginnen und mitteilen, daß ich nur einfache Volksschulbildung habe.) Ich las, daß »Ghostwriter« auch »Neger« genannt werden. Auf dem Umschlag eines Buches steht der Name desjenigen, der sein Leben beschrieben hat, aber der Text stammt von »Negern«. War diese Redewendung entstanden, weil es sich um eine Art Sklavenarbeit handelt, oder weil ein Spaßvogel gemeint hatte, Neger sieht man im Dunkel zwischen den Buchdeckeln nicht?

Die ganze Sache mit diesen Memoiren ist also keineswegs einfach. Aber dann erwachte eines Tages auch Ehrgeiz, meine Gedanken zum Sport, zum Leben, zu den Fragen der Zeit und der Zukunft, wie ich sie mir vorstelle und deshalb für sie kämpfe, aufzuschreiben. Es ließe sich einwenden, daß die Zeiten endgültig vorüber sind, in denen man sich für eine billige Siegerschleife vier bis fünf Stunden bis zum Anschlag quälte, aber ich habe da meine Zweifel. Sport muß auch Spaß machen und sich nicht in der Frage eines Managers nach der Höhe der Gage erschöpfen. Dabei ist mir klar, daß die Marktwirtschaft wenig Spielraum läßt für Spaß, aber auch die cleversten Manager kommen nicht ohne die Ehrenamtlichen aus, die die Grundsteine legen. Ich will nicht vorgreifen, aber dieses Thema bewegt mich mehr als die Frage nach den Grenzen menschlicher Leistungsfähigkeit.

»Mechaniker« für »Memoirenrad« gesucht

Ich bin immer noch bei der Vorrede. Man empfahl mir angeblich bewährte »Ghostwriter« – auch in dieser Branche ist von »Boom« die Rede –, aber ich konnte mich nicht dafür erwärmen. Ich hielt Ausschau nach einem »Mechaniker«, der mein »Memoirenrad« hin und wieder mal durchsehen und vielleicht die Zwischenzeiten signalisieren könnte. Ich stieß auf meinen alten Freund Klaus Ullrich Huhn. Der hatte immerhin schon vier Bücher über mich geschrieben, und die waren ganz ordentlich. Die sie gelesen hatten, haben allerlei über mich erfahren, und manchmal hatte er auch geschrieben, worüber ich kein Wort verloren hätte. Das geht jedem Menschen so, daß er manches lieber wegläßt, denn wer macht schon alles richtig im Leben. Vielleicht sollte ich auch erwähnen, daß unsere Geburtstage nur 24 Stunden (und drei Jahre) auseinander liegen, wir also beide im Sternbild der Fische geboren sind, und wenn ich auch nie die Horoskope in den Zeitungen lese, weil ich sie für Blödsinn halte, berufe ich mich hin und wieder im Disput mit Klaus auf das gleiche Sternbild und hoffe, daß es was nützt.

Als Gegenleistung für seine Hilfe versprach ich ihm, nicht mehr auf ihn einzureden, daß er mit dem Rauchen aufhören und sein Trainingspensum erhöhen soll, um ein paar Kilogramm zu verlieren. Er lächelt schon fast vierzig Jahre darüber.

Und damit wären wir schon bei einer wichtigen Mitteilung meiner Erinnerungen: Ich habe mein Leben lang nicht geraucht! Raucher werden maulen: Noch so ein Gesundheitsprediger. Die Nichtraucher könnten überrascht sein, daß ich das überhaupt erwähne. Man erwartete es von mir!

Bei diesen Zeilen stieß ich darauf, daß viele Leser vermutlich zu viel von mir erwarten. Ich bin auch nur ein Mensch. Also: Hoffentlich enttäusche ich Sie nicht allzu sehr ...

Nachdenken über den Krieg

Die Zeit, in die ich hineingeboren wurde, gehörte nicht zu den Sternstunden des Jahrhunderts. Ich wuchs dort auf, wo ich heute noch wohne und lebe – wenn ich nicht im Bundestag oder einem der Ausschüsse sitze –, nämlich in dem Dorf Heyrothsberge. Als ich zwei Jahre alt war – also noch nichts bewußt wahrnahm –, fand das statt, was man in den Geschichtsbüchern heute harmlos als »Machtwechsel« bezeichnet. Die Nazis begannen ihr blutiges Regime. Davon war allerdings bei uns im Dorf kaum die Rede. Im Gegenteil, man feierte sie, weil sie die Arbeitslosigkeit reduzierten, in dem sie den »Arbeitsdienst« ins Leben riefen und die Rüstungsindustrie ankurbelten und Autobahnen betonieren ließen. Hätte mir damals jemand erklärt, daß die Autobahnen dazu dienen sollten, eines

8

Tages schneller an die Fronten zu gelangen, hätte ich ihm wohl nicht geglaubt. Nicht einmal als ich schon älter war, lesen und schreiben und nachdenken konnte. Ich bin in Heyrothsberge nie jemandem begegnet, der vor dem Krieg warnte, und hätte es einer getan, hätte ich nicht gewußt, wovon er eigentlich redete. Was war Krieg?

Der eine oder andere wird sich vielleicht daran erinnern, daß man mich während des Bundestagswahlkampfes mehr als einmal gerade in dieser Frage aufs Glatteis locken wollte. Wenn ich mich richtig erinnere, war da ein Jungstar der »Berliner Zeitung« mit dem Auftrag nach Heyrothsberge gekommen, mich als unbelehrbaren politischen Dümmling darzustellen, der höchstens weiß, wie man Rennrad- pedalen bewegt. Daß ich von Hause aus gutmütig bin, hat- te ich schon vermerkt. Das erklärt, daß ich ihn wie jeden Gast zu Hause empfing. Meine Frau backte ihren geschätz- ten Kuchen und servierte ihn. Als ich später seinen Bericht las, wußte ich endgültig, daß er wie ein Rennfahrer, der sich das ganze Rennen über auf den Spurt vorbereitet, nur im Sinn hatte, mich zu einer positiven Äußerung über Hit- lers Autobahnen zu verleiten, die er nutzen wollte, um mir die These von der sich kaum von der braunen unterschei- denden roten Diktatur in den Mund schieben zu können. Er lachte mit uns, spielte den Wohlwollenden, stopfte den Kuchen in sich hinein und lauerte nur auf dieses Wort. Daß der Journalist für diesen Artikel einen Preis bekam, macht deutlich, was heute gefragt ist: Demagogie. Daß sich in der Redaktion der »Berliner Zeitung«, die diesen Artikel im Wahlkampf an hervorragender Stelle druckte, die Pro- testbriefe der Leser zu Hunderten stapelten, wie mir ein Redakteur erzählte, der nur nach außen hin die Wende vollzogen hatte, bewies mir, daß der Schreiber zwar den Geschmack seiner Chefs getroffen hatte, aber nicht den der Leser.

Auskünfte über meine Familie

Wenn ich über die politische Haltung meiner Familie hier einige Worte verliere, zitiere ich vielleicht am besten ein Gespräch mit Günter Gaus aus dem Jahre 1997. Es ist viel Unfug über meine »Vergangenheit« verbreitet worden, und Gaus nahm sich in seiner Sachlichkeit da wohltuend aus. Er begann rundheraus: »Ihr Vater trat in die SA ein, weil er dadurch eine Arbeitsstelle bekommen hat, als Tankwart auf einem Schulflugplatz bei Magdeburg. Nach der Wende 1945 trat er in die SED ein. Erzählen Sie von Ihrem Vater. Was war das für ein Mann?«

Ich antwortete: »Er war auf einem Bauernhof bei Posen, heute Poznan, großgeworden. Er mußte da runter, der Älteste erbte das. Und er ging ins Ruhrgebiet. Damals, nach dem ersten Weltkrieg, waren dann ziemlich schlechte Bedingungen für ihn dort. Er hat Arbeit gesucht und hat sich in Heyrothsberge in einer Ziegelei wiedergefunden. Und da er ein Mensch mit Willenskräften war, hat er das durchgehalten. Er hat dort einen Rekord aufgestellt. An einem Tag 12 000 Steine in der Hand gehabt ...«

Gaus: »Sozusagen ein früher Hennecke ...«

Dieser Einwurf störte mich nicht, aber später empfand ich es als Bestätigung der Erkenntnis, wie das DDR-Bild bei unseren Landsleuten oft von Schablonen geprägt ist.

Ich antwortete: »Ja, so ungefähr. Das war Anfang der dreißiger Jahre. Er war außerordentlich arbeitsam, war zuverlässig. Er war dann in den Öl- und Fettwerken Schellheimer in Magdeburg als Brigadier. Er war ein Vorbild für mich. Früh um vier, fünf raus, um einen großen Garten zu beackern, und spät abends rein.«

Gaus: »SA, SED. Westdeutsche neigen dazu, zu sagen: Da sieht man's doch, gar kein Unterschied gewesen.«

Ich: »Ja, indem er in die SA gegangen ist, war seine Position gesichert. Wir haben ein halbes Einfamilienhaus bewohnt. Aber nach dem Krieg hat er lange nachgedacht. Was ist eigentlich richtig auf der Welt? Was haben sie dir all die Jahre erzählt? Du warst strebsam, hast deine Arbeit gemacht, hattest über 10 000 Mark auf der Kante, hättest dir ein schönes Haus bauen können, alles weg. Da hat er sich entschlossen, in diese Partei zu gehen.«

Gaus: »Wie war ihre Mutter, unpolitisch?«

Ich: »Ja, eine typisch deutsche Hausfrau, sehr human, verläßlich, so hat sie mich auch erzogen. Auch sie war ein Vorbild für mich.«

Täve als Schuljunge

Gaus: »Herr Schur, werden Sie manchmal bitter, wenn Sie an das Los Ihres Vaters und an die Entwicklung seither denken? Ihr Vater mußte unter Arbeitslosigkeit leiden, wurde dadurch zu Anpassungen gezwungen, heute herrscht wieder Massenarbeitslosigkeit. Ist im Grunde alles doch nur eine Wiederholung in bestimmten Zeitabständen? Gibt es Fortschritt nur beschränkt auf Technik und Konsum? Kommen Sie manchmal auf solche Gedanken?«

Ich: »Ja, ich bin schon enttäuscht. Wie schon gesagt, mein Vater hatte 10 000 Mark auf der Kante, die waren weg. Und nach dem Krieg hat sich alles darauf konzentriert, wieder aufzubauen, was kaputt war. Das hat sehr viel Kraft gekostet, zumal wir ja auch in der DDR nichts hatten. Da waren die Reparationen, die wir übernommen haben, da hat mein Vater wieder furchtbar geknüppelt. Und als ich das erste Mal die Absicht äußerte, Radrennen zu fahren, habe ich beinahe eine von meinem Vater gelangt bekommen, weil der sagte: Mensch, lern erst mal richtig arbeiten und mach nicht Dinge, die nichts einbringen.«

Ich bin vielleicht ein wenig vom Thema abgekommen, aber es schien mir nötig, auch mal zu sagen, daß ein Teil der Situation, wie sie uns heute überall in Deutschland bedrückt, auch den Medien zuzuschreiben ist, die nicht sehr viel dafür getan haben, das Zusammenkommen der Deutschen zu befördern. Um aber nicht verdächtigt zu werden, ein nostalgischer Schwarzmaler zu sein, habe ich sowohl den Mann von der »Berliner Zeitung« erwähnt, der ausgezogen war, den Bundestagskandidaten der PDS, Schur, als einen darzustellen, der von den Braunen zu den Roten wechselte, als auch Günter Gaus, der möglicherweise der gleichen These nachhängt, wenn er SA und SED in einem Atemzug nennt, sie aber relativiert. Solche, die genauer hinsahen und gerechter hinsahen, sind nach meiner Erfahrung leider nicht in der Überzahl.

Manchmal könnte man glauben, der Kalte Krieg tobt noch immer, wenn ich zum Beispiel an einen gewissen »DDR-Dopingjäger« Giselher Spitzer denke. Der Mann, der nach dem »Beitritt« aus dem Westen eingeflogen die Funktion eines davongejagten DDR-Wissenschaftlers an der Universität Potsdam übernahm, gab sich bis vor kurzem sogar als »Beauftragter der Bundesregierung« aus, wollte Karriere machen und schleppte Koffer und Kisten voller Papiere aus den Gauck-Kellern heran, um DDR-Sportler, -Trainer, -Ärzte und -Funktionäre zu diskriminieren und um ihren Job zu bringen. Als ich in meiner Eigenschaft als Abgeordneter meinen Mitarbeiter bat, herauszufinden, von wem er denn engagiert worden sei, erreichte uns die kleinlaute Antwort des Kölner Bundesinstituts für Sport, das man ihm zwar irgendwann einen Auftrag erteilt hatte, der aber längst erledigt sei, so daß er seitdem in niemandes Auftrag mehr tätig ist. Man habe ihn dies auch wissen lassen. Das aber nur am Rande und zur Illustration der Situation.

Erinnerung an Gleiwitz

Ich war acht Jahre alt, als Hitler Polen überfiel, und heute weiß jeder, der es wissen will, wie er den Weltbrand zündete: SS-Leute und KZ-Häftlinge in polnischen Uniformen inszenierten einen »Überfall« auf einen deutschen Rundfunksender. Das durften wir Deutschen uns nicht bieten lassen. So brachte man uns Erstkläßlern das bei, und wir glaubten es dem Lehrer ebenso wie den Rednern im Radio. Sechzig Jahre später werden die angeblichen Massaker im Kosovo ebenso geglaubt wie damals der Überfall auf den Sender Gleiwitz. Daß 1961 – ich habe noch einmal nachgeschlagen, um wenigstens ein paar Details herauszufinden – in der DDR ein Spielfilm über diese Provokation gedreht wurde, in dem der unvergeßliche Hanjo Hasse die Hauptrolle spielte und Gerhard Klein Regie führte, werte ich als eine der vielen Tatsachen, die die jetzt mit so viel Inbrunst verbreitete These vom angeblich »verordneten Antifaschismus« widerlegt. Ich kann mich noch heute an den Film erinnern, und niemand hatte mir »verordnet«, ihn mir anzusehen. Mich reizte damals, zu erfahren, wie die SS diesen »Überfall« inszeniert hatte.

An dieser Stelle möchte ich nicht versäumen festzustellen, daß ich als Bundestagsabgeordneter stolz darauf bin, gegen diese neuerliche Aggression gestimmt zu haben! Der bühnenreife Auftritt Scharpings beeinflußte mich da nicht im geringsten. Und eines Tages erfuhr man, wo das Dokument – Stichwort: Hufeisenplan –, das er immer wieder ins Feld geführt hatte, tatsächlich entstanden war: in Bonn. Wäre dem Übersetzer nicht der Fehler unterlaufen, das Wort »Hufeisen« nicht exakt in die serbische Sprache zu übersetzen, wäre das vielleicht nie aufgefallen. In frühen DDR-Zeiten erschien mal ein Buch »So werden Kriege gemacht«. Ich glaube, das Buch müßte fortgeschrieben werden.

Einer wie alle

Doch endlich zurück zu meinem Lebenslauf. Wie schon erwähnt: Ich war ein echtes Kind meiner Zeit. Wer von mir erwartet, daß ich schon als Junge die Verbrechen des Faschismus durchschaut hätte, wird vielleicht enttäuscht sein.

In Hey-rothsber-ge; die Mutter ...

Wir waren fünf Kinder zu Hause, der Vater ständig unterwegs, die Mutter hatte alle Hände voll zu tun. Ich mußte zum Jungvolk, die Eltern hatten darauf keinen Einfluß. Dort störte mich nur, daß auf dem Exerzierplatz jedem die Haare abgeschnitten wurden, wenn sie bis zu den Augenbrauen reichten. Ich wußte auch nichts dage-

... und der Vater mit Täve auf dem Arm

gen einzuwenden, gegen »Plutokraten« und »Bolsche-
wisten« zu kämpfen. Ich will nicht behaupten, daß man
sich in der heutigen Medienwelt mühelos über Zusammenhänge orientieren kann, aber damals war es überhaupt
nicht möglich.

Das erste Nachdenken setzte bei mir ein, als Heyrothsberge auf die Landkarte des Krieges geriet. Der Ort wurde zum strategischen Punkt: Wir lagen an den Bahnlinien
Magdeburg-Berlin, Magdeburg-Leipzig, die Straßen B 1
und B 184 gabelten sich bei uns, einen Kilometer entfernt
lag der Schulflugplatz Magdeburg-Ost, auf dem später
Jäger stationiert waren und Kampfflugzeuge betankt wurden, und gleich hinter der Bahnlinie – keine 200 Meter
entfernt – bereitete man im Panzerzeugamt Königsborn
Panzer für den Fronteinsatz vor. So erklärt sich leicht, daß
wir ständig in Todesängsten schwebten, wenn über uns am

Himmel die Bomber-Geschwader dröhnten und wir jede Nacht in den Bunker rannten. Tagsüber hockten wir in einem primitiven Splittergraben, und nie werde ich den Augenblick vergessen, als ein Bombenteppich über dem Panzerwerk niederging und vier Landser angstschlotternd dort übereinanderliegend Schutz suchten. Der zuunterst liegende brüllte, und ich dachte bei mir: »Wenn der schon Angst hat, kann ich auch welche haben.«

Das brachte mein Bild von der Welt und der Umwelt zum ersten Mal durcheinander. Die »anderen« waren offensichtlich nicht davon überzeugt, daß wir die besseren Menschen waren, und ihre Bomberschwärme beeindruckten uns. Wenn wir im Keller saßen, packte uns die Angst. Wir begannen uns zu fragen, ob wohl der Tag käme, an dem keine Sirenen mehr heulen, keine Bomben mehr fallen würden? Täglich sagte man uns, daß sich das Blatt des Krieges bald wenden würde, von einer Wunderwaffe war die Rede und immer wieder vom nahen Endsieg.

Einmal – man hatte mich zu Verwandten nach Fürstenwalde geschickt –, floh meine Mutter mit meinen Geschwistern in einen Unterstand. Eine Bombe traf den Splittergraben und erschlug drei Frauen. Die Bombe explodierte nicht. Als ich nach einigen Tagen zurückkam und meine Mutter mir ihr furchtbares Erlebnis erzählte, zitterte sie wieder am ganzen Körper.

Dann war eines Tages tatsächlich der Krieg zu Ende. Viele jubelten. Ich nicht. Es ist schon so lange her, und es fällt schwer, sich an die Einzelheiten zu erinnern, aber die Parolen vom deutschen Endsieg hatten sich bei mir so festgesetzt, daß ich noch ein paar Tage vor dem absehbaren Ende im Dorf zackig mit »Heil Hitler« grüßte.

Ich werde nicht verhindern können, daß jemand – dem schon erwähnten Journalisten folgend – auf die Idee kommt, demnächst irgendwo zu verkünden, der PDS-Bundestagsabgeordnete Gustav-Adolf Schur habe noch »Heil

Hitler« geschrien, als das kaum noch jemand in Deutschland tat, aber ich kann, wenn ich ehrlich meine Erinnerungen schreiben will, nicht leugnen, daß ich mit 14 Jahren alles ganz anders sah als heute. Es beweist auch, wie man vor allem junge Menschen manipulieren kann.

Auch in Heyrothsberge änderte sich über Nacht vieles. Man sah keine Hakenkreuzflaggen mehr, keine Uniformen. Man war froh, daß keine Bomben mehr fielen, hatte aber Angst, daß nun die Russen kämen. Die Horrorbilder von den »bolschewistischen Horden« aus dem Osten waren seit 1933 oft genug gemalt worden.

Ich konnte mir nur schwer vorstellen, wie das Leben weitergehen würde. Was käme nun?

In einer Hinsicht war es wie früher: Wir mußten wieder zur Schule gehen. Und weil gerade davon die Rede ist, will ich anmerken, daß ich alles andere als ein Wunderknabe war. Nicht einmal im Sport stach ich die anderen aus. Ich kann mich noch genau an den Rechenlehrer erinnern, der eine besonders nervende Unterrichtsmethode praktizierte. Er betrat die Klasse, ließ uns aufstehen, stellte eine Aufgabe, und wer die Antwort wußte, durfte sich setzen. Dabei thronte er auf dem Katheder und ließ seinen Blick lauernd von Gesicht zu Gesicht wandern. Das machte mich so was von nervös, daß ich mich auf die Rechenaufgabe gar nicht konzentrieren konnte. Ein Hinweis noch auf die Entstehung des Namens »Täve«, weil ich danach dauernd gefragt werde: Meine Mutter nannte mich Zeit ihres Lebens »Bubi«, aber die Mädchen und Jungens im Dorf erfuhren natürlich nichts davon. Die hatten aber auch keine Lust, mich ständig »Gustav Adolf« zu rufen, wobei ich übrigens zeitlebens nicht aufklären konnte, wer eigentlich auf die Idee gekommen war, mich ausgerechnet nach dem legendären Schwedenkönig zu benennen, der bekanntlich im Dreißigjährigen Krieg den Magdeburgern Hilfe versprochen hatte, aber erst anrückte, als die Stadt schon in Schutt und Asche gelegt worden war. Kurzum, auf dem Schulhof übertrug man meinen langen Namen ins »Magdeburgische«, reduzierte die elf Buchstaben auf vier, und so hieß ich schon bald nur noch »Täve«. Die Familie übernahm die Kurzform, und nur meine Mutter – siehe oben – blieb bei ihrem »Bubi«.

Wo sind die Abgeordneten?

Der Sportunterricht hatte seine örtlich bedingten Grenzen: Im Sommer spielten wir Völkerball auf dem Schulhof, im Winter rodelten wir von den Hügeln rings um das Dorf. Eishockey kam »außerschulisch« noch hinzu. Wenn die Teiche gefroren waren, schraubten wir die alten Schlittschuhe, die wir mühsam entrostet hatten, an die Stiefel und rannten mit gebogenen Ästen in der Hand einem kleinen Ball hinterher. Manchmal spielten wir auch mit einem Holzklotz. Im Sommer wurde Fußball gespielt. Das machte höllischen Spaß, aber ich konnte kaum noch japsen, wenn ich nach Hause kam, weil wir in knöcheltiefem Sand spielen mußten und das viel Kraft kostete.

Immerhin hatten wir unsere »Sportstunden« in der Schule und – ich greife wieder mal mit einem Hinweis weit voraus – die heutzutage nicht verschwinden zu lassen, ist eines meiner Hauptanliegen im Bundestag, auf das ich noch einige Male zurückkommen werde. Wenn heute bei den zwölfjährigen bereits 40 Prozent Probleme mit ihrem Kreislauf haben, ist das Thema mehr als dringlich. Schockiert war ich allerdings, daß, als ich darüber das erste Mal im Parlament das Wort ergriff, nur eine Handvoll Abgeordneter im Saal saßen. Ich grübelte: Ob das die anderen nicht interessierte? Oder hatten die Wichtigeres zu tun, als sich um das Thema Schulsport zu kümmern? Wie gesagt, ich werde darüber noch einige Worte verlieren.

Zurück in meine Schulzeit. Ich glaube, daß Physik

damals das Fach war, das mich am meisten interessierte. Ich bastelte für mein Leben gern an alten Motoren und konnte mich stundenlang damit beschäftigen. Die Dinger lagen in den Wäldern herum, Relikte des Krieges. Sonntags, wenn die Eltern mit meinen Geschwistern im naheliegenden Garten hantierten, bastelte ich an meinen Motoren.

Tanzen ging ich selten. Auch als ich älter wurde, war das nicht meine Leidenschaft. Meine Freunde zogen sonnabends ins nächste Dorf. Das waren drei Kilometer zu laufen. Meist kamen sie erst Sonntagfrüh nach Hause. Offen gestanden: Ich schlafe viel zu gern, als daß ich mir die Nacht um die Ohren geschlagen hätte. Außerdem konnte ich kaum tanzen. Kurzum: Kein Thema für mich.

Als ich die Schule hinter mir hatte, begann ich eine Lehre bei einem Handwerksmeister in Körbelitz. Das ist nicht weit von Heyrothsberge. Maschinenmechaniker hieß der Beruf, aber vor allem hat mir der Meister das Arbeiten beigebracht. Ich bin ihm heute noch dankbar dafür, denn ich geriet nie im Leben in den Ruf, ein Faulpelz zu sein.

Ausflug nach ganz oben

Mein Leben änderte sich sonst kaum. Eines Tages – das habe ich aber schon hundert Mal erzählt – wollte ich herausfinden, wie die Welt hinter Heyrothsberge aussieht. Ich kletterte also auf den Schornstein unserer stillgelegten Ziegelei, und es herrschte helle Aufregung. Der Hintergrund war eine Wette, wer sich dort hinauftraute. Die Polizei wurde alarmiert, und meiner Mutter blieb beinahe das Herz stehen. Es war wohl das einzige Mal, daß ich im Dorf ins Gerede kam, jedenfalls in meiner Erinnerung. Die Kletterpartie war tagelang Gesprächsthema Nummer eins, und die Leute lachten: »Der will hoch hinaus« oder »Wer hoch steigt, fällt tief«.

Mich berührte das nicht weiter, denn meine Leidenschaft galt längst einem alten Tourenrad, mit dem ich jeden Morgen die sechs Kilometer bis zu der Lehrwerkstatt fuhr. Das Rad war alt und klapprig, aber ich sah meinen Ehrgeiz darin, es in Ordnung zu halten. Öfter fuhr ich zur Biederitzer Radrennbahn. Dort beobachtete ich, was die Rennfahrer so trieben. Ich erinnere mich sogar noch an einige ihrer Namen und merkte mir vor allem die, die oft dort trainierten. Riemann hieß einer, Höhne ein anderer, und am meisten bewunderte ich einen Versehrten, der im Krieg einen Arm verloren hatte und trotzdem hervorragend fuhr. Es störte mich, daß einige Rennfahrer rauchten. Ja, ich war schon damals ein Gegner der Raucherei.

Je öfter ich zu der Bahn fuhr, desto konkreter wurden meine Vorstellungen. Im Hinterkopf spielte ich bereits mit dem Gedanken, eines Tages Radrennfahrer zu werden, und da wollte ich wissen, mit wem ich es dann zu tun haben würde. Ich rechnete – heute würde man sagen – ganz »cool«: Die Älteren, die ich da sah, würden sicher nicht mehr viel besser werden, und die Jüngeren könnte ich eines Tages hinter mir lassen, weil ich nie rauchen, immer sportlich leben und hart trainieren würde. Härter jedenfalls als die anderen.

Das liest sich heute vielleicht wie ein billiger Werbespruch, war aber damals eine ganz nüchterne Überlegung. Ich habe nie etwas nach der Beckenbauer-Devise »Schau'n mer mal« in Angriff genommen, sondern immer genau bedacht, was mich erwarten könnte. Und mir dabei immer reale Ziele gestellt. Schon damals bildete sich ein Lebensprinzip: Reale Ziele, weil irreale unweigerlich zu Mißerfolgen führen. Außerdem bewahren reale Ziele vor Selbstüberschätzung.

Das ungewöhnliche Duell

Von meinen kühnen Plänen verriet ich niemandem etwas. Die sechs Kilometer von Heyrothsberge nach Körbelitz wurden zu meiner Trainingsstrecke. Morgens hin und abends zurück. Ich raste, was das Zeug hielt, aber ich kam darauf, daß mir ein »Gegner« fehlte, an dem ich mich messen konnte. Ich fand ihn schon bald. Es war der Linienbus. Jeden Morgen und jeden Nachmittag starteten wir zu unserem Duell. Was der Bus auf der geraden Chaussee gegen mich herausfuhr, machte ich wett, wenn er hielt. Insofern war es ein idealer Trainingspartner. Man könnte sogar behaupten, daß diese Wettfahrten ein Schritt zum späteren wissenschaftlich durchdachten Training waren: Sein Tempo war täglich gleich, und das bot mir die Möglichkeit, meine Fortschritte genau zu registrieren. Und: Der Bus war auch ein gnadenloser Trainingspartner, weil es keinen Tag gab, an dem er weniger Lust hatte als sonst oder mir gar vorschlug: »Laß es uns heute langsamer angehen ...« Der Fahrer des Busses hatte seinen Fahrplan und sonst nichts. Ihm war sicher längst aufgefallen, daß da ein Verrückter hinter ihm herraste, aber es berührte ihn nicht.

Es dauerte Wochen, ehe ich entdeckte, daß ich tatsächlich schneller wurde. Die erste Haltestelle erreichte ich schon fast zur gleichen Zeit wie der Bus, ausgepumpt zwar und am Ende meiner Kräfte, aber ich konnte sowieso nicht absteigen und verpusten, denn ich mußte zur Arbeit, und dort wurde ich pünktlich erwartet.

Die Erkenntnis, daß nur härtestes Training zum Erfolg führt, verdanke ich also keinem weisen Trainer, sondern einem Omnibusfahrer. Hoffentlich hat er das je erfahren, denn er hat einen soliden Anteil an meiner Radsportkarriere.

Die konnte jedoch vorerst nicht beginnen, weil es an einem richtigen Rad fehlte. Meines imponierte nur dadurch, daß es blitzsauber war, aber auf der Biederitzer Bahn hatte ich gesehen, was vonnöten war, um sich unter die Rennfahrer mischen zu können.

Mein Vater besaß ein altes Diamantrennrad, dem aber Rennreifen fehlten. Er hatte normale Wulstreifen auf die Felgen gezogen. Von meinem Lehrlingsgeld konnte ich mir keine Rennreifen kaufen, außerdem gab es 1950 noch keine, also mußte ich versuchen, ob ich nicht vielleicht doch mit Wulstreifen zurechtkam. Als erstes brachte ich sie zu einem Vulkaniseur. Als der sie mir wiedergab, sahen sie schon besser aus, doch ich stellte fest, daß sie nicht »rund« liefen, als ich sie aufgezogen hatte. Ich zentrierte dann die Felgen so, daß sich die beuligen Reifen durch die Gabel und den Rahmen »hindurchschlängeln« konnten. Ein Speichenriß hätte mich gezwungen, mit dem geschulterten Rad heimzukehren.

Ich hörte mich um, wo in nächster Zeit ein Jugendrennen stattfinden würde.

Aber dann kam Gravierendes dazwischen. Mein Vater sagte schlicht, aber unwiderruflich: »Nein.« Er hatte was dagegen, daß ich an einem Radrennen teilnehmen wollte, und schob sein Rad wieder in den Schuppen.

Ich ließ mich davon nicht aus dem Tritt bringen und erkundigte mich nach einem Rennen, das auf Tourenrädern ausgetragen wurde.

Da ich das alles aufschreibe, regen sich wieder meine Zweifel: Interessiert das heute wirklich noch jemanden? Das ist ein halbes Jahrhundert her. Die Zeiten haben sich geändert. Moderne Räder stehen in allen Schaufenstern. Wer nicht genug Geld hat, darf in Raten zahlen. Lesen sich meine Erinnerungen da nicht wie die langweiligen Geschichten eines Opas, dem keiner zuhören mag?

Wenn ich dennoch weiterschrieb, dann vor allem, weil ich vielleicht als Kronzeuge für ein Kapitel DDR-Sportgeschichte gelte, das ich aus eigenem Erleben beschreibe.

Also fahre ich fort: Ich nahm mein altes Rad einmal mehr auseinander und machte es »rennfertig«. Eines Tages erzählte mir jemand, daß Grün-Rot Magdeburg einen »Ersten Versuch« für Anfänger ausgeschrieben hatte, und ich radelte dorthin, ließ mich in die Startliste eintragen und hörte die Funktionäre sagen, wir sollten nicht gleich blindlings losrasen.

Die erste Papierschleife

Es ging nach Wolmirstedt, wo die Wendemarke war. Ich warf keinen Blick nach rechts oder links und trampelte wie ein Wilder, den Kopf tief über dem Lenker. Auf der Rückfahrt kamen mir die Ersten entgegen und die schienen schon ziemlich ausgepumpt zu sein. Ich fürchtete, daß mein Rad nicht durchhalten würde. Nur keine Panne! Aber nichts passierte, und plötzlich kam der Zielstrich auf der Straße ins Blickfeld. Die paar, die dort standen, applaudierten, hingen mir eine Papierschleife um den Hals und schüttelten mir die Hand.

Ich war überglücklich. Damals habe ich mir nicht viel Gedanken darüber gemacht, daß der Starter, die Zielrichter, die Ordner Ehrenamtliche waren. Später lernte ich ihren Eifer und vor allem ihr Engagement schätzen, und heute will ich mein Möglichstes tun, damit der Eifer dieser Ehrenamtlichen entsprechend gewürdigt wird. Umso glücklicher bin ich, daß ich jetzt im Landessportbund Sachsen-Anhalt im Ausschuß für Ehrungen und Auszeichnungen sitze und Einfluß nehmen kann auf die Würdigung der mitunter jahrzehntelang ehrenamtlich Tätigen. Es ist ein Thema, das mich als Bundestagsabgeordneten sehr bewegt und auf das ich auch noch zurückkommen werde. Ich bin kein Anhänger hohler Nostalgie, muß aber doch darauf verweisen, daß es in der DDR ein Gesetz gab, das die Ehrenamtlichen in den volkseigenen Betrieben von der Arbeit freistellte, während heute darüber gestritten wird, wieviel Steuern sie bezahlen müssen, wenn ihnen irgendwo etwas gezahlt wird.

Das kam mir jetzt in den Sinn, da ich mich derer erinnere, die mein erstes Siegrennen organisiert hatten. Sie hätten den Tag sicher auch anders verbringen können, im Garten, zu Hause auf der Couch, ein Buch lesend, oder was weiß ich wo. Aber sie waren losgefahren, hatten die Strecke abgesperrt, so gut es ging, Stoppuhren mitgebracht und eben auch die Papierschleife, mit der ich dann stolz nach Hause fuhr.

Mein Debüt im Bundestag

In gewisser Hinsicht galt mein Debüt im Bundestag auch diesem Thema. Es ging um die leidigen und ständig diskutierten Steuern, von denen eigentlich auch die Ehrenamtlichen bezahlt werden müßten. In der DDR war das bekanntlich so, aber inzwischen hat man uns ja zehn Jahre lang versichert, daß die DDR so gut wie alles falsch gemacht hat. Heute bezahlen die Ehrenamtlichen das meiste aus ihrer eigenen Tasche, und ich bin noch nicht dahintergekommen, was daran besser sein soll. Aber vielleicht lerne ich das eines Tages noch.

Warum ich im Bundestag ausgerechnet über Steuern redete? So groß ist die PDS-Fraktion nicht, daß man sich die Themen aussuchen kann. Die Haushaltsdebatte stand auf der Tagesordnung, und ich mußte ran. Vorsichtshalber begann ich meine Rede mit dem Hinweis: »Ich bin kein Steuerexperte. Deshalb werden Sie sich wahrscheinlich wundern, daß ich heute ums Wort gebeten habe. Meine Damen und Herren von der Regierung, Ihre Politik ist für die Bürgerinnen und Bürger sehr schwer verständlich. Im Bundeshaushalt werden bis zum Jahr 2002 mindestens 30 Milliarden DM fehlen. Vereine und Verbände können ihre Kulturarbeit nicht fortsetzen; zahlreiche Sportvereine kämpfen ums Überleben. Nach dem Goldenen Plan Ost des Deutschen Sportbundes sollten die Sportstätten in den neuen Bundesländern bis zum Jahr 2010 das Niveau der westdeutschen erreichen. Noch im November versprach Herr Innenminister Schily eine Anschubfinanzierung von 100 Millionen DM. Im Haushalt sind gerade einmal 15 Millionen eingestellt. Die Erhöhung der Mehrwertsteuer belastet die Sportvereine. Anstatt über eine Erhöhung der Mehrwertsteuer nachzudenken, könnten Sie eine Erleichterung für die 2,5 Millionen Menschen schaffen, die ehrenamtlich in über 80 000 Sportvereinen arbeiten und zwar seit Jahren, mitunter seit Jahrzehnten mit einer außerordentlich hohen Einsatz- und Risikobereitschaft und mit hoher moralischer Verantwortung. Eine Möglichkeit für ihre Entlastung wäre zum Beispiel die Anhebung der steuerfreien Aufwandpauschale im Einkommensteuerrecht.«

Das klingt nicht gerade wie ein großes Plädoyer für die

Ehrenamtlichen, aber ich mußte ja zum Thema Steuern reden, und die Gelegenheit wollte ich nutzen, um eine Sache zur Sprache zu bringen, die vielen am Herzen liegt.

Die Mitglieder meiner Fraktion applaudierten, viele Abgeordnete waren wieder einmal gar nicht im Saal, aber einer machte einen Zwischenruf. Ich weiß nicht, wieviel Stunden ehrenamtlicher Arbeit jener Berliner SPD-Abgeordnete schon geleistet hat, um junge Menschen für den Sport zu gewinnen, aber er kommentierte meine Rede mit dem Zwischenruf: »Wenn jetzt alle klatschen würden, wäre es wieder wie früher.«

Man hatte ihm wohl erzählt, daß ich früher Mitglied der Volkskammer gewesen war, und darauf zielte der Zwischenruf ab. Ich behaupte mal: Die Ehrenamtlichen interessierten ihn überhaupt nicht, und – sollte ich nicht Recht haben, will ich mich augenblicklich entschuldigen – er selbst hat sicherlich auch noch nie als Streckenposten eines Radrennens die Fahrer eingewinkt und ist wohl auch noch nie mit Zwölfjährigen zu einem Radrennen gefahren, hat sie dort betreut, wozu gehört, daß er ihnen aus seiner Tasche eine Runde Brause besorgt, ihnen hilft, die Reifen aufzupumpen, ihnen den Favoriten zeigt, dessen Hinterrad, sie im Auge behalten sollen, und ihnen hinterher entweder gratuliert oder sie tröstet, oder einem gratuliert und vier tröstet und für alle fünf noch eine Runde Brause spendiert und dann mit ihnen in seinem Wagen wieder nach Hause fährt und so seinen Sonnabend verbringt. Und seiner Familie erklärt, wie wichtig es ist, sich intensiv um die Kinder anderer Eltern zu kümmern.

Nein, er muß das alles nicht schon getan haben, aber er sollte sich als Abgeordneter der Regierungspartei den Kopf darüber zerbrechen, was man für diese Ehrenamtlichen tun könnte, um ihnen zu helfen, daß sie weiterhin Kinder und Jugendliche betreuen können und damit zum Beispiel dafür sorgen, daß diese Kinder und Jugendlichen nicht einem

Drogendealer in die Hände fallen, der vor der Schule herumlungert.

Wie kommt man zum Rennrad?

Zurück ins Jahr 1950. Als glücklicher Sieger fuhr ich vom »Ersten Versuch« nach Hause und hatte die ersten Einladungen für Anfängerrennen in Aschersleben und Halle in der Tasche. Als ich auch dort gewann, rieten mir die Funktionäre von Grün-Rot Magdeburg, mich um ein Rennrad zu kümmern.

Ich hatte inzwischen die Lehre in Körbelitz beendet, die Gesellenprüfung vor der Magdeburger Handwerkskammer abgelegt und arbeitete im Reichsbahn-Ausbesserungswerk. Der Übergang von der Lehre zur Arbeit fiel mir nicht schwer. Ich hatte – wie schon erwähnt – bei meinem Lehrmeister vor allem das harte Arbeiten gelernt, und wer zupackt, ist überall gefragt. Ich hatte schnell bei meinen Kollegen einen Stein im Brett. »Der ist ein Wirker«, sagten sie von mir.

Aber wie ich zu einem Rennrad kommen sollte, konnte mir keiner sagen. Allein eine gebrauchte Bremse kostete damals 60 Mark, und zwei braucht man bekanntlich am Rad. Und dann die Schaltung. Es gab keinen Betrieb, der welche produzierte, und ich hörte andere nur darüber reden, daß der legendäre »Papa« Lange, der früher im Chemnitzer Diamantwerk die Rennfahrer versorgt und betreut hatte, zwar hin und wieder bei Radrennen erschien, aber wenn man ihn nach einer Schaltung fragte oder gar nach einem neuen Rad, hob er die Schultern. »Eines Tages«, meinte er, »wird auch das wiederkommen.«

Man belächelte mich, wenn ich zu erklären versuchte, wie wichtig Rennradbremsen für mich seien. Ganz andere Probleme stünden an, belehrten mich Ältere. Stahl wür-

*Täve mit »Papa«
Lange von den
Diamant-Fahrrad-
werken in Karl-
Marx-Stadt*

de gebraucht und Trinkwasser für die Städte. An Worte
wie »Maxhütte« und »Sosa« kann ich mich noch erinnern.
Die Älteren werden das vielleicht noch im Kopf haben,
den Jüngeren sollte ich verraten, daß das einzige Stahlwerk
des Landes in Unterwellenborn mit Kühlwasser aus der
Saale versorgt werden mußte und die Rohrleitung von
Jugendlichen im Eiltempo gelegt wurde. In Sosa bei Eiben-
stock entstand eine riesige Talsperre, die 6 Millionen
Kubikmeter Wasser aufnahm und Aue und seine Umgebung mit Trinkwasser versorgen sollte. In Scharen zogen
sie dorthin, es wurde damals im Osten schon kräftig zuge-
packt und Beachtliches geleistet. Ich muß allerdings zuge-
ben: Dadurch kam ich nicht zu dem ersehnten Rennrad.

Beim Schreiben dieser Zeilen fällt mir auf, wie schwie-
rig es ist, den Generationen nach uns jene Zeit so zu
beschreiben, daß unser Tun wenigstens logisch und glaub-
haft erscheint. Heute, da die Computer selbst das Privat-

leben beherrschen und viele die Wohnungstür hinter sich ins Schloß ziehen, weil sie die Nöte des Nachbarn kaum bewegen, hat man Mühe, unseren Enthusiasmus zu verstehen. Es liegt mir völlig fern, darüber zu klagen, aber ich bekenne unumwunden, daß ich dieses Problem längst erkannt habe. Wenn Väter oder gar Großväter Kinder oder gar Enkel mit Schilderungen aus ihrer Jugend begeistern wollen, haben sie nicht viel Chancen, das zu schaffen. Wenn sie allerdings resignierend darauf verzichten würden, begingen sie aus meiner Sicht einen Fehler, denn manches gibt auch der Jugend zu denken. (Man weiß nur immer nicht so genau, was ...)

Wenn ich die Jagd nach meinem Rennrad weitererzähle, könnte ich durchaus mit der Frage konfrontiert werden: Und warum hast du es dir nicht aus Westberlin geholt? In Westberliner Schaufenstern standen Superräder aller Marken. Aber die Antwort darauf wäre: Dort mußte man in einer Währung bezahlen, die ich nicht hatte. Die nächste Frage könnte lauten: »Und warum hast du dir die nicht beschafft?« Schließlich gingen damals doch viele in die nächste Wechselstube, um sich die Währung zu besorgen, die man benötigte.

Blick in die Geschichte

Festzustellen wäre da: Bei all dem Gerede über die Mauer wird gern übersehen, daß die Spaltung Deutschlands lange vorher geschehen war, an dem Tag nämlich, an dem man im Westen eine separate Währung einführte und sich dann sogar entschloß, nicht nur entgegen dem Rat aller Experten, sondern sogar entgegen der Entscheidung der Außenminister der Siegermächte diese Währung auch in Westberlin einzuführen. Berlin wurde damit die erste Stadt der Welt, in der zwei Währungen galten. Wer am alten Sportpalast in der Potsdamer Straße in die Straßenbahn stieg, mußte Westgeld beim Schaffner – die gab es damals noch – zahlen, während der Fahrgast, der fünf Stationen weiter am Potsdamer Platz zustieg, zwei Ostgroschen entrichten mußte. Dort stiegen übrigens die Schaffner um, weil der eine nur Westgeld hatte und der andere nur Ostgroschen. Und keiner von beiden hätte die eine Währung gegen die andere eintauschen können. Einmal, weil er abends die andere Währung nicht hätte abrechnen können, und zum anderen, weil der Kurs ständig schwankte und – das leugnete niemand – durch politische Konstellationen bestimmt wurde.

Aber ich will hier keine wirtschaftspolitischen Abhandlungen schreiben und mir dabei vielleicht noch die Kritik habilitierter Wissenschaftler einhandeln. Ich bleibe bei meinem Leisten und bei meinem Rennrad und seinen Reifen. Weil in der DDR keine Reifen hergestellt wurden – es gab dort keine Fabrik, die vor dem Krieg Rennreifen produziert hatte –, hätte ich die 25 Westmark, die ein Reifen kostete, in einer Wechselstube eintauschen müssen. Hatte ich Glück mit dem Wechselkurs an jenem Tag, mußte ich nur neunzig DDR-Mark dafür hinblättern, hatte ich Pech, stand der Kurs so, daß man 120 Mark von mir verlangte. Eines Tages stand der Kurs 1:13, und da hätte man mir 325 Ostmark für einen Reifen abgeknöpft, 650 also für zwei. Verdient habe ich damals um die 300 Mark. Muß ich da noch weitere Ausführungen machen?

Ich erinnere mich noch an mein Tourenrad mit einem uralten Ungetüm von Rennlenker. Da handelte ich mir viele Lacher ein und immer wieder den Rat: »Hol dir doch einen Alulenker aus Westberlin!« Das hatte ich dann auch getan, nahm einen Tag Urlaub und startete früh am Morgen – es war vier Uhr – nach Westberlin. Im Rucksack steckten zwei Klappstullen und eine Flasche Wasser. Über die die Grenze markierende Glienicker Brücke rollte ich ohne Probleme. Den Lenker, der in einem Laden am

Gesundbrunnen 22 Westmarkt kostete, mußte ich mit 122 DM-Ost bezahlen. Damals war ich noch Lehrling, und mein Monatslohn betrug nur 30 DM. Danach ging es auf die Heimfahrt, wieder Glienicker Brücke, aber dann war ich fix und fertig, und 40 Kilometer vor Heyrothsberge streckte ich mich Straßengraben aus und schlief eine Stunde. Als ich wieder zu Hause war, dunkelte es bereits, und ich hatte 300 Kilometer hinter mir. Meinem Vater habe ich davon nichts erzählt. Ich hatte meine Gründe, da waren immerhin fünf Kinder zu ernähren.

Und wenn ich heute darüber rede, klären mich kluge Menschen aus den alten Bundesländern zuweilen auf, daß unsere Wirtschaft eben »marode« und unser Geld nichts wert war. Wieso ich am Montag 13 Ostmark für eine Westmark hinblättern mußte und am Freitag nur fünf Mark, hat mir bis jetzt allerdings noch niemand überzeugend erklären können. Aber ich habe ja noch ein paar Jahre, in denen ich das lernen kann, was ich bisher nicht begriff.

Langer Rede kurzer Sinn: Ich besaß nie das Geld, das ich gebraucht hätte, um mir ein Rad in Westberlin kaufen zu können. Also mußte ich mir eines Stück um Stück montieren. Deshalb spitzte ich überall die Ohren, wo man über Fahrradteile redete.

Die Intervention des Arztes

Eines Tages fragte ich im Laden eines Fahrradmechanikers nach einer Gangschaltung. Er schüttelte mitleidig den Kopf. Den Mann hinter mir hörte ich fragen, ob er ihm eine Schaltung abkaufen würde. Ehe die beiden noch über den Handel reden konnten, zog ich den Verkäufer zur Seite und fragte nach dem Preis. Ja, er war auch bereit, mir die Schaltung erst einmal zu zeigen. Wir machten uns auf den Weg zu ihm nach Hause. Dort begann er sie zu suchen. Ich half ihm, stieg mit ihm sogar auf den Boden. Schließlich fanden wir sie. Es war eine alte Versol-Schaltung. Ich jagte los, um Geld zu holen. Eine Stunde später besaß ich sie.

Weit dramatischer vollzog sich der Kauf der Pedalen. Richtige Rennpedalen waren nirgends aufzutreiben. Eines Tages fuhr ich ein Tourenrennen in Halle, und als ich mir einen Zuschauerplatz für das folgende Jugendrennen suchte, stieß ich mit dem Schienbein gegen ein Rad. Und an dieses Rad waren echte Rennpedalen geschraubt. Der Mann, dem das Rad gehörte, war bereit, sie mir zu verkaufen, brauchte aber verständlicherweise ein anderes Paar Pedalen. Die hatte ich zwar, aber zu Hause in Heyrothsberge, und das lag einiges mehr als 100 Kilometer entfernt.

Ich beschwor den Mann, wenigstens die Woche über zu warten. Am nächsten Sonntag war ich wieder in Halle, und wir schlossen unseren Handel ab. Die Fahrt nach Halle war stressig gewesen, denn ich hatte keine Bremsen am Rad und deshalb einen Schuh zwischen Sattelstützrohr und Hinterrad geklemmt, um damit zu bremsen. Als ich wieder zu Hause war, war die Sohle des »Bremsschuhs« hinüber. Mein Rad aber komplettierte sich langsam.

Als nächstes mußte ich zum Arzt und mir einen Stempel holen. Schon damals war es bei uns Vorschrift, daß selbst ein Tourenfahrer in seinem Sportausweis einen Stempel des Arztes vorweisen mußte. Ich ließ mir von meiner Mutter frische Wäsche geben und machte mich auf den Weg. Der Doktor maß den Blutdruck, klopfte den Brustkorb, um die Herzkonturen zu ermitteln – damals tat man das noch auf diese Weise –, hörte mich ab und sagte plötzlich: »Junger Freund, das wird nichts!«

Ich glaubte, er wolle sich einen Spaß mit mir erlauben.

»Warum denn nicht?« fragte ich und war noch guter Dinge.

Der Doktor versuchte, mich zu beruhigen: »Es ist zu riskant. Ihr Herz ist zu groß, und die Belastung durch das

Radfahren könnte zu einem dauernden Herzschaden führen. Also kann ich den Stempel nicht geben. In ihrem eigenen Interesse.«

»Und nun?« fragte ich entnervt. »Zu welchem Sport würden Sie mir denn raten?«

»Das Beste ist Angeln«, antwortete er.

Ich war tief betrübt und radelte nach Hause. Ich nahm mir vor, in Magdeburg einen anderen Arzt aufzusuchen. Es spielte ja keine Rolle, von wem der Stempel war. Tatsächlich bekam ich ihn denn auch in Magdeburg.

Aus heutiger Sicht hatte der Doktor aus Heyrothsberge übrigens mit seiner Ablehnung durchaus Recht. Ich will hier einfügen, daß die DDR schon sehr bald als eines der ersten Länder auch Fachärzte für Sportmedizin ausbildete und daß die Sportmediziner den Allgemeinmedizinern dann viele wichtige Erkenntnisse und Forschungsergebnisse vermittelten. Zu jener Zeit wußte man noch nichts darüber, daß sich ein menschliches Herz bei ständiger hoher Belastung vergrößert. Ich möchte für die Laien unter den Lesern sagen, daß es sich auf diese Weise der steigenden Belastung nur anpaßt. Dem Arzt war mein durch die Omnibus-Duelle übergroß gewordenes Herz aufgefallen und vermutlich auch meine – daraus resultierende – relativ niedrige Herzfrequenz. Er hielt das vergrößerte Herz für einen Risikofaktor und verweigerte mir deshalb den Stempel. Es sollten noch einige Jahre vergehen, bis die DDR-Sportmediziner das Geheimnis des sogenannten »Sportherzens« lüfteten.

Ich hatte also meinen Stempel und mein Rad und war demzufolge guter Dinge. Wie das im Leben so ist: Der Saison-Auftakt wurde zur Katastrophe. Ich sollte vielleicht erklären, daß ich nie im Leben ein Jugendrennen bestritten hatte, sondern auf Grund meines Alters gleich nach den Anfängerrennen bei den Junioren eingestuft worden war.

Schock in der Kneipe

Beim ersten Juniorenrennen ging es hurtig zur Sache. Ehe ich mich in der neuen Umgebung zurechtgefunden hatte, spürte ich ein verheerendes Rucken im Hinterrad. Mein ganzer Stolz, die auf einem Hallenser Dachboden aufgespürte Schaltung, war auseinandergeflogen. Ebenso deprimiert wie wütend radelte ich nach Hause, reparierte die völlig verbeulte Schaltung und wollte mich endlich testen. Und zwar beim klassischen Osterrennen von Berlin nach Leipzig. Aber die Funktionäre von Grün-Rot winkten ab: »Fahr du erst mal hier, die großen Rennen kommen noch früh genug.« Ich war sauer, aber aus heutiger Sicht bin ich den Funktionären dankbar dafür, denn so wurde ich nicht »verheizt«.

Ich startete also bei Magdeburg – Parchen – Magdeburg, und als unterwegs einer der »Stars«, der damalige Verfolgungsmeister Wottka, dem Feld davonfuhr, dachte ich: »Riskier's«, und fuhr ihm hinterher. Rad an Rad kamen wir bis auf die Zielgerade, und dort gab es ein Duell mit Haken und Ösen. Wottka wußte natürlich viel besser als ich, wie man einen Spurt im richtigen Augenblick anzieht, aber ich schaffte ihn dennoch: Sieger um Reifenstärke: Gustav-Adolf Schur. War das ein Hallo!

Und wieder dauerte es nicht lange bis zur bitteren Ernüchterung. Wir saßen nach dem Rennen beisammen, und man feierte mich, als einer reinkam und fragte: »Wem gehört denn die alte Diamantmaschine vor der Tür?«

»Mir«, sagte ich gelassen.

Da fragte er mich: »Hast du denn nicht gemerkt, daß dein Rahmen gebrochen ist?«

Ich stürzte hinaus. Der Kumpel hatte Recht. Der Bruch war mühelos zu erkennen. Jetzt wußte ich auch, weshalb ich auf den letzten Metern so große Mühe gehabt hatte, das Rad unter Kontrolle zu halten. Ich war also Sieger mit

Rahmenbruch geworden, aber dieser Ruhm half mir wenig.

Was nun? Der einzige Ausweg war, den Rahmen löten zu lassen.

Beim nächsten Rennen hielt er, und ich gewann wieder.

Die Funktionäre beschworen mich, daß ich meine Kräfte besser einteilen sollte. Tatsächlich wurde ich immer schneller, wenn ich bei den anderen spürte, daß sie Mühe bei meinem Tempo hatten.

Eines Tages, ich glaube, es war zu Beginn der Saison 1951, kam eine tolle Nachricht aus Berlin. Die damalige Sektion Radsport – das war die offizielle Bezeichnung für den Verband – teilte den Betriebssportgemeinschaften mit, daß man ihr Mittel zugeteilt hatte, um Reifen zu kaufen. In dem Brief stand: »... sei nochmals betont, daß nur der dringende Bedarf anzumelden ist und daß Sportfreunde, die noch brauchbares Reifenmaterial besitzen, zugunsten anderer, die weniger gut dran sind, vorerst verzichten.«

Sachsen-Anhalt bekam 300 Reifen, Sachsen 380.

Die Meisterschaft begann also unter guten Vorzeichen. Der erste Lauf wurde in Erfurt ausgetragen. Ich startete in der Allgemeinen Klasse, die Strecke war 20 Kilometer kürzer als die der »Elite«. Zwei Ausreißer hatten sich bald aus dem Staub gemacht, ich jagte in einer Gruppe hinterher. Wir fingen sie ein, und an der »Hohen Sonne« raste ich allein los. Ich war zuversichtlich. Das schien zu klappen. Plötzlich geriet ich auf einer Abfahrt ins Schleudern, überschlug mich, schoß über den Straßengraben und landete auf einer Wiese. Die Situation war bedenklich: Der Lenker verdreht, mit der linken Hand konnte ich nicht mehr steuern. Aufgeben? Auf keinen Fall. Ich lenkte nur noch mit der rechten Hand, erreichte tatsächlich noch die Spitzengruppe, aber im Spurt waren zwei andere schneller. Der dritte Platz war immerhin mein Abschied aus der »Allgemeinen Klasse«. Ich »stieg auf«. Vorher fuhr ich allerdings zum Arzt, weil die Schmerzen nicht nachließen. Er diagnostizierte einen Schlüsselbeinbruch und wollte nicht glauben, daß ich das Rennen zu Ende gefahren war.

Das Schlüsselbein heilte bald. Als bei Berlin – Neustrelitz – Berlin die Meisterschaft entschieden wurde, war ich wieder dabei. Es regnete, eine Spitzengruppe bildete sich, in der ich auch fuhr, und den Spurt gewann der sprintschnelle Rudi Kirchhoff.

Eines werde ich nie vergessen. Die Berliner warfen sämtlichen Ballast weg: Flaschen, Ersatzreifen, Luftpumpen. Ich dachte, sie hätten da Bekannte oder Freunde stehen, die es aufsammeln würden. Es ging aber nur darum, im Spurt »leichter« und damit schneller zu sein.

Mir blieb der vierte Rang hinter Gräbner, einem Berliner, der jede Nacht Zeitungen ausfuhr.

Zum ersten Mal Satin

Das traditionsreiche »Rund um Berlin« war in letzter Minute auf Berlin – Lebus – Berlin reduziert worden. Einige Favoriten stiegen aus, die Übrigbleibenden riskierten scheinbar wenig. Dreizehn waren wir, als es zum Ziel ging. Es knisterte vor Spannung. Die schnellen Leute belauerten sich. Hier und dort trat mal jemand kurz an, um einen Rivalen herauszufordern, selbst anzutreten. Den Windschutz des anderen nutzend, ist ein Rennen immer leichter zu gewinnen.

Plötzlich zog der alte Fuchs Paul Dinter den Spurt an, die anderen zauderten. Ich setzte nach. Paule hob die Beine. Das Ziel war zum Greifen nahe. Ich nahm den Kopf zwischen die Beine – eine alte Rennfahrer-Redensart –, schaltete den höchsten Gang, sicher, daß ich ihn auch durchtreten würde, und schoß los. Selbst der bärenstarke Otto Busse, Kapitän der ersten Mannschaft, die die DDR zur Friedensfahrt geschickt hatte, resignierte. Das war

mein erster »großer« Sieg. Man überreichte mir die übliche Schleife. Es war die erste, die nicht aus Papier war, sondern aus Satin. Nach alter Rennfahrersitte schenkt man dem Zweiten die Blumen. Otto nahm sie mit süß-säuerlicher Miene entgegen. Die »Neuen« werden auf den Siegerpodesten selten mit anerkennendem »Hallo« begrüßt. Unter uns gesagt, hätte es aber auch keinen einzigen Meter weitergehen dürfen. Ich war völlig »breeet«, wie die Rennfahrer zu sagen pflegen.

Busse warf im Davongehen noch einen interessierten Blick auf meine Zahnkränze. Vermutlich hatte er gestaunt, welch hohen Gang ich bis ins Ziel gefahren war, aber das hatte ich oft genug geübt. Mit dem Wind im Rücken war es kein Problem, aber ich hatte es auch gegen den Wind geübt. Das kostete zwar viel Kraft und vor allem Energie.

Ein einziger Griff genügte, um eine kleinere Übersetzung zu wählen, aber ich zwang mich, diesen Griff nicht zu tun. Wieder und wieder. Sollte das einer lesen, der am Beginn seiner Rennfahrerlaufbahn steht, möchte ich ihn allerdings dringend davor warnen, mir etwa nachzueifern. Das geht nämlich in jüngeren Jahren übers Herz und ist höchst ungesund. Aber davon ahnte ich damals noch nichts. Ich spürte die Folgen höchstens bei der Arbeit, wo ich ständig mit dem Schlaf kämpfte. Gefährlich war das vor allem, wenn ich in der Krankabine saß. Manchmal mußte ein Werkstück zur Bearbeitung angefahren und nach etwa fünf Minuten wieder an den ursprünglichen Platz zurückgebracht werden. Ich fuhr es hin, schlief ein und dann schrien sich meine Kollegen unten die Kehle heiser – ich hörte nichts. Eines Tages legten sie sich eine lange Stange zu und donnerten von unten gegen den Kasten, bis ich aufwachte.

Noch ärger war es, wenn ich früh ein Rennen fuhr und abends zur Nachtschicht mußte.

Studierte »Fakultät« ...

Später, als wir begannen, international für Aufsehen zu sorgen, wurde der Begriff des »Staatsamateurs« erfunden. Man benutzte ihn, um uns vorzuwerfen, daß wir die Amateurregeln verletzten, und wir waren – aus heutiger Sicht – so naiv, uns pausenlos dagegen zu verteidigen. Nirgendwo in der Welt ging noch jemand acht Stunden arbeiten und nahm sich zwei Wochen Urlaub, um bei Olympischen Spielen um eine Goldmedaille zu kämpfen. Ich kann mich noch sehr gut daran erinnern, daß der westdeutsche NOK-Chef Willi Daume DDR-Sportler beim IOC wegen Verstoßes gegen die Amateurregeln regelrecht anzeigte. Das war eine besondere Art von Bruderliebe. Die entscheidenden Männer im Internationalen Olympischen Komitee nahmen das allerdings nicht sehr ernst. Das alberne gegenseitige Versteckspiel – unsere Medien kamen natürlich schnell dahinter, welche Gagen westdeutsche Rennfahrer forderten, wenn sie bei einem Rennen antraten – führte auch zu belustigenden Situationen. Eine fällt mir da auf Anhieb ein. Als man DDR-Boxer in den Staffeln der Universitäten unterbrachte, um sie vor der Amateurhatz zu bewahren, wurde eines Tages einer unserer Spitzenboxer – ich werde den Namen hier nicht nennen – bei einem Vergleich im Westen gefragt, welches Fachgebiet er denn studiere. Das brachte ihn in Schwierigkeiten, denn niemand hatte ihm einen Tip gegeben, was man darauf antworten sollte. In seiner Not antwortete er: »Fakultät«, und sah zu, daß er davonkam.

Mich jedenfalls hätten sie jeden Tag bei der Arbeit besuchen können, und meine Kollegen hätten ihnen versichern können, daß sie am meisten darunter zu leiden hatten, daß ich ein Amateur war, der sich genau an die Regeln hielt – und deshalb zuweilen bei der Arbeit durchhing.

Meisterschaft mit »Webfehler«?

Als ich das erste Mal Meister wurde, war hinterher von »Schiebung« die Rede. Es ging um den Titel im Mannschaftsfahren, und ich fuhr damals bereits im Trikot der BSG Aufbau Börde Magdeburg. Die anderen behaupteten, wir hätten auf der Rückfahrt die Strecke »abgekürzt«.
Dabei war alles ganz korrekt zugegangen. Die Strecke der 100-km-Mannschaftsmeisterschaft führte damals von Magdeburg nach Genthin und zurück. Sie lag also vor unserer Haustür, und wir fuhren die Strecke vorher zigmal ab. Bald war uns klar, daß die Entscheidung auf dem Kopfsteinpflaster einer unübersichtlichen Straße in Burg fallen könnte. Die Rechnung war simpel: Auf den geraden Strecken würden die besten Mannschaften die schnellsten

Zeiten erreichen, ohne daß allzu große Zeitdifferenzen zwischen ihnen entstanden, aber auf dem kurvenreichen Stück mit seinem Knüppelpflaster konnte Rückstand wettmachen, wer die Strecke mit verbundenen Augen zu fahren imstande war. Obendrein wurden dank der Initiative unserer BSG-Leitung »moderne Trainingsmethoden« eingeführt: Ein Bad nach dem Training und dann Massagen.

Heute liest man das vielleicht amüsiert, aber damals stand eine Mannschaftsmeisterschaft noch hoch im Kurs, und wir hatten uns vorgenommen, die Berliner Favoriten zu bezwingen. Die Startfolge wurde ausgelost. Wir hatten Glück und zogen die vorletzte Startnummer. Also: Alle Rivalen fuhren vor uns. Damals gingen noch Sechsermannschaften an den Start. Das war unser Sextett: Gaede, Hünerbein, Sauer, Schur, Höhne und Schumann. Vermutlich ist keiner der Namen mehr in der Erinnerung des Lesers, aber da werde ich eben ein wenig sentimental.

Nach dem Training

Wir hatten uns im Training geschunden und hofften nun, die Sensation zu schaffen. Vielleicht hatten wir in unserem Eifer zu schnell begonnen, jedenfalls mußten uns schon auf der Hinfahrt Schumann und Höhne ziehen lassen.

40

(Vom Sextettt wurden vier Fahrer im Ziel gewertet.) Andererseits hätten wir unsere Hoffnungen früh begraben können, wenn wir wegen der beiden langsamer gefahren wären. Am Wendepunkt hatten wir die drei Minuten vor uns gestartete Mannschaft der Berliner Gaswerke bereits überholt. Freunde am Straßenrand signalisierten, daß nur die Berliner Favoriten von Semper, Berliner Bär und die Chemnitzer von Motor Siegmar bessere Zeiten gefahren waren. Rotation Berlin lag etwa gleichauf. Nun begann der Kampf um den Titel. Rückenwind! Wir schalteten auf 96 Zoll und traten, was das Zeug hielt. Die gelben Trikots von Post Berlin – also damals die DDR-»Telekom«-Mannschaft – kamen in Sicht. Das mobilisierte. Ich mußte einen Kettenschaden beheben, aber das schaffte ich mit wenigen Griffen und quälte mich dann schnell wieder an die anderen heran. Wir warteten auf das Stück Kopfsteinpflaster durch Burg. Wir rollten wie zigmal geübt. Und dann kam plötzlich der Augenblick, in dem ich zu fürchten begann, ich könnte dem Tempo nicht mehr folgen. Wochen hindurch hatten wir uns vorbereitet, jetzt sollte alles an mir scheitern?

Einfügen möchte ich hier, daß Mannschaftsrennen gegen die Uhr in meinen Augen die härteste Radsportdisziplin sind. Beim Einzelzeitfahren ist man auf sich angewiesen, in der Mannschaft müssen Stärken und Schwächen des Einzelnen richtig »eingereiht« werden. Alle Kraft und alles Können sind in einem Topf. Und dann plötzlich zu wissen, du bist der entscheidende vierte Mann, nachdem zwei andere abgefallen waren.

Wir kamen ins Ziel. Ich rutschte vom Rad und streckte mich auf den Boden. Und? Es dauerte nicht lange, bis verkündet wurde: Neuer DDR-Meister ist die BSG Aufbau Börde Magdeburg mit einem Vorsprung von 2:14.4 Minuten. Wir waren als Außenseiter ins Rennen gegangen und nun dieser Vorsprung? Sofort begann rundum das Getuschel: Die Magdeburger hatten doch die vorletzte Startnummer gelost. War das mit rechten Dingen zugegangen? Die Magdeburger kannten die Strecke wie kein anderer. Waren sie etwa in Burg eine Abkürzung gefahren, denn dort hatten sie den entscheidenden Vorsprung herausgefahren, nachdem sie an der Wende noch Vierte gewesen waren?

Ich beschreibe dieses im Vergleich zu anderen Rennen, die ich später gewann, nicht sonderlich wichtige so ausführlich, weil ich an diesem Tag viel gelernt habe. Zum Beispiel: Auch der auf den ersten Blick Schwächere kann »Wunder« vollbringen, wenn er sich gründlicher vorbereitet als die Rivalen. So wurde meine erste Meisterschaft eine echte Gesellenprüfung im Radsport. Und zu dem schon erwähnten Heimvorteil, nämlich unsere Streckenkenntnis, kam auch noch die der moralischen Unterstützung: In Heyrothsberge stand mein Vater an der Strecke und feuerte uns an.

Daß es auch in noch anderer Hinsicht ein wichtiger Tag in meinem Leben werden sollte, war nicht vorauszusehen. Abends waren wir vom Werkleiter eingeladen worden.

Die erste Begegnung mit Erdwig

Nichts besonderes auf den ersten Blick, denn auch heute laden Sponsoren Sportler ein, oft allerdings nur, um sich mit ihnen im Fernsehen zu zeigen. Ich sollte noch erklären: Ich war von Grün-Rot zur Betriebssportgemeinschaft Aufbau Börde gewechselt. Trägerbetrieb dieser Betriebssportgemeinschaft war die Magdeburger Bau-Union – später Spezialbau Magdeburg –, ein volkseigener Betrieb, dessen Brigaden überall in der Republik tätig waren. Sie mauerten in Calbe, wo die erste Niederschachtofen-Hütte der Welt entstand, und waren dabei, als in Brandenburg in zerschundenen Hallen ein modernes Stahlwerk wuchs. Ich schreibe das hier mit dem Wissen, was mit diesem Stahl-werk nach dem »Beitritt« geschah. Es wurde abgerissen und ist heute zum Teil ein Museum.

Aber noch heute werde ich fast jeden Morgen an eine andere Großbaustelle des Kombinats erinnert, wenn ich aus meiner Berliner Haustür trete und den Fernsehturm sehe. Und wenn jetzt in Leipzig ein neues Stadion entsteht, werden viele sich daran erinnern, wie das Stadion mit den 100 000 Plätzen entstanden war. Da hatte man, um das Gewicht der Tunnel zu sichern, Pfahlgründungen vorneh-men müssen. Auch das erledigte damals mein Betrieb.

Der Direktor des Magdeburger Baubetriebs hieß Her-mann Erdwig. Er war während des Krieges Leiter eines unbedeutenden Bauhofs gewesen, der die Keimzelle der 1951 schon mächtigen volkseigenen Bau-Union war. In jun-gen Jahren hatte Erdwig selbst Sport getrieben. Er spielte begeistert Fußball, war geschwommen und hatte nun den Ehrgeiz, daß in dem Betrieb, den er leitete, der Sport die Bedeutung erlangen sollte, die im Sozialismus als Faktor für die Gesundheit gefordert wurde. Er hatte so seine The-sen: »Für mich zählen weniger die blinden Fanatiker auf den Tribünen, als die, die beim Sport den anderen achten lernen, ihn übertreffen wollen.« Ich weiß, wie antiquiert das heute klingt, aber es ist eben ein Kapitel Geschichte. Ich will gar nicht leugnen, daß vielleicht auch eine Por-tion Eitelkeit bei ihm im Spiele war, aber es war wohl mehr der Ehrgeiz, eine Sportgemeinschaft auf die Beine zu brin-gen, die das Image der Magdeburger Bauarbeiter erhöh-te. Das sprach sich schnell herum: Aus Hannover kam Horst Fritsche, ein talentierter Schwimmer, den der Krieg an die Leine verschlagen hatte und der dann manchen Erfolg für die Magdeburger Farben und für die National-mannschaft errang. Der berühmte Schwimmer Aki Lange folgte ihm. Zu den Schwimmern gesellten sich eines Tages die Radsportler, denen man im Betrieb Arbeitsplätze

beschaffte. Ich wurde in einer Reparaturschlosserei ange-
stellt, aber klar und deutlich war von vornherein gesagt
worden, daß ich zwei Mal die Woche nachmittags für das
Training freigestellt würde. Später lernte man mich als tech-
nischen Zeichner an. »Brunnenbaumeister« sollte ich am
Ende werden.

Bevor wir an jenem Abend nach dem Meisterschaftssieg
zu ihm fuhren, hatte er mit seiner Frau gründlich darüber
nachgedacht, wie man unseren Hunger stillen könnte. Die
Erdwigs hatten beschlossen, für uns sechs Rennfahrer
dreißig Bockwürste in der HO zu kaufen und dazu noch
eine Riesenportion belegter Brötchen vorzubereiten. Die
Vorsorge erwies sich als durchaus berechtigt. Den Berg
Bockwürste verschlangen wir, und auch der Teller mit den
Brötchen leerte sich bald.

Ich weiß nicht, wie vor meiner Zeit das Verhältnis zwischen Direktoren und Sportlern war. Heute ist vieles durch
Konten geregelt, wobei ich keineswegs leugnen will, daß
auch unter den Direktoren der Gegenwart manche zu treffen sind, die echte Sympathie für den Sport empfinden. Die
damalige freundschaftliche Bindung aber ist mit solchen
Vergleichen nicht zu erklären, prägte mein Leben und ragt
weit über Erdwigs frühen Tod hinaus. Noch heute bin ich
mit Edith Erdwig eng befreundet, und erst unlängst habe
ich gegenüber der 93jährigen ein altes Versprechen einge-
löst und bin mit ihr über sieben Berge gefahren. Die Route reichte von Zittau bis ins Vogtland.

Erdwig diskutierte oft mit uns, dachte nie daran, uns
etwa zum Munde zu reden, hütete sich auch nicht vor einem
deutlichen Wort, wenn es ihm angebracht schien. Als einer
aus unserem Sextett später ein wenig den Boden unter den
Füßen verlor und glaubte, seine sportlichen Erfolge seien
eine Garantie-Urkunde für ein leichteres Leben, belehrte
er ihn schnell eines anderen.

An diesem Abend aber saßen wir gemütlich beisammen

und freuten uns über den gelungenen Streich gegen die »Berliner«.

Ich habe später manchen Abend bei Erdwigs verbracht. Zu seinem Freundeskreis zählten Ärzte und Schauspieler des Magdeburger Theaters, Genossen, die Hermann Erdwig schon seit Jahrzehnten kannten. Meist saß ich schweigend am Tisch und hörte den anderen zu. Von Theater und Oper wußte ich nicht viel, und die Probleme, die die Ärzte bewegten, kannte ich auch nicht. Es gab durchaus Abende, an denen ich mich überflüsssig in der Runde fühlte, aber ich spitzte meine Ohren und versuchte nicht, meine Siege zum Thema zu machen. Vielleicht war es diese Zurückhaltung, die mir Sympathie eintrug. Eines Tages erkundigte man sich bei mir nach einem Rennen und gratulierte zu Erfolgen. Ich spürte, daß die Achtung wuchs. Das alles ist eigentlich nicht sonderlich wichtig, aber die Rolle des Sportlers in der Gesellschaft wurde für mich im Laufe meines Lebens ein reizvolles Thema. Die einen wollen sich mit dem siegreichen Star fotografieren oder zumindest sehen lassen. Der Athlet übernimmt immer mehr die Rolle einer lebendigen Dekoration, aber wenn es um seine Ansichten und seine Meinung geht, hört man kaum hin. Heute findet man den Namen eines Fußballstars schon in den Schlagzeilen, wenn sein Friseur die Scheidung einreicht. Der Star hat seine Rolle in der Gesellschaft zu spielen. Dafür bezahlt man ihn und stellt ihn an, wie einen Exoten. Den Ausschlag gibt die Einschaltquote.

Die Meinung eines CDU-Kollegen

Ich habe ähnliches übrigens auch gespürt, als ich für den Bundestag kandidierte. Die einen behaupteten, die PDS habe mich als stimmenfangendes »Aushängeschild« herankommandiert, die anderen nahmen mich überhaupt nicht zur Kenntnis. Was hat der in der Politik zu suchen?

Der im gleichen Wahlkreis wie ich kandidierende CDU-Politiker Gerhard Schulz – ich erreichte knapp tausend Stimmen mehr als er – sagte den Journalisten: »Wenn ich sehe, daß Herr Schur mehr Stimmen hat als ich, dann verstehe ich die Leipziger nicht. Politik ist doch wirklich mehr als Radfahren.«

Mein Kommentar dazu: Radfahren ist in der Regel fairer und redlicher als die heutige Politik.

Daß ich auch während der Bundestagswahl manchen überzeugen konnte, dazu hat Hermann Erdwig den Grundstein gelegt. Und deshalb muß ich hier noch ein paar Worte über ihn verlieren. Als meine Freundschaft zu Erdwig begann, war ich Arbeiter seines Betriebes, der Radrennen fuhr. Ich hatte ein paar Siege errungen. Das hatten andere auch. Es war also keineswegs jene Eitelkeit, die Persönlichkeiten in der ganzen Welt bewegt, sich mit Sportstars ablichten zu lassen, sondern eine Freundschaft, deren Fundamente ich nur schwer präzise definieren kann. Wir waren recht unterschiedliche Menschen, er in seinen Handlungen sehr bedacht, ich oft noch unüberlegt. Ich weiß nur, daß wir uns sehr schätzten und ich seine Sympathie nie mißbrauchte. Onkel Hermann war für mich immer der Werkleiter, der auf Wissen und Sachkunde Wert legte und hohle Parteireden schlicht überhörte. Er wußte sehr gut, daß allein die Arbeitsproduktivität über das Gelingen des sozialistischen Experiments auf deutschem Boden entschied und auch, daß Arbeitsproduktivität nicht durch dekretierte höhere Normen, sondern vor allem durch modernere Technik entscheidend beeinflußt wurde. Er war Realist genug, um sich schon bald keinerlei Illusionen hinzugeben. Der Kalte Krieg schloß wirksame technische Hilfe für unsere Betriebe aus westlicher Himmelsrichtung aus. Also mußten wir uns selbst einiges einfallen lassen.

Ich war bei den Olympischen Spielen 1964 nicht mehr mit von der Partie, weil mich ein »Wessi« bei den Ausscheidungen in den Graben fuhr. Auch darauf komme ich noch zurück. Ich reiste also nicht mit nach Tokio, aber ich wußte, daß die DDR zwei Minister in die Mannschaft »geschmuggelt« hatte. Der eine sollte versuchen, Kontakt zur japanischen Stahlindustrie aufzunehmen und wurde eines Morgens tatsächlich in die Chefetage eines Konzerns eingeladen. Dort wollte man zunächst jedoch nicht über Geschäfte reden, sondern von ihm wissen, wie die DDR das Problem gelöst hatte, hüttenfähigen Koks aus Braunkohle herzustellen. In Japan waren alle Versuche in dieser Richtung gescheitert. Mir fällt dieses Beispiel ein, weil Magdeburger Bauarbeiter auch beim Aufbau jenes Kokswerkes in Calbe dabeigewesen waren.

Ja, an Erdwigs Tisch habe ich viel gelernt. Jeder wußte, daß er dort seine Meinung sagen konnte, ohne daß ihn gleich jemand belehrte. Leider kamen solche Runden spä-

Täve und Hermann Erdwig

47

ter in der DDR aus der Mode und wurden durch »offizielle Begegnungen« ersetzt, in denen meist nur Vorgeschriebenes verlesen wurde. Warum das so war, darauf weiß ich keine bündige Antwort zu geben. Ich jedenfalls habe meist in Runden verkehrt, in denen man offenherzig diskutierte, und manchmal habe ich heute den Eindruck, daß so mancher, der sich persönliche Vorteile davon versprach, seinem Vorgesetzten zum Munde zu reden, heute plötzlich entdeckt, daß er seine Meinung nicht sagen durfte.

Erdwigs nahmen mich auch mit ins Theater, und das war eine völlig neue Welt, die ich da erlebte. Wenn ich etwas nicht verstand, ließ ich es mir von Hermann Erdwig erklären. Viele Jahre fuhr ich Weihnachten zu Erdwigs, und wenn ich wieder aufbrach, sagte ich immer: »Bei uns zu Hause sind noch vier Geschwister, hier bin ich das einzige Kind!«

Mit Kräuterlikör durch die Ostzone?

Was ich über die ersten DDR-Rundfahrten weiß, habe ich vor allem von älteren Rennfahrern gehört, die schon im Spätsommer 1949 dabei waren, als es noch gar keine DDR gab. Die Idee zu dieser so populären Rundfahrt verdanken wir dem Besitzer einer kleinen Berliner Spirituosenfabrik, die unweit des alten Stadions Mitte stand und vor allem einen beliebten Kräuterlikör produzierte. Der Besitzer, ein begeisterter Anhänger des Radsports, war bereit, eine Etappenfahrt durch die Ostzone zu sponsern. Als Gegenleistung wollte er alle Fahrzeuge des Konvois mit Reklameplakaten bekleben. Das mißfiel den Verantwortlichen des damaligen Deutschen Sportausschusses. Ihr Argument, daß es nicht sehr überzeugend wirken würde, wenn man die Erste deutsche Etappenfahrt für Amateure – die einzige bis dahin ausgetragene lag Jahrzehnte zurück und war nur an Sonntagen gefahren worden – ausgerech-

net mit einem Reklamefeldzug für Schnaps verbinden würde, war nicht von der Hand zu weisen.

Das Projekt hatte sich unter den Radsportlern wie ein
Lauffeuer verbreitet, bislang hatten solche Etappenrennen
nur die Profis ausgetragen. Aber was sollte aus den
Schnapsplakaten werden? Nein, nicht die Partei griff ein,

Am Kyffhäuser, DDR-Rundfahrt

sondern ein paar routinierte Radsportfans, die behaupteten: »Das schaffen wir auch, wenn uns jemand nur etwas Geld gibt.« Die Deutsche Wirtschaftskommission, die damals die Ostzone regierte, spendierte die Summe, und man machte sich an die Arbeit, eine Etappenfahrt ohne Schnapswerbung zu organisieren. Zwei Leipziger waren es, die das Rennen vorbereiteten, und da beide Heinz Richter heißen – nicht verwandt und nicht verschwägert – gingen sie als »Heiri I« und »Heiri II« in die Geschichte ein. Skeptiker zweifelten, daß man die Rennfahrer unterwegs ordentlich verpflegen könnte, denn noch immer waren die Lebensmittel rationiert, aber die »Heiris« schafften es. Manches wurde improvisiert, aber an einem Septembermorgen 1949 wurde die Rundfahrt auf dem von Trümmern umringten Platz vor dem Brandenburger Tor gestartet.

Gleich nach dem Start gab es einen Zwischenfall, der die Rennfahrer aber nur den Kopf schütteln ließ: Die Westberliner Polizei stoppte den altersschwachen Opel, in dem Journalisten und der Fotograf des »Neuen Deutschlands« saßen, und bestanden darauf, vor der Weiterfahrt die an den Türen klebenden Werbeplakate für die Zeitung abzukratzen. Werbung fürs ND wurde als Werbung für die SED deklariert, und die war in Westberlin untersagt.

Unterwegs gab es dann größere Probleme. Bürgermeister hatten nicht die richtige Vorstellung davon gehabt, wieviel ein hungriger Rennfahrer ißt, aber fast immer fand man einen Ausweg. In einer Etappenstadt konnten sich die Rennfahrer so viel Bouletten holen, wie sie wollten. Erst am nächsten Tag erfuhren sie, daß es Pferdefleischbouletten gewesen waren.

Trotz aller Hürden und Probleme wurde die Rundfahrt zum ersten großen Triumph der neuen Sportbewegung. Neue Radsportsektionen entstanden. Die Zahl der Rennen stieg.

Bei der III. Rundfahrt stand mein Name zum ersten Mal auf der Startliste. Ich fuhr in der Mannschaft der »Sportvereinigung Aufbau«. Es war übrigens die erste internationale DDR-Rundfahrt. Man war den Kinderschuhen entwachsen und ließ das auch alle wissen. Sogar der Name wurde geändert: »Friedensfahrt der Nationen«! Das war eine gewagte Anleihe bei dem Namen des Rennens, das zwischen Prag und Warschau ausgetragen wurde, aber einige Funktionäre wollten wohl demonstrieren, daß man ein solches Rennen bei uns noch übertreffen könnte. Nein, auch diesmal hatte nicht die Partei eine Order gegeben. Ich füge das hin und wieder ein, weil ich aus vielen Memoiren den Eindruck gewann, die Schreiber hätten ihr Leben lang unter den Beschlüssen der Partei leiden müssen.

In Magdeburg glänzen wollen

Ein Etappenrennen verlangt eine kluge Einteilung der Kräfte. Wem nützt ein groß herausgefahrener Sieg auf der ersten Etappe, wenn er auf der zweiten hinterhertrudelt? Ich hatte so meine Erfahrungen gesammelt und wollte es nicht am Anfang übertreiben. Als wir zur vierten Etappe von Stendal nach Wittenberg aufbrachen, fuhr ich gleich nach dem Start den anderen davon, und natürlich nahm das niemand ernst. »Der nun wieder«, wird mancher gedacht haben. Woran sie nicht gedacht hatten, war, daß die Etappe durch Magdeburg führte, und da wollte ich nicht irgendwo mitten im Feld rollen. Aber eine ziemlich große Spitzengruppe holte mich bald ein, es wurde nichts aus der Jubelfahrt durch Magdeburg. Auf der Etappe nach Leipzig hatte ich einen Defekt und kam mit einer hinteren Gruppe ins Ziel. Ich ärgerte mich. Das wollte ich am nächsten Tag wettmachen. Da mußten wir immerhin 190 Kilometer bis Erfurt zurücklegen, und der Anstieg zum Gipfel des Kyffhäuser ließ viele zurückfallen. Die Favoriten blieben

Berlin-Leipzig, 1958 in der Dübener Heide

vorn, und ich hielt mit. Unser Vorsprung wuchs. Dann der Kyffhäuser. Wir waren noch sieben, darunter drei Tschechoslowaken. Ich wollte es nicht glauben, aber dann spürte ich: Reifenschaden! Fluchend riß ich den Schlauch von der Felge, holte den Ersatzschlauch hervor, zog ihn auf, langte nach der Pumpe, schob das Rad wieder in die Gabel und schwang mich in den Sattel. Die Spitzengruppe war weit und breit nicht zu sehen. Die Verfolger aber auch nicht. Ich kann mich heute nicht mehr daran erinnern, woran ich damals dachte, aber ich weiß, daß mich die Wut vorantrieb. So weit vorn und dann dieser Reifenschaden. Ich raste und holte das Letzte aus mir heraus. Plötzlich sah ich ein Auto und dann auch das Rudel Fahrer. Sogar die drei Tschechoslowaken staunten, als ich wieder in der Spitze auftauchte. Fünfter wurde ich in Erfurt, aber ich war noch nicht unter den ersten zehn der Gesamtwertung. Und das hatte ich mir zum Ziel gesetzt.

In Chemnitz war Ruhetag, dann folgten 167 Kilometer bis Zittau. Erst tat sich gar nichts, aber hinter Bischofswerda, als alle schon glaubten, die Würfel wären gefallen, stürmte Gothe aus der Mannschaft der SV Lokomotive davon. Niemand wollte nachsteigen. Vielleicht reagieren sie bei dir auch nicht, dachte ich, trat urplötzlich an und fuhr mit einem anderen hinterher.

Es dauerte ewig, aber dann sahen wir Gothe. Ich war noch so unerfahren, daß ich heute nur noch darüber lächeln kann, wie ich reagierte. Gothe tat mir leid. Er war ein so großartiges Rennen gefahren, und jetzt wollte ich ihn nicht um die Früchte seiner Anstrengungen bringen. Auf keinen Fall.

Aber da war noch der Kumpel an meiner Seite, Werner Marschner, Olaf Ludwigs späterer Trainer. Der dachte bestimmt nicht so »edel« wie ich. Also beschloß ich, Marschner abzuhängen, damit er Gothe nicht gefährden könne. Mein Plan ging auf, aber ich will nicht wiederholen, was mir unsere Trainer damals sagten. Mit Marschner haben wir später oft darüber gelacht.

Dem Feld hatten wir vier Minuten abgenommen, und so fand ich meinen Namen am Abend an vierter Stelle der Gesamtwertung. Dabei blieb es bis Berlin. Und damit hatte ich sozusagen einen »Gutschein« in der Tasche, im nächsten Jahr unter die Kandidaten der »großen« Friedensfahrt zu kommen.

Zum ersten Mal durch Berlin

1952 hatten die Polen vorgeschlagen, die Zwei-Länder-Fahrt in ein Drei-Länder-Rennen umzuwandeln. Bisher nur von der Moldau zur Weichsel, oder umgekehrt, führend, sollte nun die Spree hinzukommen. Das war mehr als eine Vereinbarung über ein Radrennen, denn in Polen hatte es 1950 noch viele gegeben, die sogar gegen eine Teilnahme einer deutschen Mannschaft an der Friedensfahrt gewesen waren. Auch das gehört vielleicht zu den Themen meiner Erinnerungen, von denen mancher nichts mehr hören möchte. Aber damals waren erst fünf Jahre vergangen, seit Auschwitz befreit worden war.

Die Nachricht, daß die Fahrt erstmals über das Gebiet der DDR führen würde, löste Riesenbegeisterung aus, und aufmerksam wurden alle Nachrichten über die Vorbereitung der Kandidaten verfolgt. »Neues Deutschland« – jetzt Mitveranstalter – hatte sein Ferienheim »Bollmannsruh« bei Brandenburg als Trainingslager zur Verfügung gestellt. Noch heute treffen sich übrigens die Veteranen dort jährlich und bestreiten zu ihrem Vergnügen ein Rennen.

Die Namen von damals werden nur noch wenigen ein Begriff sein: Lothar Meister, der die Fahrt schon zwei Mal durchgestanden und in der Gesamteinzelwertung 1951 einen sensationellen zweiten Platz erkämpft hatte, Gaede, DDR-Rundfahrtsieger Wille, Dinter, Gallinge, Köhler,

Weber, Siegel, Kirchhoff, Gleinig, Trefflich und ich. Ein Dutzend Fahrer war eingeladen, aber nur ein halbes Dutzend würde an den Start gehen.

Nach heutigen Gewohnheiten würde man das damalige Training sicher belächeln, damals hielten einige es für viel zu hart. Die »neuen Methoden« fanden wenig Sympathie. Man verwies auf die Erfolge der Profis, doch die hatte man nie bei Gymnastik beobachtet. Und auf das Rauchen verzichteten die auch nicht. Ich war der »Neuling«, beobachtete natürlich die alten, um möglichst von ihnen zu lernen, geriet aber bald in Zweifel. Daß geraucht wurde, störte mich sehr.

Werner Schiffner, den wir 1999 in Leipzig auf seinem letzten Weg begleiteten, hatte als entscheidende Prüfung eine 56-km-Fahrt gegen die Uhr auf der Straße von Nauen nach Friesack angesetzt. Das war ein verdammt harter Kanten und mein erstes Zeitfahren überhaupt.

Schon der Tag zuvor kostete Nerven. Alles putzte, ölte wie noch nie. Wer welche hatte, legte leichtere Reifen auf. Ich hatte nur meine Conti Typ 4 – das waren schwere Reifen. Und dann die Gedanken. Es ist eigenartig, was sich der Mensch in solchen Situationen alles ausdenkt. Man könnte in Verdacht geraten, abergläubisch zu sein. Man erinnert sich: Was hast du vor dem letzten gewonnenen Rennen gegessen? Die Siegerstrümpfe werden bereitgelegt, das Chiffontuch, das man beim letzten Sieg um den Hals trug. Und am Morgen des Rennens läufst du dauernd zur Toilette ...

Ich schaffte jedenfalls die Strecke in 1:27:00 h, das war ein Stundenmittel von 38,5 Kilometern! Horst Gaede wurde mit 1:12 min Rückstand Zweiter vor Paul Dinter, Lothar Meister und Bernhard Trefflich, der 1:33:11 h benötigte. Damit waren die Würfel faktisch schon gefallen. Das war also mein erstes Rennen gegen die Uhr, wenn ich von der schon geschilderten Mannschaftsmeisterschaft absehe. Hier bewährten sich wieder einmal meine vielen einsamen Trainingskilometer, auf denen ich auch meinen Willen geschult hatte.

In den dem Lehrgang folgenden Rennen versuchten alle Rennfahrer zu beweisen, daß sie eigentlich viel besser waren als die Kandidaten. Es waren faktisch die härtesten Rennen der Saison. Gespannt fieberten alle dem großen Tag entgegen, an dem die Mannschaft nominiert wurde. Kapitän wurde Paul Dinter und mit ihm fuhren im Nationaltrikot Gleinig, Kirchhoff, Trefflich, Gaede und – ich.

Kommen die Deutschen wieder?

Nach der Verabschiedung durch die Fans am Bahnhof rollten wir nach Warschau. Ich kannte die in Schutt und Asche gefallenen deutschen Städte, aber in Warschau schien überhaupt kein Haus mehr zu stehen. Am nächsten Tag war ich mit meinen Gedanken längst beim Rennen, als die DDR-Botschafterin im Hotel erschien und mir eine Aktivistennadel an die Trainingsjacke heftete. Meine Brigade hatte mich für die Auszeichnung vorgeschlagen und Urkunde und Nadel jemandem mitgegeben. Offen gestanden war ich nicht allzu begeistert, daß ich gefeiert wurde, noch ehe der erste Kilometer gefahren war, aber ich hatte die Kumpels der Brigade vor Augen, und die hatten mich sicher in bester Absicht überraschen wollen.

Als ich zum Start kam, beobachtete ich unauffällig eine in der Menge stehende alte polnische Frau. Sie stand am Straßenrand, und in ihrem Gesicht glaubte ich zu lesen: Das sind sie wieder, die Deutschen. Was wollen die hier schon wieder inmitten der Trümmer? Gut genährt, weißes Trikot mit schwarz-rot-goldenem Brustring.

Ich geriet ins Grübeln. Was mochte sie alles erlebt haben in diesem zetrümmerten Watschau? Wen mochte sie aus ihrer Familie verloren haben? Sohn? Tochter? Vielleicht

Enkel? Ich habe diese Szene nie wieder vergessen. Damals habe ich mir geschworen: Du wirst ein anderer Deutscher sein als jene, die ihr und ihren Landsleuten dieses Leid zugefügt hatten.

Als die Friedensfahrt 48 Jahre später nach Leipzig kam und ein ZDF-Reporter mich nach meinen Empfindungen am Rande dieses Rennens fragte, schilderte ich ihm die stille Begegnung mit der alten Polin. Die Bilder wurden im Magazin »Kennzeichen D« gesendet, und meine Worte mit einer Szene aus Polen konfrontiert. Eine Familie am Straßenrand, die auf die Rennfahrer wartete, und in ihrer Mitte eine gut deutsch sprechende alte Polin, die offen Auskunft gab, was die Menschen im Jahre 2000 dort bewegte: »Wir haben Angst, daß die Deutschen wiederkommen, Grundstücke und Häuser kaufen und eines Tages wieder da sind.«

Übertriebene Sorge? Ich traute meinen Augen nicht, als ich im Programmheft der Friedensfahrt 2000 blätterte und dort hinter den polnischen und tschechischen Etappenorten die einstigen deutschen Ortsnamen fand. Die Zuschauer der Friedensfahrt wurden aufgeklärt, daß Kudowa Zdroj bis 1939 Bad Kudowa war, Klodzko einst das deutsche Glatz war, Trutnow während der Sudetenzeit und in den Jahren, da Tschechien deutsches Protektorat war, Trautenau hieß und Usti damals Aussig. Ich konnte nicht begreifen, wie die Friedensfahrt in solche Abgründe geraten konnte und werde es auch nie begreifen. Und wenn mir jemand erzählt – was ja öfter mal vorkommt –, daß man die Friedensfahrt als erstes nach der Rückwende »entideologisieren« mußte, kann ich nur feststellen, daß die aktuelle Ideologisierung erschreckend ist, und muß auch gestehen, daß ich die Sorge jener im Fernsehen interviewten Polin sehr gut verstehen kann. 1952 hatte uns niemand »schulen« müssen, damit wir uns richtig verhielten. Wir wußten um die deutschen Verbrechen in Polen und daß wir dazu beizutragen hatten, zwischen unseren Völkern wieder zu einem normalen Verhältnis zu kommen.

Auf der ersten Etappe machte ich mich gemeinsam mit dem 38jährigen französischen Veteranen Garnier an die Verfolgung der Ausreißer Krolak (Polen) und de Groot (Niederlande). Wir holten sie ein, eine Spitzengruppe bildete sich, aber kurz vor dem Ziel zwang mich ein Schaden, die anderen ziehen zu lassen. Auf der dritten Etappe verlor ich fast fünf Minuten, wurde aber noch 16. Damals waren die Blauen Trikots der führenden Mannschaft nicht minder hart umkämpft als das Gelbe Trikot. Die Gäste aus England, Frankreich oder Belgien hatten Mühe, das zu verstehen. Für sie zählte der Einzelsieg, denn der konnte zu einem lukrativen Profivertrag verhelfen. Wer zahlte etwas dafür, in einer siegreichen Mannschaft gefahren zu sein? Mich hat der Kampf um die »Blauen« mit dazu erzogen, nicht nur an mich selbst zu denken, sondern für den zu fahren, der in unserer Mannschaft die größten Chancen auf einen vorderen Platz hatte. Nur als Fußnote: Dafür gab's kein Geld wie heute. Es hatte mehr mit Moral zu tun.

Auch solche Feststellungen mag der eine oder andere kopfschüttelnd lesen, denn heute gilt fast nur die Einzelwertung, zumal die meisten Stall-Mannschaften internationale Kombinationen sind. Auch mein Sohn Jan ist für mehrere Rennställe gefahren und war engagiert, um dem Star der Mannschaft unterwegs zu helfen, ihn notfalls sogar zu schieben, wenn der in Schwierigkeiten geriet. Seine und meine Erfahrungen lassen sich nicht miteinander vergleichen, es sind unterschiedliche Welten, wobei ich mir gar kein schnelles Urteil erlauben will, welche im Radsport die bessere ist. Allerdings wird niemand leugnen, daß das Sprichwort, wonach Gemeinsinn vor Eigensinn rangiert, moralische Werte offenbart. Inzwischen habe ich auch von Politikern manchen Appell gehört, den Gemeinsamkeiten mehr Aufmerksamkeit zu schenken.

In Katowice hatten wir damals die Spitze in der Mannschaftswertung erkämpft, und so trug ich von Katowice nach Wroclaw zum ersten Mal das Blaue Trikot mit der weißen Taube Picassos.

Am nächsten Tag mußte ich einiges tun, um es zu verteidigen. Schon nach rund 60 Kilometern fuhr ich gemeinsam mit dem starken Österreicher Deutsch, dem Bulgaren Bobzew und dem Dänen Falkböll den anderen davon. Über vier Minuten Vorsprung! Ein Rahmenbruch warf Deutsch zurück, ein Reifendefekt den inzwischen hinzugekommenen Krolak. Zu dritt rasten wir in das Stadion in Wroclaw, die Verfolger nur noch 600 Meter hinter uns. Falkböll stürzte, ich steuerte reaktionsschnell an ihm vorbei und kam hinter Bobzew ins Ziel. Die Blauen Trikots waren gesichert, und ich rückte in der Gesamteinzelwertung auf Platz 13 vor. In Görlitz gelangte das Rennen zum ersten Mal auf deutschen Boden. Ich war Fünfter in der Gesamteinzelwertung. Das konnte sich sehen lassen.

Die Etappe nach Berlin wurde zu jener bis heute unvergessenen Triumphfahrt des Österreichers Franz Deutsch, der uns schon bald nach dem Start davonfuhr und mit gut vier Minuten Vorsprung allein in der Cantianstraße eintraf. Das Publikum feierte uns, denn wir hatten die Blauen Trikots verteidigt.

Niemand muß fürchten, daß ich hier meine sämtlichen Friedensfahrtetappen beschreibe, aber dies war immerhin mein »Debüt«.

Fahrt in die Talsohle

Wir waren in Berlin, und die Etappe des nächsten Tages war uns vertraut: Berlin-Leipzig. Vielleicht waren wir zu zuversichtlich. Die Briten starteten eine Attacke, bei der uns Hören und Sehen verging. Wir verloren die Blauen Trikots an sie, und ich fiel auf den zehnten Platz zurück.

Damit aber war die Talsohle noch nicht erreicht. Auf den nächsten Etappen fielen wir weiter zurück. Die Tschechoslowaken, von Kapitän Vesely auf den heimischen Straßen klug dirigiert, kämpften sich auf den zweiten Platz hinter die Engländer, und schließlich überflügelten uns auch noch die Belgier. Als die Etappe zum Endziel nach Prag gestartet wurde, waren wir Vierter und unsere Stimmung dementsprechend. Wenigstens Dritter wollten wir werden, nahmen wir uns vor. Vesely, in der Gesamtwertung knapp hinter dem seit Tagen das Gelbe Trikot verteidigenden Schotten Ian Steel Zweiter, wäre gern als Sieger in Prag eingezogen, aber die Briten paßten höllisch auf und parierten jeden Vorstoß. Bei Benesov trat Skorepa (CSR) urplötzlich an, und ich hetzte ihm hinterher. Das war die letzte Chance, den Belgiern den dritten Platz abzujagen, obwohl ich dafür fünf Minuten Vorsprung hätte herausfahren müssen. Wir passierten die Verpflegungskontrolle, aber ich winkte ab: Keinen Beutel. Wir kamen voran, weil wir uns auch fair abwechselten. Umjubelt erreichten wir Prag. Sollte mir mein erster Etappensieg gelingen? Skorepa war ein Fuchs, und auf den letzten Kilometern hatte er sich merklich geschont. Ich aber mußte Zeit gutmachen gegen die Belgier. Zum zweiten Mal also Zweiter. Aber dann die große Frage: Wie groß ist der Vorsprung zu den Belgiern? Als Vesely mit den Verfolgern ins Stadion kam, sah ich nur den Belgier Verschueren. Die Zeit lief für uns, und die nächsten Belgier erschienen nach über zehn Minuten. Wir waren also bei der Siegerehrung doch noch dabei! Die anderen schüttelten mir die Hand, meine Fahrt an der Spitze hatte geholfen, das Blatt noch zu wenden.

1953 wurde in Bratislava gestartet. In Berlin waren wir nur noch ein Quartett. Erich Zawadski hatte eine Lungenentzündung zur Aufgabe gezwungen, Erich Schulz, Kapitän und Gallionsfigur des DDR-Radsports, mußte

Friedensfahrt 1953

nach einem schweren Sturz ins Meißener Krankenhaus
eingeliefert werden. Das Feld war klein geworden. Es war
ein ungewöhnlich kalter Mai. Auf dem Weg nach Görlitz
konnte man glauben, der Winter kehrte zurück. Eiskalter
Regen lichtete die Reihen. Ausgerechnet auf dieser Etappe feierte die DDR ihren ersten Etappensieg. Der eisen-
harte Weimarer Ofensetzer Bernhard Trefflich war am
Schluß allein mit Alexander Pawlisiak, der lange in Frankreich gelebt hatte und dort auch unzählige Rennen gefahren war. Man nannte ihn in seiner alten wie in seiner neu-
en Heimat den »Fuchs aller Landstraßen« – und das zu
Recht. Doch an diesem Tag fehlten dem Fuchs nach grau-
sam harten 226 Kilometern die Kräfte, um sich gegen den
ebenso harten Bernhard Trefflich durchzusetzen. Ich kam
mit dem Hauptfeld eine Viertelstunde nach den beiden ins
Ziel, verteidigte aber meinen dritten Rang. Zwei Dänen –
Pedersen und Andresen – lagen vor mir.

Die Blauen Trikots schienen bei den Dänen in sicherer
Hand: Nach neun der zwölf Etappen lagen sie über zwanzig Minuten vor uns. Als es auf den nächsten Tagesab-

schnitt ging, waren nur noch 42 von den 98 gestarteten Fahrern dabei. Nach 25 Kilometern bildete sich die erste Spitzengruppe, später gesellte ich mich zu den Verfolgern. Es begann zu regnen, das Kopfsteinpflaster war schlüpfrig. Das Feld hinter uns fiel auseinander, und in meiner Umgebung war kein Däne!

Pawlisiak freut sich auf seine Mutter

Gemeinsam mit Trefflich kam ich mit der Spitzengruppe ins Ziel. Die Polen bejubelten einen Dreifachsieg, aber wir starrten nur auf die Stoppuhren. Nicht einmal die Waschschüsseln benutzten wir. Als vier Minuten vergangen waren, hatten wir – weil bereits zu zweit im Ziel – acht Minuten in der Mannschaftswertung gewonnen, und mein Rückstand in der Einzelwertung schmolz ebenfalls. Man brachte uns etwas zu essen, wir winkten ab. Nach knapp neun Minuten jagte Andresen herein, die Wut sah man ihm

Friedensfahrtempfang in Magdeburg

meilenweit an. Wo waren die anderen Dänen? Drei Minuten vergingen noch, ehe sie mit dem Hauptfeld anlangten.

Hatten wir schon die Blauen? Von den fast 22 Minuten Vorsprung waren den Dänen durch die Alleinfahrt Andresens noch 42 Sekunden geblieben. In der Einzelwertung hatte ich Andresen überholt, und der führende Pedersen lag nur noch 73 Sekunden vor mir. Verständliche Aufregung bei den Dänen.

Am nächsten Tag lagen 206 Kilometer bis Lodz vor uns. Die Polen starteten schon bald einen Angriff. Pawlisiak war wieder dabei, und er hatte ein starkes Motiv: Im Stadion erwartete ihn seine Mutter, die er viele Jahre nicht gesehen hatte. Niemand war da, der seinen Etappensieg an diesem Tag hätte vereiteln können.

Uns beschäftigte, wie die Dänen reagierten. Lange hielten sie sich zurück, obwohl Lothar Meister I in der Spitzengruppe fuhr. Die Blauen Trikots hatten sie wohl schon abgeschrieben. Das Gelbe zu retten war ihr Ziel. Als Andresen und Pedersen antraten, kämpfte sich Bernhard Trefflich an ihre Seite. Das egalisierte jede herausgefahrene Minute. Immerhin schufen sie mit ihrem Gewaltritt wieder klarere Verhältnisse in der Einzelwertung. Ich war wieder Dritter und Pedersen fast fünf Minuten vor mir. Die Nachricht, daß wir das Duell um die Blauen Trikots schon fast gewonnen hatten, wurde in der DDR bejubelt. Noch eine Etappe, 139 Kilometer von Lodz nach Warschau. Was sollte da noch passieren?

Unglaublich, was sich dann alles tat. Erst blockierte Lothar Meisters Schaltung. Dann gab es einen Sturz. Ich lag auf der Straße, einige über mir, Paule Dinter humpelte zum Straßenrand. Der Arztwagen wurde gerufen. Unter uns: Ich war nicht ganz unschuldig an diesem Sturz. Die Zuschauer hatten Papierschlangen auf die Straße geworfen, eine verwickelte sich in meinen Zahnkranz. Ich sprang vom Rad und wollte das Papier herauszerren. Mitten auf der Straße. Die anderen stürzten über mich hinweg. Ich bekam ein Ersatzrad und machte mich mit Lothar Meister auf die Verfolgung. Das Feld mit den Dänen hatte drei Minuten Vorsprung. Also waren wir die Blauen Trikots los. Die bei uns waren, zeigten nicht viel Interesse. Letzte Etappe. Wozu da noch rasen? Aber an unseren Hinterrädern fühlten sie sich wohl.

Weit hinten hatte Dinter Ärger mit dem Arzt, wie sie uns aus dem Mannschaftswagen mitteilten. Der hatte ihm geraten aufzugeben. Verpflastert stieg er dennoch wieder in den Sattel.

Wir wollten die Zwischenzeiten wissen. Kamen wir dem Feld näher? Ja, signalisierte man uns. Es waren nur noch zwei Minuten Rückstand. Und dann riefen sie uns zu: »Eins dreißig!« Am Horizont kamen die Warschauer ins Blickfeld. Wir hetzten, was das Zeug hielt, und dann sahen wir plötzlich das Hauptfeld vor uns. Bernhard Trefflich riß die Augen auf, wie nur er die Augen aufreißen konnte, als wir wieder an seiner Seite auftauchten: »Dummer Hund! Los nach vorn!« Er hatte nämlich das Tempo verschleppen müssen, und das war harte Arbeit.

Auf der langen Abfahrt zum Stadion stürzten sie vor mir, ich drüber hinweg. Ich rutschte bis in die Beine der Zuschauer, und aus der Trikottasche glitt über meinen Rücken die Preßluftflasche, die ich mir am Ruhetag von einem Franzosen für 250 Mark gekauft hatte. Für den Laien angemerkt: Mit den Preßluftflaschen konnte man in Windeseile die Reifen füllen und sparte die Zeit mit der Luftpumpe.

Noch heute sehe ich sie zwischen den Beinen der Zuschauer verschwinden. Ich hätte nur einen Meter zwischen diesen Beinen hindurchzukriechen brauchen und hätte die 250-Mark-Flasche wiedergehabt. Aber das hätte eben wertvolle Sekunden gekostet, und bei Rennfahrern gilt: Erst wenn ein Bein fehlt, bleibt man liegen!

DDR-Rundfahrt 1951

100-Kilometer-Zeitfahren, Mannschaft 1951 (Kurt Hünerbein, Horst Gaede, Schur, Bruno Schumann, Jochen Sauer,
Heinz Mähne)

Täve, Alfred Gothe und Werner Marschner, 1951

Friedensfahrt 1952, Zielankunft in Prag, Skorepa und Täve

1953, VI. Friedensfahrt, Etappe Chemnitz-Leipzig, vorn links der Däne Pedersen, rechts Schur

Friedensfahrt 1955, erster Etappensieg

Vater Schur gratuliert seinem Sohn

Friedensfahrt

Querfeldein-Meisterschaft der DDR in Halle, Ehrenrunde der Sieger, Dieter Lüder und Täve

Köln-Berlin, Vorbereitung im Trainingslager in Halberstadt

Hermann Erdwig, Täve Schur und Minister Junker

Wilhelm Pieck gratuliert Christa Stubnik und Täve

Ich sprang auf, jagte mit schiefem Lenker hinterher. An der Stadioneinfahrt stand Trefflich. Er feuerte mich an. Dreißig Sekunden hatten die Dänen noch einmal wettgemacht, aber unser Mannschaftssieg war gesichert. Der erste Triumph in dieser härtesten Amateurfahrt der Welt.

Wo blieb Paule? Eine Viertelstunde nach dem Etappensieger quälte er sich ins Stadion. Sein ganzes Gesicht war eine Frage: Haben wir es geschafft? Wir rissen die Arme hoch. Überglücklich fiel er vom Rad.

Am Abend stapelten sich die Telegramme in unseren Zimmern. Der Ministerrat meldete sich. Werner Schiffner war der erste Trainer, der mit dem Titel »Verdienter Meister des Sports« ausgezeichnet wurde.

Über den 17. Juni

Einen Monat später redete niemand mehr über Friedensfahrt und Blaue Trikots. Der 17. Juni bewegte die Gemüter. Es sind viele Bücher über die Ereignisse dieser Tage geschrieben worden, und niemand soll erwarten, daß ich hier nun eine weitere Version für den Streit ob »Volksaufstand« oder »Putsch« abliefere. Aus meiner Sicht war es weder das eine noch das andere, und bisher habe ich von niemandem einen Begriff gehört, den ich für zutreffend halten würde. Für einen »Volksaufstand« waren sechs Prozent der arbeitenden Bevölkerung – wohlgemerkt laut Untersuchungen der Bundesregierung – als Streikende wohl zu wenig. Aber war es nur ein Putsch des Westens? Wer Stefan Heyms »Fünf Tage im Juni« gelesen hat, weiß, daß Putschisten am Werke waren, daß der RIAS rund um die Uhr Streikaufrufe verbreitete. Und Werner Riege, jener Jenaer Professor, der für die PDS Jahre vor mir im Bundestag saß und eines Tages die persönlichen Attacken und Verleumdungen nicht mehr ertragen konnte und freiwillig aus dem Leben schied, habe ich einmal sagen hören, daß ein »Arbeiteraufstand« infrage zu stellen ist, wenn dessen erster Schritt die Verwüstung der Arbeiter- und Bauern-Fakultät ist, wie es in Jena geschah. Ich fürchte, es wird dabei bleiben, daß die einen den »Arbeiteraufstand« feiern und die anderen den »Putsch« anklagen. Ich habe viel darüber gelesen und lasse mir von niemandem heute sagen, was damals geschehen war. Ich habe es erlebt! Und wenn auch nur an einem Ort. Das war in Eisleben, wo sich nicht viele den Protesten anschlossen. Dort arbeitete und wohnte ich von Dezember 1952 bis September 1953. Bei der Neustrukturierung der Leistungssportzentren in der DDR sollte Magdeburg Schwerpunkt im Schwimmen bleiben und in Eisleben ein Zentrum für die Straßenfahrer entstehen. Ich bestand darauf, Mitglied des Magdeburger Bauarbeiter-Klubs zu bleiben und zog nach Eisleben. Ein Ingenieur übernahm die Patenschaft über uns Rennfahrer, damit wir in dem neuen, ungewohnten Milieu bald heimisch würden.

Fast Tragik liegt darin, daß ich in der deutschen Literatur noch eine »Rolle« ausgerechnet für den 17. Juni übernahm.

Man hatte mir schon vor Jahren von dem Buch erzählt, daß Uwe Johnson über mich geschrieben hatte. Ich bin kein Literaturwissenschaftler, lese gern gute und informative Bücher, bin aber behutsam, wenn es um das Urteil über ein Buch geht.

Ich weiß natürlich, daß Johnson ein angesehener Schriftsteller war, und erinnere mich auch daran, daß man mir eines Tages im Internat des Leipziger Klubs den Besuch eines Herrn Johnson ankündigte. Er kam, redete etwa eine halbe Stunde mit mir und ging dann wieder. Die Fragen waren nicht so gravierend, daß sie mir in Erinnerung geblieben wären.

Danach schrieb er »Das dritte Buch über Achim«, und dieser Achim sollte ich sein. Natürlich weiß ich auch einiges über literarische Freiheiten, aber wenn ich hier einige Absätze aus dem Buch einfüge, das auch detailliert beschreibt, wie ich am 17. Juni reagiert haben soll, tue ich das mit großer Zurückhaltung. Es ist nicht zu leugnen, daß Johnson mich auf der Seite der »Aufständler« einordnete. Natürlich wußte er, daß das nicht stimmte, aber ein Schriftsteller hat eben die künstlerische Freiheit, jemanden von der einen Seite der Front auf die andere zu schieben. Und so geriet ich in der Literatur also auf die »andere« Seite.

Ein renommierter Literaturwissenschaftler aus den alten Bundesländern beschrieb die in dem Buch wiedergegebene Begegnung – bei Johnson treffen sich der Journalist Karsch und der Rennfahrer Achim – mit den Worten: »Der Dialog zwischen beiden Männern mißlingt auf Grund der Unvereinbarkeit ihrer Wertvorstellungen. Während Achim als typischer Opportunist für die uneingeschränkte Bereitschaft steht, die eigene Person dem staatlichen Interesse ganz und gar unterzuordnen ... Die angestrebte Wahrheitsfindung zielt ... auf die Zerstörung falscher Wahrheiten, wie sie der ›Mythos‹ Achim darstellt.«

Es ist sicher kein Zufall, daß Johnson den 17. Juni wählte, um meine Haltung als »Opportunist« deutlich zu machen.

Hier also Johnsons Darstellung: »Das Buch, in dem ein Durchreisender namens Karsch beschreiben wollte wie Achim zu Ruhm kam und lebte mit dem Ruhm, sollte enden mit der Wahl Achims in das Parlament des Landes, das war die Zusammenarbeit von Sport und Macht der Gesellschaft in einer Person.« Und: »Fünfzehn Jahre nach dem verlorenen Krieg war Achim in Ostdeutschland berühmt für schnelles Fahren auf einer zweirädrigen Maschine, die angetrieben wurde durch die kreisende Tretbewegung seiner Beine mit Zahnrädern und Kette in die Drehung des Hinterrads übersetzt, zu eben der Zeit war er einstimmig gewählt worden in die Volksvertretung seines Landes als

Vertreter des Volkes mit folgenden Pflichten: das Volk zu kennen, und nicht zu verachten, sein Recht zu bewahren, und stets zu entscheiden über sein Geschick nach seinem Willen und zu seinen Gunsten.« Das bezog sich auf meine Wahl in die Volkskammer, über die auch noch zu schreiben sein wird.

Und dann also die Passage über den 17. Juni: »Was mit den westdeutschen Frühnachrichten ankam zweihundert Kilometer südlich war dennoch so unglaubwürdig, daß alle zur Arbeit fuhren mit der Ausrüstung für die Arbeit. Was alle versammelt einander bestätigten wandten die fünf Sätze der Nachrichtenstimme schon an. Sie mußten bisher so gelebt haben, daß es als Wahrheit zutraf. Die Versammlungen sollen kaum länger gedauert haben als eine halbe Stunde: dann waren die Werktore offen. Die Teilnehmer erinnerten sich an den Ton der Sprecher aber nicht an ihre Worte. Sie müssen allen gemeinsam gewesen sein: eins gab das andere: machte es möglicher, wirklicher, ausführbar. So konnten sie gar nicht anders als sich treffen in der Innenstadt. Sie fanden sich vor den Arkadenportalen des Prüfgefängnisses, weil sie auf die Freilassung ihrer Angehörigen warten wollten ... Aus den oberen Stockwerken warfen sie Akten, um sie auf der Straße zu verbrennen, denn ihre Namen standen darin ... schob er das Rad durch die unbewachte Tür einer ganz verlassenen Schusterwerkstatt, lief über den vollgedrängten Bürgersteig hinunter und stemmte sich mit beiden Ellenbogen durch zu den Marschierenden. Die Reihe öffnete sich für ihn ... Sie vergaßen die Rundfunkstation. Sie vergaßen zu reden mit den Armeegarnisonen. Sie vergaßen die anderen Städte des Landes. Sie wählten keine Führung aus den Streikkomitees zusammen, sie nahmen sich das Recht nicht. Sie hatten keine Waffen.«

Das klingt so vielsinnig, wie das von guter Literatur erwartet wird. Das Wort »Waffen« allerdings läßt keine unterschiedlichen Deutungen zu. Bedauerte Johnson, daß an diesem Tag nicht mehr Waffen in Gebrauch waren, oder wollte er es nur im nachhinein zu bedenken geben?

Mir gab es jedenfalls zu denken.

Ein westdeutscher Schriftsteller, dessen Namen ich hier nicht nennen will, sagte mir mal: »Er muß sehr wütend gewesen sein, als er das schrieb.« Und meinte in etwa: Jeder wußte, wen er meinte, und viele wußten, wie du dachtest. Man muß sich vorstellen, Hermann Kant wäre nach Hamburg gefahren, hätte dort eine halbe Stunde mit Max Schmeling geredet und ihn anschließend als einen »Emil« porträtiert, der gegen Nazigenerale in der Bundeswehr opponiert. Mir schien, daß dieser Vergleich gar nicht abwegig wäre.

Demo in Dortmund

Sehr bald nach dem 17. Juni stiegen wir in den Zug nach Dortmund. Gemeinsam mit Horst Gaede, Benno Funda und dem Leipziger Naumann startete ich beim damals noch hochklassigen »Rund um Dortmund«. Die Gastgeber empfingen uns herzlich, sahen in uns aber wohl Menschen, die einer Katastrophe entkommen waren. Als erstes servierten sie uns große Schüsseln kräftiger Suppe und redeten auf uns ein, kräftig zuzulangen, damit wir das schwere Rennen auch durchstünden. Wir aßen, wie wir immer aßen, und dann ließ man uns behutsam wissen, daß man sicher sei, wir litten zu Hause Hunger. Ich wollte den Gastgebern erklären, daß das Leben in der DDR etwas anders aussähe, als es Dortmunder Zeitungen ihre Leser glauben machen wollten, aber das hielt man für eine Order, die man uns mit auf den Weg gegeben hatte. Sie behandelten uns freundlich, aber ein wenig wie liebe, verschüchterte Kinder. Die herablassende Art von Sympathie für uns »Leidende« ging mir auf die Nerven. Unter Rennfahrern würde ich formulieren: »Ging mir echt auf den Docht.« Doch ich dachte: Laß sie reden, wir lassen am Sonntag von uns hören!

Der westdeutsche Radsportverband hatte in letzter Minute seine gesamte Elite nach Dortmund beordert. Irgend jemand schien interessiert daran zu sein, daß der Sieg eines DDR-Fahrers vereitelt würde. Der hätte wohl nicht in die Landschaft des 17. Juni gepaßt.

Wir studierten gewissenhaft die Strecke. Sie war nicht allzu schwer, etwas hügelig, doch der Anstieg zur »Eule« kurz vor dem Ziel kostete Kraft.

Wir hatten die niedrigsten Startnummern, ich sogar die »1«. Ich nahm die westdeutschen Asse Ziegler und Zeißner ins Visier. Die taten zunächst nicht viel und warteten vermutlich auf die »Eule«. Als eine Ausreißergruppe an Vorsprung gewann, stieg ich hinterher. An meinem Hinterrad hing der Krefelder Hennes Junkermann. Ich hatte keine Probleme mit der »Eule« und erreichte als erster den »Gipfel«. Da waren wir noch zu dritt: Junkermann, Ebbers und ich. Ich tat nichts, bis Ebbers antrat. Ich setzte nach, Junkermann erreichte mich nicht mehr. So gewann ich »Rund um Dortmund«. Als wir am nächsten Morgen am Bahnhof Zoo aus dem Zug stiegen, suchten wir in den Westberliner Zeitungen vergeblich nach einer Nachricht über »Rund um Dortmund«.

Danach ging's zu den Weltfestspielen nach Bukarest. Sengende Hitze und kaum Bäume an der Straße.

Die Engländer stoppten beim Training am Stadtrand von Bukarest. An der Straße erstreckte sich ein Friedhof: Die letzte Ruhestätte englischer Flieger, die bei Angriffen auf die rumänischen Ölfelder, die damals Hitlers Benzinwerke belieferten, ums Leben gekommen waren. Die Rennfahrer staunten, wie gepflegt die Gräber waren. Am Abend baten sie die Gastgeber um Blumen, die sie beim nächsten Training dort niederlegen wollten. Dieses Erlebnis erwähne ich nur, weil es vielleicht deutlich macht, wie nützlich solche Jugendtreffen waren und auch heute noch wären.

Das 100-km-Mannschaftsrennen stand als erstes auf dem Programm. Unser Aufgebot: Trefflich, Meister – dem sie später, als der Geraer Lothar Meister auftauchte eine römische »1« hinter den Namen schrieben –, Dinter und ich.

An der Wendemarke in Ploesti hatten wir die zweitbeste Zeit hinter den Polen. Nur 15 Sekunden Rückstand! Aber die Hitze nahm zu, Paule fiel durch einen Defekt zurück, jeder hatte noch längere Strecken zu führen. Am Ende wurden wir Vierter. Hinter uns war die sowjetische Mannschaft. Sie war hier zum ersten Mal international gestartet. Wer sehen konnte, wußte, daß man künftig mit ihnen rechnen mußte. Das Einzelrennen wurde wegen der Hitze schon am frühen Morgen gestartet. Schnell bildete sich eine Spitzengruppe, die gut harmonierte. Werner Schiffner hatte uns gewarnt: Die Strecke ist flach, also bei jedem Vorstoß aufpassen! Wir hatten wohl Friedensfahrtetappen im Kopf und wollten abwarten. Dann kam Schiffner nach vorn und rief mir zu: »Mensch, mach Dampf!«

Der übertreibt, dachte ich, aber dann kamen uns die Ausreißer lange vor der Wendemarke entgegen. Wir machten wirklich Dampf, aber es war viel zu spät. Der Franzose Thaurin gewann drei Minuten vor mir. Mir blieb nur Platz neun, und das war mir eine Lehre fürs Leben. Übrigens war mit Nemytow auch zum ersten Mal ein Russe vor mir.

Das erste Gelbe Trikot

Bei der DDR-Rundfahrt, die als nächstes auf meinem Programm stand, waren zum zweiten Mal Gäste aus der BRD dabei. Die erste Etappe nach Greifswald gewann der Fürther Loy und holte sich damit das Gelbe Trikot des Spitzenreiters. Am nächsten Morgen raunte er mir am Start schmunzelnd zu: »Übrigens, ich kann auch Berge fahren!«

Aber 204 Kilometer weiter, in Schwerin, mußte er das Gelbe Trikot wieder ausziehen. Lothar Meister II löste ihn ab. Die nächste Etappe endete in Magdeburg, und die wollte ich natürlich gewinnen. Aber solche Pläne gehen selten auf. Ich wurde Fünfter. Die nächste Etappe war wieder ein »Kanten«: 215 Kilometer bis Erfurt. Am harten Wendefurther Berg hatte Trefflich schon drei Minuten Vorsprung, aber kurz vor Erfurt erreichte ich die Spitzengruppe und gewann die Etappe noch.

Zwischen Halle und Karl-Marx-Stadt bliesen die Westdeutschen zum Sturm. Fünf von ihnen fuhren in der Spitzengruppe, und der Schweinfurter Zehe gewann. Das nächste Etappenziel hieß Dresden, aber es ging zuvor hinauf bis nach Aue und Schneeberg.

In Heinzebank erwartete uns die härteste Steigung. Ich versuchte wegzukommen, trat an und merkte, es stieg niemand nach. Bergab wuchs mein Vorsprung, bald erfuhr ich, daß es schon vier Minuten waren, in Herzogswalde zeigte mir einer die fünf Finger einer Hand und dazu noch den Daumen der anderen: »Sechs Minuten!« Die Verfolger reihten sich ein, aber ich wußte, daß die Entscheidung auf dieser Etappe fallen würde. In Dresden hatte ich das Gelbe Trikot. Es war das erste meines Lebens.

Der Betreuer der BRD-Fahrer, Domke, war eine ehrliche Haut. Er wußte, daß am nächsten Tag in Lugano die Weltmeisterschaft begann und wir nur nicht dabei sein konnten, weil seine Regierung von den bundesdeutschen Radsportfunktionären verlangt hatte, die Aufnahme unseres Verbandes in die internationale Föderation mit allen Mitteln zu verhindern. Domkes Kommentar: »Scheißspiel, daß einer aus politischen Gründen seine sportliche Chance nicht wahrnehmen kann.«

Mit welchem Übereifer wird heute die Geschichte des DDR-Sports aufgearbeitet. Ich habe jetzt erst in der Zeitschrift »Beiträge zur Sportgeschichte« Dokumente aus dem Archiv des Bonner Auswärtigen Amtes gelesen, in denen die von der BRD-Sportführung akzeptierten Weisungen der BRD-Regierung sehr präzise formuliert waren. Bisher hat sich noch niemand dieses bitteren Kapitels der deutschen Sportgeschichte angenommen, und ich fürchte, es hat derzeit auch keiner die Absicht, es zu tun.

Dem in Lugano am Vorabend der Weltmeisterschaft eingereichten Aufnahmeantrag des Radsportverbandes der DDR in die UCI widerfuhr, was den vorher gestellten Anträgen auch schon widerfahren war: Er wurde um ein Jahr vertagt. Also wieder ein Jahr schinden und möglichst viel Schleifen zusammenfahren, denn Sieger kann man nicht auf Ewigkeit ausschließen. Darüber waren wir uns im klaren.

Als wir am Sonntagmorgen in Görlitz an den Start zur letzten Etappe rollten, hatten wir schon im Radio gehört, daß der Italiener Filippi das Regenbogentrikot geholt hatte. Der beste Deutsche war Junkermann auf Platz 31.

Mich bewegte das nicht sonderlich. In Gelb nach Berlin kommen, darum ging es. Mit einer Minute Rückstand zur Spitzengruppe kam ich ins Stadion. Die Berliner feierten mich enthusiastisch.

Brasilien und der deutsche Radsport

Zum ersten Mal arrangierte die »Junge Welt« Ende 1953 eine Umfrage nach den populärsten Sportlern der Republik. Frauen und Männer wurden nicht getrennt. Ich gewann vor Christa Stubnick, unserer damals besten DDR-Sprinterin, die uns auch bei den Olympischen Spielen in Melbourne vertrat.

Also ging es guten Muts in das Jahr 1954. In Paris tagte die UCI, und wir waren optimistisch, daß man uns endlich aufnehmen würde. Unsere Funktionäre sprachen mit dem und jenem, alle schworen, man werde für uns stimmen. Der Antrag wurde aufgerufen.

»Möchte jemand dagegen reden?«

Schweigen im Saal. Dann meldete sich plötzlich der Delegierte Brasiliens und gab zu bedenken, ob man nicht die Tagung des Internationalen Olympischen Komitees abwarten sollte, ob die Herren das NOK der DDR anerkennen würden. Er plädiere deshalb für eine weitere Vertagung des Antrags um ein Jahr. Die Delegierten der BRD, die noch in der Pause, wenige Minuten zuvor, versprochen hatten, sich für unseren Antrag einzusetzen, wühlten geschäftig in Papieren. Der Präsident stellte den Antrag Brasiliens zur Abstimmung. Fast alle hoben die Arme. Von da an hielt ich bei jedem internationalen Rennen Ausschau nach brasilianischen Rennfahrern. Ich sah nie welche.

Heute liest sich das wie eine Geschichte aus uralten Tagen, und richtig verstehen kann sie wohl nur, wer weiß, was es für einen Sportler bedeutet, sich eines Tages für Weltmeisterschaften zu qualifizieren und sich dort mit den Weltbesten zu messen. Es gab Tage, an denen wir fürchteten, dieser Start würde für uns nie kommen. Und das nur, weil wir für die DDR starteten, für das Land, in dem wir aufgewachsen waren. Ich fordere nicht, daß man jeden Tag darüber redet oder heute noch laute Klagen anstimmt, aber – siehe oben – uns vorzuwerfen, wir hätten den Sport politisiert, ist angesichts dieser Fakten der Gipfel der Demagogie.

Die Pechsträhnen-Fahrt

Es kam der Mai, es kam die Friedensfahrt. Den Italienern hatte ihre Regierung die Visa verweigert. Man beschloß, in allen Etappenorten die italienische Flagge aufzuziehen. Bei der Auftaktetappe Rund um Warschau kam ich gut zurande und wurde Vierter. Am nächsten Tag begann eine der längsten Pechsträhnen, die ich je bei einem Etappenrennen erlebte. Nach drei Kilometern verlor Erich Schulz durch einen Reifenschaden den Anschluß und bis ins Ziel 21 Minuten. Trefflich stürzte nach 40 Kilometern und büßte 28 Minuten ein. Dann erwischte es mich mit einem Reifenschaden. Ich wurde zwar noch Siebenter, aber der Etappensieger war schon drei Minuten im Stadion, als ich ankam. Die großen Rückstände kamen zustande, weil es ein sehr schnelles Rennen war. Auf der nächsten Etappe stand Trefflich plötzlich mit gebrochener Gabel am Straßenrand, Funda und ich wurden durch Reifenschäden um unsere Chancen gebracht. Wir hatten da schon 37 Minuten in der Mannschaftswertung verloren. Wir, die umjubelten Sieger des Vorjahres.

Wenn ich heute zuweilen die Kommentare von Fernsehreportern höre, die Fragen formulieren, wie dies oder jenes »geschehen konnte«, warum der oder jener nicht Etappensieger wurde, möchte ich ihnen immer gern vorschlagen, sich selbst einmal aufs Rad zu setzen und dann nur auf einer flachen baumlosen Straße fünfzig Kilometer zu fahren, und ich wünsche mir, daß es ein Tag sei, an dem der Wind heftig schräg von vorn weht. Ja, sie sollten einmal selbst gegen den Wind fahren und sich gegen die unwillkürlich aufkommende Versuchung, irgendwann abzusteigen, durchsetzen. Wie oft war ich in einer starken Gruppe, wurde durch einen Defekt zurückgeworfen, fuhr mutterseelenallein hinterher, entdeckte plötzlich am Horizont einen anderen Einsamen, kämpfte mich gegen den Wind bis zu ihm, und der empfing mich dann mit dem Vorschlag: »Wollen wir nicht auf den Schlußwagen warten?« Dann doch noch ins Ziel zu kommen und dort als erstes einem Reporter zu begegnen, der dich einfältig fragt: »Wie konnte denn das passieren?« Ich kann nur sagen: Da kommt Freude auf.

Es gilt auch: Der Sieg von gestern ist heute keinen Pfifferling wert. Und wenn du aus dem Wind herauswillst und einem anderen sagen würdest: »Pardon, könnte ich an dein Hinterrad, du weißt doch, ich bin der Sieger von gestern ...«, würde der dich mit großen Augen anstarren, weil ihm so etwas noch nie widerfahren ist.

Ich will keine Opa-Geschichten nach der Melodie »Wie's früher war« erzählen, aber wehmütig werde ich schon, wenn ich heute die Rennfahrer beobachte und wie Mechaniker ihnen die Ersatzräder »servieren« und mich erinnere, wie wir damals fluchend den kaputten Reifen von der Felge zerrten, den Ersatzreifen, den man sich um den Leib geschnürt hatte, aufzog und wie wild zu pumpen begann, bis man endlich weiterfahren konnte. Den meist schon am Horizont Entschwundenen hinterher.

1954 war so ein Friedensfahrt-Jahr, in dem alles schiefging und uns vor allem gute Ratschläge gegeben wurden. Die Diskussionen nahmen kein Ende. Tatsächlich war das meiste gegebenen Bedingungen geschuldet. Jeder in der Mannschaft fuhr ein anderes Fabrikat. So viel Ersatzteile, wie nötig gewesen wären, um alle Defekte zu beheben, konnte niemand transportieren. Brach ein Rahmen oder eine Gabel, fragten alle: Warum fahren die denn Westräder? In Chemnitz hatte Diamant gerade erst wieder mit der Produktion begonnen, aber nur Erich Schulz saß auf einem der neuen Diamanträder. Die Skepsis gegenüber dem neuen Produkt dominierte.

Hinzu kamen noch andere Faktoren. Wann und wo hatten wir trainieren können? Wir konnten nicht an die sonnige Riviera, nicht nach Spanien, sondern mußten uns – wie auch in den anderen Jahren – auf den heimischen Straßen durch das kalte und verregnete 54er Frühjahr plagen. Erkältungen, Kräfteverschleiß und Mißmut waren die Folgen. Vom erhöhten Vitaminbedarf bei körperlichen Hochleistungen unter Streßbedingungen und bei Krankheit hatten unsere Trainer und wir damals noch wenig

Ahnung. Obendrein fehlte es zuweilen an vitaminreichem Obst. Die Folge waren schlechte Form und fehlende Kraft, an der Spitze oder in der ersten Staffel »mitzumischen«, und so landeten wir immer wieder auf der »Kante«, wo alles vom Seitenwind »angeblasen« wird und oft die Kette der mit letzter Kraft Fahrenden reißt. Die dabei entstandenen Löcher müssen »zugeflickt« werden, und plötzlich ist man selber abgehängt. Außerdem ist die Gefahr von Schäden groß, weil man im hinteren Teil des Feldes in die Nähe der Autos gerät, die Steinchen, Nägel und Splitter zur Seite schleudern. Und die sorgen dann für die entnervenden Reifenschäden, die ich schon beschrieben habe.

In Bad Schandau hörten wir abends die Nachrichten. In Athen hatte das IOC getagt. 14 Mitglieder hatten für die Anerkennung der DDR gestimmt, 31 dagegen. Es überraschte uns nicht. Wir mußten weiter darauf warten, bis man uns endlich zu Olympia einlud. Und eingeladen werden dort mit Vorliebe Siegertypen. Also wieder in den Sattel und dem Lorbeer hinterher.

Die Fahrt 1954 endete dramatisch wie kaum eine andere. In der Regel sind die Schlußetappen Bummelrennen, schon weil alle froh sind, daß die Schinderei ein Ende hat. Alle sind mit den Gedanken schon bei der Abschlußfete. (Auch weil man da Muße hat, endlich wieder mal in aller Ruhe gründlich zu essen.)

Der Niederländer Henk van der Broeck hatte sich zwei Etappen vor dem Finale in Prag das Gelbe Trikot geholt, es aber noch an den bärenstarken Belgier van Meenen verloren. Der erzählte mir am Start zur letzten Etappe, daß ihm der Sieg einen guten Profivertrag bescheren würde. Er hatte seine Pläne schon fertig. Von dem Geld, das er zu verdienen hoffte, wollte er sich eine Wäscherei kaufen. Das sei ein sicheres Geschäft. Er könne es mir nur empfehlen. Höflich wie ich bin, bedankte ich mich für den Tip, und dann schwangen wir uns auf die Räder. Ich weiß nicht, ob sich van Meenen je seine Wäscherei kaufen konnte, aber die Friedensfahrt gewann er damals nicht. Die Dänen waren eine echte Mannschaft, die Belgier zeigten wenig Interesse, van Meenen zum Sieg zu verhelfen. So gewann Eluf Dalgaard.

Das war übrigens auch das Jahr, in dem die Sowjetunion das erste Mal mit von der Partie war, und am Ende machte Bram Koopmans, der viele Jahre Mannschaftschef die Niederländer war, drei Kreuze, daß sich sein Team knapp vor den Sowjets plazieren konnte. Selbst beim Schreiben fällt mir immer wieder auf, daß solche Erinnerungen die zeitliche Distanz deutlicher machen als Jahreszahlen. Damals staunte man noch darüber, daß Jungens aus Moskau oder Leningrad Radrennen fahren konnten. Es dauerte nicht lange, bis man staunte, wenn einer sie schlug, und heute ist es normal, daß in den meisten Profiställen Russen, Letten, Esten, Ukrainer oder Kasachen den Ton angeben und sich begehrte Titel holen.

Sieger im großen Conti-Preis, Hannover

1954 waren auch noch lange Zwei-Etappenfahrten Mode. Zum Beispiel der »Große Conti-Preis«. Er wurde in Hannover an zwei Tagen über insgesamt 462 Kilometer ausgetragen. Ich kam am ersten Tag mit dem Pfälzer Paul Maue allein ins Ziel, wurde Zweiter. Am nächsten fuhr Hennes Junkermann allein davon, und ich machte mich auf die Verfolgung. Als die Steigungen kamen, schmolz die Zahl meiner Begleiter. Dann war ich allein, und kurz vor Hannover sah ich Junkermann vor mir. Hundert Meter fehlten mir im Ziel, aber ich wurde Gesamtsieger und war zufrieden.

Zu Hause viele Gratulationen und die immer wiederkehrende Bemerkung: »Wir haben gehört, du hast einen Volkswagen gewonnen.«

So entstehen Gerüchte.

Mein Preis war ein versilbertes Tablett mit Mix- und Cocktailbechern – und ohne Räder.

Die Sondergenehmigung

Unsere Erfolge sprachen sich natürlich herum und sorgten auch dafür, daß die führenden Männer der UCI nachdenklich wurden. Wenn heute die »Aufarbeiter« der Geschichte behaupten, der Sport sei in der DDR nur gefördert worden, weil die Partei Medaillen und Triumphe brauchte, möchte ich die Historiker daran erinnern, daß uns vor allem die Bonner Politik zwang, überall um Siege zu kämpfen. Es war unser einziger Weg, je zu Olympischen Spielen zu kommen. Hat man das vergessen? Mir scheint, daß dieses Kapitel deutsch-deutscher Sportgeschichte in keine der heute üblichen Schablonen paßt. 1954 starteten wir zum ersten Mal bei einer Weltmeisterschaft. Ein Kuriosum der Radsportgeschichte: Rennfahrer eines Verbandes durften mit »Sondergenehmigung« an den WM-Start, obwohl der Verband von der UCI nicht anerkannt war.

Der Ausgangspunkt für diese Entscheidung waren unsere Erfolge und wohl die Tatsache, daß der DDR-Verband als Mitveranstalter der Friedensfahrt zu den Organisatoren des größten Amateurrennens der Welt gehörte.

Die Weltmeisterschaft fand ausgerechnet in Solingen statt und wurde auf dem legendären Klingenkurs ausgetragen, einer schweren Strecke, die mit ihrem Namen ein wenig für die Solinger Messerindustrie warb.

Es regnete an jenem Tag so heftig, daß die Pfeiler der Zieltribüne im Schlamm ins Wanken gerieten. Zum ersten Mal wurde damals eine Weltmeisterschaft im Fernsehen übertragen, und die Werbemanager vieler Firmen nutzten die Chance und plazierten ihre Werbetransparente und Flaggen so dicht vor den Kameras, daß sich daraus attraktive Fernsehwerbung ergab, denn die noch ziemlich ahnungslosen Fernsehchefs hatten es versäumt, Verträge abzuschließen, wie sie heute zum ABC jeder Sportveranstaltung gehören. Der Werbe-Boom führte dann zu beträchtlichem Ärger. Als das Rennen begann, konnten die Kampfrichter vor gelben Conti-Flaggen die Zielstrecke nicht mehr sehen. Das Schiedsgericht beschloß: Die Fahnen müssen eingeholt werden.

Die Zuschauerzahl hielt sich in Grenzen, denn die Stars waren die Profis, die am Sonntag fuhren. Trotz des eiskalten Regens beherrschten die Italiener die Szene und organisierten auch die Verfolgung, als Junkermann mit einem Schweden ausgerissen war. Bei der Jagd verlor Bernhard Trefflich den Anschluß, die anderen DDR-Fahrer waren schon vorher zurückgefallen. Ich kämpfte mich in die Spitzengruppe, aus der der Belgier van Cauter floh. Der Däne Andresen, ein Niederländer und zwei Franzosen setzten ihm nach. Die Medaillen waren also vergeben. Es blieben noch sechs Verfolger: drei Italiener, Junkermann, ein Niederländer und der DDR-Debütant Schur. Ich hatte das Gefühl, daß ich noch nicht am Ende war und kämpfte mich nach vorn. Einen nach dem anderen überholte ich. Das Ergebnis war der sechste Platz und damit ein respektabler Weltmeisterschafts-Einstand für die DDR.

Wer ist der beste Deutsche?

Danach gab's Trubel, den ich schon oft geschildert habe. Die Wermutfirma Martini hatte einen Pokal für den besten Deutschen gestiftet. Sie riefen nach Junkermann. Jemand klärte sie auf: »Schur war vor Junkermann« und wurde belehrt: »Schur, der ist doch von drüben!« Am Ende kam alles ins geografische und politische Lot, und ich fuhr mit dem Wermutpokal nach Hause. Immerhin eine Erinnerung an meine erste Weltmeisterschaft und heute noch ein Hinweis darauf, was man »drüben« so dachte und meinte ...

Die DDR-Rundfahrt jenes Jahres muß ich noch erwähnen. Diesmal wurde tatsächlich »kommandiert« und zwar in einer Weise, die ohne Beispiel in der Geschichte des Radsports war: Mitfahren durfte, wer sein Rad zu Hause ließ! Mitzubringen waren nur Sattel und Lenker. Den Rest stellte die volkseigene Industrie, die nun auch Rennräder und Reifen produzierte. Die Zeit, da man über die offenen Grenzen je nach dem täglichen Schwindelkurs, der, wie gesagt, von 1:5 bis 1:13 reichte, Material im Westen einkaufen mußte, war vorbei.

Jeder sollte nun unter den gleichen Bedingungen starten. Am Anfang herrschte ziemliche Aufregung. Einige maulten: Wer weiß, was die Räder wert waren. Die Gäste aus Nordrhein-Westfalen und Baden-Württemberg fanden die Variante »irre«. Die von manchem befürchtete Inflation von Defekten blieb jedenfalls aus. Beim Ruhetag in Erfurt fand die erste »Auswertung« statt: Kein einziger Rahmen- oder Gabelbruch, keine defekte Schaltung, Reifenschäden im normalen Bereich, Bremsen wurden nicht beanstandet. Moniert wurden das Fehlen der internatio-

Egon Adler, Täve Schur und Bernhard Eckstein montieren ihre Diamant-Rennräder

nal inzwischen üblichen Schnellspannaben und einige Lötstellen. Das zuständige Werk hatte Mechaniker mitgeschickt, die sich jeden Abend an die Arbeit machten.

Die fünfte Etappe endete in Magdeburg. Da wollte ich vorn sein. Unterwegs hatte ich öfter mal einen Disput mit Rudi Kirchhoff. Der Berliner hat ein lockeres Mundwerk und wußte, daß ich mich über seine spitzen Bemerkungen ärgerte. Als ein paar Ausreißer davongefahren waren, rollte er an meine Seite und grinste. »Du mußt hinterherfahren, wenn du gewinnen willst!« Tatsächlich ärgerte mich das, und da ich wußte, daß die Anstiege nicht seine Stärke waren, nahm ich mir vor, ihn am nächsten Berg »langzumachen«. Die Entscheidung fiel aber erst auf den »echten« Bergen. Als wir den Anstieg zum Wendefurther Berg in Angriff nahmen, war er mit seinem Latein am Ende, hatte aber noch so viel Humor, uns nachzurufen: »Ich schwöre euch, hinter den Bergen sehen wir uns wieder!«

Schon ziemlich ausgepumpt kletterte die Spitze den Wendefurther hinauf. Knapp vor Bernhard Trefflich langte ich oben an, was mir eine wertvolle Minute Gutschrift eintrug. Wir waren zu fünft, als es hinunterging. Im Magdeburger Stadion der Bauarbeiter feierten sie mich als Sieger. Wollte Rudi Kirchhoff sein Gelbes Trikot verteidigen, durfte er höchstens 1:54 Minuten verlieren. Über acht Minuten vergingen, ehe er eintraf. Das Gelbe übernahm nun ich.

Man ist nervös, wenn man im Gelben Trikot fährt, weil man alle im Auge behalten muß. Man achtet vor allem auf die gefährlichsten Rivalen und schont sich für deren Attacken. Das birgt Gefahren in sich, denn im Windschatten des großen Feldes zu fahren spart zwar Kräfte, aber man verliert schnell den Überblick und läßt zuweilen Schwächere oder im Gesamteinzelklassement schlechter Plazierte wegfahren. Das wäre auch mir beinahe passiert.

Einheit Berlin hatte auf der Fahrt nach Schwerin die Trikots gewechselt. Als ich stutzig wurde, weil sie das Feld bremsten, kam ich dahinter, daß einer von ihnen fehlte und demzufolge in der Spitzengruppe fahren mußte. Ich zählte alle durch und entdeckte, daß Wittig fehlte. Zu diesem Zeitpunkt hatte die Spitzengruppe bereits zwölf Minuten Vorsprung. Das Gelbe Trikot hatte ich also faktisch längst verloren.

Nichts wie hinterher. Das Glück war auf meiner Seite, denn vor Wittigs Gruppe senkte sich in Ludwigslust eine Bahnschranke, und damals wurde die Zeit, die man beim Warten verlor, noch nicht gestoppt und die heranrollenden Verfolger dementsprechend lange festgehalten. Im Ziel hatte er noch 6:20 Minuten, und die reichten ihm nicht fürs Gelbe Trikot. Von da an ließ ich ihn nicht mehr aus den Augen, und die Berliner hätten sich Ballkleider anziehen können, um sich zu »tarnen«, sie hätten keine Chance gehabt. Ich gewann die Rundfahrt und war damit der Erste, der sie zwei Mal hintereinander für sich entschieden hatte.

UCI-Präsident kam zum Frühstück

Im nächsten Frühjahr beschloß die Mehrzahl der Delegierten auf dem UCI-Kongreß, unseren Verband anzuerkennen. Nicht, weil man sich in Bonn besonnen hatte, sondern weil viele einfach nicht mehr mitspielen wollten bei dieser Partie gegen die DDR. Als die Friedensfahrt in Prag gestartet wurde, kam der französische UCI-Präsident Achille Joinard zum Frühstück in das Hotel, in dem wir wohnten, und als Kapitän bedankte ich mich bei ihm im Namen aller DDR-Rennfahrer für sein Engagement. Er hatte diesmal selbst den Antrag begründet, und kein Delegierter aus Brasilien oder sonstwoher redete dagegen. Joinard hatte meinen Namen schon gehört und wünschte mir »Hals- und Beinbruch«.

Daß er tags darauf die Friedensfahrt in seiner Eröffnungsrede das größte Amateurrennen des Erdballs nannte, dessen besonderer Wert in der Festigung, der Freundschaft zwischen den jungen Sportlern vieler Länder liege, mag heute wenig bedeuten, aber es bleibt ein Kapitel Radsportgeschichte. Da damals kaum jemand in der Welt etwas für die Amateure tat, war die UCI über das Engagement für die Friedensfahrt und natürlich auch ihre Finanzierung heilfroh. Selbst die Profimanager waren von dem Rennen angetan. Es bot glänzende Gelegenheit, schon bei den Amateuren die für eine Profilaufbahn nötige Härte zu lernen. Das Gerede von der »politisierten Friedensfahrt« wurde nur in der Bundesrepublik gebetsmühlenartig wiederholt, in den anderen westlichen Ländern genoß die Fahrt hohes Ansehen und ist noch heute oft Gesprächsthema.

Die achte Fahrt begann für mich nicht gerade verheißungsvoll. Als der Belgier Boeck vor dem Prager Stadion antrat, behauptete ich mich zwar an seinem Hinterrad, aber in der ersten Kurve versuchte ich vergeblich, an ihm vorbeizukommen. Ich wurde aus der Bahn getragen und stürzte. Hier muß ich mal einfügen, daß sich kein Radrennfahrer so lange »Liegepausen« wie ein Fußballspieler leisten kann. Entweder du bist sofort wieder auf den Beinen, oder du verlierst Zeit, die du in der Regel nie wieder aufholst. Also riß ich die Pedalriemen auf und stürmte, mein Rad schiebend, zum Ziel. Inzwischen war der Engländer Stan Brittain ins Stadion gekommen und jagte mir hinterher. Das Publikum raste vor Begeisterung über das ungleiche Duell und feuerte mich an. Aber es half wenig, Brittain kam an mir vorbei, wurde Zweiter, ich aber wurde wenigstens vor dem nächsten Engländer noch Dritter. Und darauf war ich verdammt stolz. Am nächsten Morgen stieg ich verpflastert aufs Rad. Die Aschenbahn hatte ihre Spuren auf meiner Haut hinterlassen.

Das Intervalltraining und seine »Folgen«

In der Vorbereitung auf die VIII. Friedensfahrt hatten wir neue Trainingsmethoden praktiziert. Das Intervalltraining war zwar nichts völlig Neues, war aber eigentlich nur in der Leichtathletik erprobt. Werner Schiffner und Herbert Weisbrod hatten es speziell für den Radsport variiert. Das erwähne ich vor allem, weil die endlosen Vorwürfe gegen DDR-Trainer, die angeblich ihre Erfolge nur irgendwelchen Dopingpillen verdanken, der blanke Unsinn sind. Ich möchte behaupten, daß die Trainer nirgendwo mit so viel Initiativen und Ideen Trainingsmethoden vervollkomm-

Friedensfahrt, 12. Etappe 1955, 1. Platz

neten wie bei uns. Der legendäre australische Leichtathletik-Trainer Arthur Lydiard hatte das Intervalltraining perfektioniert. Man lud ihn an die DHfK ein, damit er seine Methode dort erläutere. Ich war unter den vielen Zuhörern im großen Saal. Am Rande bemerkt: Ich mache mir keine Illusionen und bin ziemlich sicher, daß die albernen Pillenstorys noch lange verbreitet werden. Während der Spiele in Sydney hatte DSB-Präsident Manfred von Richthofen wieder mal behauptet, daß es im DDR-Sport »kriminelle Handlungen« gegeben habe ...

Aber kehren wir zur Friedensfahrt des Jahres 1955 zurück. Auf der zweiten Etappe testete ich meine Form, als es hinter Hlinsko einen langen, waldigen Berg hinaufging. Nur der Tscheche Jan Kubr vermochte mir zu folgen. Wir waren ein gutes Gespann, lösten uns vorbildlich in der Führung ab, und so wuchs unser Vorsprung. Ungefähr 35 Kilometer vor dem Ziel Brno fühlte ich mich plötzlich matt. Was war mit mir los? Ich wollte eine »Aus-Zeit« nehmen, stieg vom Rad und pumpte den Vorderreifen nach. Kubr hätte die Chance nutzen können, allein weiterzufahren, aber das schien ihm zu riskant. Also wartete er. Ich fühlte mich nicht viel besser, als ich wieder aufstieg. Nochmal griff ich zur Pumpe. Kubr stampfte schließlich allein weiter und wurde gefeierter Etappensieger. Ich mußte auch noch die Verfolger vorbeilassen, bekam kein Bein mehr herum und trudelte mit dem Hauptfeld ins Ziel. Das hatte ich noch nie erlebt. Hatten wir doch nicht richtig trainiert, oder war ich mit meinen Kräften schon am Ende, ehe es richtig losging?

Hier will ich noch einfügen: In jenem Jahr fuhren zwei Westdeutsche in unserer Mannschaft. Deren Übersiedlung in die DDR hatte damals viel Wirbel ausgelöst. Ich habe die Details ihres Wohnortwechsels nie erfahren, aber eines Tages trafen Emil Reinecke und Wolfgang Grupe bei uns im Klub ein, trainierten mit uns und qualifizierten sich auch für die Friedensfahrt. Der westdeutsche Radsportverband drohte mit dem Abbruch der Beziehungen zu unserem Radsportverband, wenn die beiden eine DDR-Lizenz erhalten sollten. Das ist vor allem interessant, weil man sich gut erinnern kann, daß jeder DDR-Athlet, der in die BRD wechselte, dort als »Flüchtling« empfangen und als Held, der den Weg in die »Freiheit« gefunden hatte, gefeiert wurde.

Später kam mit Horst Tüller noch ein dritter Spitzenfahrer hinzu. Mit ihm hatte ich einige Probleme beim Olympiarennen in Melbourne, aber dazu später. Übrigens sah sich die »Frankfurter Allgemeine Zeitung« 1996 veranlaßt, Willi Daume nach Übersiedlern in die DDR zu fragen. »Es hat da einige Fälle gegeben«, antwortete er und behauptete dann: »Im Westen hat sich keiner darum gekümmert.« Ich kann mich jedenfalls noch recht gut erinnern, wie intensiv man sich um die drei »gekümmert« hatte.

Wie dem auch sei. Die drei kehrten später in die BRD zurück. Grupe, der von Beruf Maurer war, starb früh, Reinecke und Tüller sind inzwischen, wie ich, Rentner und stellen ihren Start im DDR-Trikot heute natürlich so dar, wie es für sie am nützlichsten ist. Ein Kommentar erübrigt sich.

Immerhin lernten Reinecke und Grupe bei der Friedensfahrt die Härte dieses Rennens kennen, von dem sie bisher wohl nicht die richtige Vorstellung hatten. Auf dem Weg nach Tabor fielen sie entnervt zurück. Grupe erkundigte sich als erstes hinter dem Ziel, wo er ein Bier bekommen könnte.

In einer siebenköpfigen Spitzengruppe waren die Tschechoslowaken Klich und Kapitän Vesely gefahren, außerdem der Schwarzschopf Werschinin aus Moskau und sein Mannschaftskamerad Tschishikow, dazu Stan Brittain, der sich wieder einmal Hoffnungen auf das Gelbe Trikot machte, der Pole Krolak und Detlef Zabel. Der Vater des heu-

te so erfolgreichen Profis und Weltcupsiegers von 2000 war
ein schmalschultriger, aber eisenharter Rennfahrer. An diesem Tage quälte er sich verzweifelt in der Spitzengruppe,
damit wir in der Mannschaftswertung nicht aussichtslos
zurückfielen. Logischerweise beteiligte er sich nicht an der
Führungsarbeit, was bei den Amateuren damals als weit
unredlicher galt als heute bei den Profis. Seine Energielei-
stung rettete uns Rang drei in der Mannschaftswertung.
Als ich vom Rad stieg, tippte mir Vesely grinsend auf die
Schulter und ließ mir über einen Dolmetscher sagen: »Ich
habe deinen ›Kleinen‹ heute mitgenommen, aber noch mal
nicht, Täve. Wir wollen auch die Blauen Trikots haben!«

Detlef sah zu, daß er aus Veselys Blickfeld kam.

Weiter ging es nach Karlovy Vary. In der würzigen Wald-
luft auf den bergigen Straßen vor dem weltberühmten
Kurort konnte ich mich vom Feld lösen und jagte der drei-

köpfigen Spitzengruppe hinterher. Eine gute Minute vor dem Feld wurde ich Vierter. Damals führte ich übrigens gewissenhaft Tagebuch und trug an jenem Abend ein: »Habe eine Minute gegen Stan Brittain gutgemacht!«

Der Händedruck im Spiegelsaal

Bei der Siegerehrung, die in Karlovy Vary immer im großen Spiegelsaal des alten Kurhotels stattfand – heute wäre nicht daran zu denken, daß dort für Rennfahrer das Abendessen serviert würde –, wurde ich mehr durch Zufall Zeuge einer der vielen Episoden, die dieses Rennen prägten.

Zuvor aber noch ein Wort zu den Friedensfahrtsiegerehrungen. Wenn ich heute bei Foren und Versammlungen oft nach dem Unterschied zwischen den Rennen der Profis und der damaligen Amateure gefragt werde, gehören auch diese Siegerehrungen dazu. Es gibt da viele Unterschiede. Kamen wir ins Ziel, wurden wir von Mädchen oder Jungen erwartet, die, damit sie uns auch schnell fanden und wir sie, unsere Startnummern groß auf Rücken und Brust trugen, uns als erstes eine Decke umhängten und fragten: »Willst du dich erst waschen oder eine Bockwurst essen, oder soll ich dir etwas zu trinken holen?« Ein Rennfahrer gibt selten sein Rad aus der Hand. In diesem Fall hatten selbst die größten Skeptiker keine Bedenken. Sie wußten, daß das Rad nicht verschwinden, sondern beim Mechaniker der eigenen Mannschaft landen würde.

In der Regel wohnten alle im gleichen Hotel, und der Träger des Gelben Trikots verfügte über den gleichen Komfort wie der Letzte der Einzelwertung. Dazu gehörte, daß man sein Gepäck vorfand, wenn man ins Zimmer trat. Ein Beutel für die schmutzige Wäsche lag bereit, am nächsten Morgen war die gewaschene da. Auf den Tischen standen Blumen, lagen Kartengrüße und Telegramme. Ich gestehe,

Ankunft der Friedensfahrer in Berlin, Wuhlheide

daß ich diese Grüße gesammelt und aufgehoben habe: Ein
ganzer Seesack steht noch heute auf meinem Boden. Und
dann eben das gemeinsame Abendessen – der Mannschaftsleiter hatte Tage zuvor aus drei Menüs die
gewünschten auswählen können – mit der gemeinsamen
Siegerehrung. Die bot dann auch Gelegenheit, Ärger aus
der Welt zu schaffen, der sich vielleicht während der Etap-

pe ergeben hatte. Man kam in den Speisesaal, sah sich um, bis man den Rivalen des Tages entdeckt hatte, blinzelte kurz mit einem Auge, und wenn das Signal erwidert wurde, waren alle Fehden vergessen. Wenn der Augenkontakt nicht ausreichte, ging man an den Tisch und entschuldigte sich.

Und dann die festliche Preisverteilung. Heute dauert die Sekunden: Die Mütze wird mit der Werbeaufschrift nach vorn gedreht, eine Sektflasche entkorkt, die beiden Mädchen rechts und links geküßt, die Honoratioren der Stadt begrüßt, und die Zeremonie ist vorbei.

Und damals? Auf einem langen Tisch waren die Preise aufgereiht, in der Regel gab es zum bis zum 25. Rang welche. Vielleicht fällt es heute schwer, sich vorzustellen, was es für einen Finnen bedeutete, der als 25. nach vorn gerufen wurde, um geehrt zu werden. Vielleicht widerfuhr ihm das nur ein Mal, aber es blieb für ihn unvergeßlich.

Das waren ungeschriebene Friedensfahrtgesetze, die dem Rennen zu seinem Ruf verhalfen, einmalig zu sein.

An jenem Abend in Karlovy Vary sah ich einen Tschechen und den französischen Mechaniker, Michel Lisere, sich die Hände schütteln. Erst später erfuhr ich die Vorgeschichte. Der Franzose hatte sich nach seiner Ankunft in Prag in einer vergnügten Runde gerühmt, daß er daheim für den legendären Schweizer Hugo Koblet tätig sei und die bei der Friedensfahrt übliche tägliche Auszeichnung des hilfsbereitesten Mechanikers – nominiert von den Schiedsrichtern, die unterwegs die Hilfeleistungen für Fahrer anderer Mannschaften registrierten – für Blödsinn halte. Wo bliebe die wirksame Reklame für das eigene Rad, wenn man einem Rivalen helfe, dessen Material doch offensichtlich schlechter sei? Der Streit war an jenem Abend nicht zu Ende geführt worden, aber als der Franzose in Karlovy Vary auf der Bühne eine wertvolle Uhr als hilfsbereitester Mechaniker des Tages entgegennahm, verzichtete sein tschechischer Diskussionspartner jenes Abends nicht darauf, ihm herzlich zu gratulieren. »Ich weiß auch nicht, wie es kam«, sagte Lisere verlegen. Es ist garantiert keine Übertreibung, wenn ich schreibe, daß ihn die Atmosphäre des Rennens gepackt hatte. Später schlugen übrigens die Mannschaftsleiter vieler Länder bei anderen Rundfahrten vor, das Friedensfahrt-Prinzip zu übernehmen, und heute erinnert sich kaum noch jemand daran, woher es stammt und wann es eingeführt worden war. So hat das Rennen viele Spuren hinterlassen.

Die Etappe über die Grenzhöhen des Erzgebirges endete in Dresden mit einem Massensturz kurz vor dem Stadion. Wir waren fast alle darin verwickelt. Auch Jan Vesely war betroffen. Seine Schaltung war hinüber, und er mußte sich mühsam mit den Beinen abstoßen, um voranzukommen. Als er so durch die Stadioneinfahrt rollte, stand Stan Brittain im Gelben Trikot am Aschenbahnrand. Er hatte das Ziel längst passiert. 88 Sekunden trennten die beiden in der Gesamtwertung, und Vesely verlor weitere Sekunden auf jedem Meter. Dennoch lief Brittain auf die Bahn und lieh Vesely sein Rad. So fuhr der im Sattel seines ärgsten Rivalen durchs Ziel.

Die Etappe nach Leipzig wurde zu einem großen Tag für uns. Zu viert fuhren wir in einer zwölfköpfigen Spitze und drückten erbarmungslos aufs Tempo. Die Tschechoslowaken waren nur zu zweit dabei; jede herausgefahrene Minute ließ das Konto der Blauen Trikots dünner werden.

Hinten ahnte Vesely wohl schon, daß ihm heute nicht gelingen würde – was bisher jeden Tag geglückt war –, die Ausreißer wieder einzufangen. Und das, obwohl Brittain das Letzte gab, um sein Gelbes Trikot nicht an den Belgier Verhelst zu verlieren, der in der Spitzengruppe fuhr.

Die Einfahrt ins Leipziger Bruno-Plache-Stadion kannte ich genau und wußte auch, wann man den Spurt anziehen mußte. Lange vor dem Stadion rief ich Detlef Zabel –

Spitzname »Otto« – zu, den Spurt anzuziehen. Er machte das vorbildlich. Das war mein erster Etappensieg, und ich rückte in der Gesamteinzelwertung auf den zweiten Platz vor, nur zwei Sekunden hinter dem Belgier Verhelst.

Am nächsten Tag ging es nach Berlin. Etappensiege dort waren immer heiß umstritten, aber bis dahin hatte ihn noch nie ein DDR-Fahrer gewonnen. Benno Funda, dem Berliner Schornsteinfeger, wünschten am Start nicht weniger als vier seiner Berufskollegen viel Glück: »Vielleicht schaffst du es?«

Der Pechvogel des Tages war Verhelst. Zwar half ihm einer seiner Landsleute beim Reifenschaden, aber als er wieder Anschluß ans Feld gewann, war das schon in viele Gruppen zerrissen. Vor Berlin floh noch eine dreiköpfige Gruppe aus: Der Tschechoslowake Klich, der Bulgare Georgiew und – Benno Funda. Der überlegte: Sollte er es auf einen Spurt ankommen lassen? In der Stalinallee wollte er testen, wie stark die beiden noch waren. Sein Antritt riß ein Loch, die Anfeuerungsrufe trieben ihn vorwärts. Da war schon der Friedrichshain. Dann das Stadion. Er erzählte uns hinterher, wie vorsichtig er die Einfahrt zur Aschenbahn hinuntergefahren war. Sein Vater stand unweit des Ziels, ein Rennfahrer von Rang und Namen, Tränen in den Augen, Wilhelm Pieck gratulierte ihm auf der Tribüne. Mit der nächsten Gruppe kam ich. Minuten später dröhnte es aus allen Lautsprechern: »Täve hat das Gelbe Trikot!«

Mein erster Friedensfahrtsieg

Nun begannen die Sorgen. Ich hatte vor allem einen Heidenrespekt vor Vesely. Den durfte ich nicht aus den Augen lassen.

Für den nächsten Tag mußten wir uns keinen Kopf machen. Was sollte schon auf den 126 flachen Kilometern

Vesely und Schur

bis Cottbus passieren? Das muß Vesely vorausgesehen haben, denn gerade auf dieser Etappe versuchte er, eine Vorentscheidung zu erzwingen.

Die Etappe begann nicht sehr verheißungsvoll. Lothar Meister II fiel durch Reifenschaden zurück. Schon vor Königswusterhausen hatte sich eine starke Spitzengruppe formiert, in der die Blauen Trikots von Vesely und Krivka leuchten. Der einzige von uns, Reinecke, hatte seine liebe Not, dem Tempo zu folgen, und verlor nach einem Reifenschaden den Anschluß. In Cottbus feierte Vesely seinen 15. Etappensieg. Die Blauen Trikots waren seiner Mannschaft sicher, und mein Vorsprung war auf 111 Sekunden geschrumpft.

In Wroclaw raste ich zwar als Erster ins Stadion, aber wieder erwies sich Vesely als der Erfahrenere. Ich wurde vom eigenen Schwung nach außen getragen, er fuhr innen zum 16. Etappensieg und gewann vor allem eine Minute

Gutschrift. Ich holte mir die 30 Sekunden für den Zweiten, aber nun waren es nur noch 81 Sekunden, die mich von ihm trennten. Am nächsten Tag hatte ich plötzlich Ärger mit den Speichen meines Vorderrads, Reinecke gab mir seines, und die anderen scharten sich blitzschnell um mich. Vesely und Kubr hatten schon zum Sturm geblasen, aber ehe ihre Attacke richtig begann, waren wir wieder dran. Am Ziel der 200-km-Etappe in Katowice war das Feld zerrissen, und ich gewann zehn Sekunden gegen Vesely. Am nächsten Tag waren 205 km bis nach Lodz zu fahren. Sauwetter, Regen und sogar Hagel. Diesmal begegnete Vesely der Defekthexe. Kubr half ihm und verlor dabei viel Zeit. Als eine Spitzengruppe eingefangen war, riskierte der Däne Oestergaard einen Vorstoß. Mir ging durch den Kopf, daß man das Gelbe Trikot vielleicht nicht sehen würde, wenn ich vor ihm führte. Der Plan ging auf. Vesely »übersah« die Flucht im Regen. In Lodz dachte ich noch einmal an alles, was ich zwei Tage vorher verkehrt gemacht hatte, und gewann. Das war eine wichtige Gutschriftminute. Als Vesely eintraf, war das Duell entschieden. Ich hatte über sechs Minuten Vorsprung und verdankte die auch meinen Mannschaftskameraden, die hinten emsig »gebremst« hatten.

Warschau empfing zum ersten Mal einen deutschen Sieger. Mir ging einiges durch den Kopf, aber der Beifall war stürmisch. Auf der Tribüne gratulierten mir der Vorsitzende des Staatsrates, Zawadzki, und Ministerpräsident Cyrankiewicz, der bekanntlich lange Jahre in Auschwitz gelitten hatte.

Quartier beim Papst?

In Italien trainierten wir hart auf der Strecke, auf der die Weltmeisterschaft ausgetragen werden sollte. Zurück von dort, erreichte uns eine gute Nachricht aus Paris: Auf dem

1956, Nach dem Rennen

Rund um Sebnitz

*1956, 5. Etappe der
IX. Friedensfahrt, Etap-
pensieger Schur*

*Bergetappe in CSSR,
Schur, Cestari, Dimitrescu,
Etappe nach Karlovy Vary*

*Täve mit dem Haupt-
schiedsrichter, Heinz Richter, Heiri II*

*Nach der Weltmeister-
schaft 1958*

Auf der Winterbahn in der Werner-Seelenbinder-Halle

Siegerehrung bei der Friedensfahrt

Im Gelben Trikot, Wroclaw

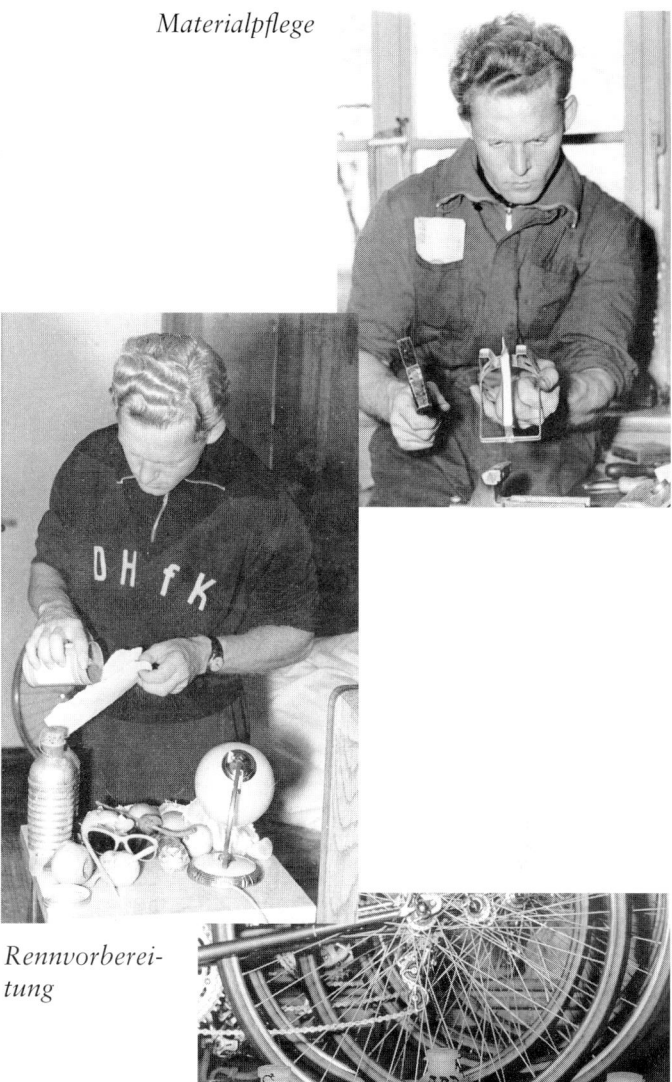

Materialpflege

*Rennvorberei-
tung*

*Viele Kalorien
und Vitamine
braucht ein
Friedensfahrer
für eine
Etappe*

Anreise zum Rennen

*Friedens-
fahrtvorberei-
tung auf dem
Eis in Ober-
wiesenthal*

*Sachsenring
1960*

Etappenziel Prag, Täve – laufenderweise durchs Ziel

XI. Friedensfahrt, Etappe Wroclaw-Görlitz, Schur und Hermans

50. Kongreß des Internationalen Olympischen Komitees hatte wieder einmal die Anerkennung des Olympischen Komitees der DDR zur Abstimmung gestanden. Ehe diesmal jemand den nun schon traditionellen Vorschlag einbringen konnte, den Antrag um ein Jahr zu vertagen, überraschte der Präsident des IOC, Avery Brundage (USA), die Mitglieder mit dem Kompromiß, eine gemeinsame Mannschaft beider deutscher Staaten zu bilden. Der Hintergrund: Er konnte damit den Wunsch seines deutschen Freundes Ritter von Halt – 1912 war er mit ihm zusammen im Zehnkampf gestartet – berücksichtigen, daß die DDR wenigstens nicht international in Erscheinung trat – eine Order, die Ritter von Halt aus Bonn bekommen hatte. Auf der anderen Seite zeigte Brundage wenig Lust, die DDR-Athleten weiter von den Olympischen Spielen auszuschließen. Die wenigsten wissen übrigens, daß die BRD-Mitglieder des Internationalen Olympischen Komitees damals gegen diese »gesamtdeutsche« Mannschaft votiert hatten, und verständlicherweise wird offiziell daran auch nicht mehr erinnert, aber es war nun mal so. Eine Mehrheit des IOC stimmte jedenfalls für diesen Brundage-Vorschlag, und damit war für uns klar, daß wir eine echte Chance hätten, an den nächsten Spielen teilzunehmen.

Viel Zeit, diese Entscheidung zu feiern, blieb nicht: Die Weltmeisterschaft rief. Im malerischen Stadion in Rom wurden die Startnummern ausgegeben. Tausende hockten für wenig Eintrittsgeld auf den Rängen, um Favoriten und Außenseiter zu begrüßen, allen voran natürlich den bis heute unvergessenen Fausto Coppi.

Papst Pius lud die Radsportfunktionäre nicht nur zu dem üblichen Empfang, sondern stellte auch einen ganzen Flügel seines Sommerpalastes in Castel Gandolfo als Quartier zur Verfügung. Werner Schiffner hatte allerdings schon lange zuvor ein kleines Gasthaus am Rande der Straße nach Castel Gandolfo ausgesucht, auch weil er die Bedingungen in dem päpstlichen Priesterseminar nicht kannte. So zogen wir in unsere kleine Herberge. Es war ein malerischer Flecken. Abends tranken die Einheimischen unter Sonnenschirmen ihren Wein und erörterten die Chancen der Favoriten. Ich war bei Leipzig-Meißen-Leipzig gestürzt, hatte ein paar Tage das Bett hüten müssen und konnte alles in allem nur 360 Kilometer vor den Titelkämpfen trainieren. Der Tag, an dem die Entscheidung fiel, war ein krachend heißer Sommertag. Schon nach einigen Runden wartete Werner Schiffner an Start und Ziel vergeblich mit seinen kühlen Getränken auf uns. Wir waren allesamt abgestiegen und hatten uns ein schattiges Plätzchen gesucht. Man hat mich an diesem Tag und hinterher hundert Mal gefragt, was mich dazu bewogen hätte, aber bis heute weiß ich keine schlüssige Antwort darauf. Auch in meinem Tagebuch stand keine Erklärung, sondern nur der Satz: »Bin eingegangen wie eine Primel – eine unliebsame Sache.«

Ich schob es auf die Hitze und meine nach dem Sturz unzureichende Form, die den moralischen Zusammenbruch verursachten. An diesem Tag gewann ich eine Lehre fürs Leben. Bis dahin hatte ich den Sprüchen geglaubt, trinken sei ein Zeichen von Schwäche. In dieser brütenden Hitze lernte ich, daß man viel trinken muß, auch um die Körpertemperatur zu regulieren. Jedenfalls: Ich gab auf. Bis auf eine Harzrundfahrt, die ich vorzeitig beendet hatte, war ich bislang in entscheidenden Rennen nie vom Rad gestiegen. Aber es gibt eben keine menschlichen Sicherheitsschalter, die einen vor solchen Schritten bewahren. Hinterher hörte ich, daß zum Beispiel der Saarländer Friedrich – später ein recht erfolgreicher Profi – mir wütende Grüße ausrichten ließ. Er hatte mich absteigen sehen und gedacht: »Wenn Schur aufgibt, herrscht Ausnahmezustand«, und hatte ebenfalls aufgegeben. Hinterher ärgerte er sich maßlos und gab mir die Schuld.

Wir radelten in unseren Gasthof, packten die Koffer und sahen zu, daß wir nach Hause kamen, und dort ließen wir uns erstmal nirgendwo sehen. Mit mir war in dem Jahr nichts mehr los.

Weltmeisterschaften der Radamateure 1955. Nach seinem Ausscheiden erweist sich Täve als fairer Sportsmann und besprengt vorbeiziehende Fahrer, hier den Westdeutschen Loi, mit Wasser.

Bei vielen Anlässen fragte man mich natürlich immer wieder, wie es denn zu dem »schwarzen Tag von Frascati« gekommen sei. Die vielen »Anlässe« hingen damit zusammen, daß ich dauernd irgendwo eingeladen wurde. Einmal fuhr ich mit einigen Kollegen und Hermann Erdwig in die Paten-LPG der Magdeburger und half bei der

Bei der Rübenernte

Rübenernte. Die Bauern staunten nicht schlecht, als der Rennfahrer bei ihnen auftauchte und sich daran machte, mit ihnen die Rübenblätter zu verladen, wobei ich mich bemühte, den kräftigsten Burschen nicht nachzustehen.

Ein anderes Mal sprach ich vor den Magdeburger Kollegen, die das Kraftwerk Vockerode mit errichteten. Das war ein hartes Stück Arbeit. Inzwischen hat man es längst ausrangiert. Vielleicht auch »marode« ...?

Student mit Volksschulexamen

Eines Tages kam ein Eilbrief aus Leipzig: »Sofort Studium aufnehmen!« Die Sache hatte ihre Vorgeschichte. Der Radsportverband und die Trainer hatten sich bemüht, daß ich zum Sportklub Wissenschaft DHfK nach Leipzig wechselte. Ich war begeistert. Für die Steigerung meiner sportlichen Leistung gab es keine bessere Lösung, als dort zu starten, wo die besten Bedingungen für einen Radsportler gegeben waren. Das sah schweren Herzens auch mein väterlicher Freund Hermann Erdwig ein. Mir wurden die Augen feucht, als er mir zum Abschied das Delegierungsschreiben überreichte, in dem mir zugesichert wurde, daß ich immer in meinen Betrieb zurückkehren könne und dort als Brunnenbaumeister ausgebildet würde. So verließ ich schweren Herzens die BSG Aufbau Börde Magdeburg.

Heute werden solche Transfers zwischen den zuständigen »Agenten« finanziell geregelt, und niemand ereifert sich darüber. Damals führten die »Delegierungen« – vor allem bei den Fußballspielern – zu endlosen Disputen. Leserbriefe wurden stapelweise geschrieben und Parteisekretäre aufgefordert, sich für den Verbleib eines Spielers zu engagieren. Ich versuchte damals allen zu erklären, daß mit dem Studium ein neuer Abschnitt meines Lebens begann, aber man verabschiedete mich dennoch nicht mit Jubel. Wenigstens sahen die Funktionäre und Sportler von Aufbau Börde ein, worum es für mich ging, und irgendeine Brigade machte sogar den Vorschlag, in unbezahlten Stunden ein Haus für mich zu bauen. Viele Brigaden stimmten zu. Von denen, die auf entfernt gelegenen Baustellen arbeiteten, kam der Vorschlag, einen Stundenlohn zu spenden. Ich glaube, man wollte einfach nur erreichen, daß ich Magdeburger blieb. Über dieses Haus ist endlos viel geschrieben worden. Weniger in der DDR als jenseits der Elbe. Welche Aufregung: »Der Staat schenkt ihm ein Haus, damit er weiter für diesen Staat Siege herausfährt!«

Da man sich inzwischen daran gewöhnt hat, vieles von damals mit den Augen von heute zu sehen, kann ich mich nicht daran erinnern, daß sich jemand je darüber aufregte, wer welche Summen aufbrachte, um Rennfahrer in die Spitzenrennställe zu holen. Das ist nicht mit meiner Situation zu vergleichen, aber dieses Haus war wohl zumindest ein Beweis dafür, daß mich die Maurer als einen der ihren betrachteten. Und daß sie ausgerechnet auf diese Idee

Der Student Täve an der DHFK

kamen, als ich in Frascati nicht gerade Ruhm erwarb, spricht auch für sich.

Noch heute könnte man alle fragen, die damals Mauern zogen, Dachbalken zurechtzimmerten oder Rohre verlegten, ob sie auch nur den geringsten Zwang dabei empfanden oder ob sie das gespendete Geld hinterher reute. Aber auch dieser Hausbau war und bleibt einer der Gründe, warum ich mein Leben lang an der Seite derer bleiben werde, die damals unser Land aufbauten.

Während sie sich in Magdeburg noch darüber stritten, wo das Haus errichtet werden sollte, plagte ich mich mit dem Studium ab. »Ich habe doch nur Volksschulbildung«, schimpfte ich oft genug, wenn ich in den Seminaren und bei den Vorlesungen mit lateinischen Begriffen konfrontiert wurde. Schon das Sitzen und Zuhören, das Niederschreiben – ich war das nicht gewohnt. Ich mußte das Studieren trainieren, und das fiel mir verdammt schwer.

Langsam spürte ich, wie ich endlich auch in diesem Rennen Tritt faßte. Am 13. Dezember stand schon die erste Prüfung auf dem Plan: Anatomie.

Ich hatte gebüffelt wie noch nie. Diese erste Etappe durfte ich nicht verlieren, das hatte ich mir geschworen. Ich bekam ein »Gut« als Note und fühlte mich, als wäre ich Weltmeister geworden. Es war nicht nur die Note. Ich verstand immer besser, was in meinem Körper während eines Rennens vorging. Manches begriff ich auch nicht, aber die anderen halfen mir. Wer derlei nicht selbst erlebt hat, wird Mühe haben, es zu verstehen. Man half sich, was nicht heißt, daß alle Menschen Engel waren.

Eines Tages lud man mich zu einer Zusammenkunft von Sportjournalisten aus Ost und West ein, und ein Düsseldorfer stellte grinsend die Frage: »Weiß man schon, wie lange Herr Schur studieren wird?«

Was sollte ich darauf antworten? Jemand sagte ihm: »Er kann sich jedenfalls Zeit nehmen.«

»Also fragt niemand danach, wie lange er studieren wird?«

Einer aus der Runde wollte wissen, ob man an den Universitäten der BRD danach fragt, wie lange jemand studiert.

Die Antwort blieb aus.

Kanadische Härte beim Eishockey

Nun mußte ich also Studium und Training kombinieren. Am zweiten Weihnachtsfeiertag waren es 70 Kilometer, am 27. Dezember 100 Kilometer, und Silvester schaffte ich immerhin 120 km. Am Nachmittag addierte ich die Kilometer des zu Ende gehenden Jahres 1955 und kam auf 17 725 km!

Das neue Jahr begann ich mit einer Tour nach Magdeburg und einem Besuch bei Familie Erdwig. 24 Stunden später quälte ich mich in der Turnhalle der DHfK am Barren.

Endlich ging es nach Oberwiesenthal, wo wir auf Skiern trainierten und vor allem Eishockey spielten. Ja, wir Rennfahrer spielten unserer Meinung nach oft härter als kanadische Profis. Am ersten Tag holten wir zwanzig Schläger, und hinterher waren noch zwei zu verwenden. Bei unserem Mannschaftsarzt konnte man während der Friedensfahrt im Mai unter einem Auge die Spuren eines Zusammenpralls entdecken.

Nun sollte ich also schon meine fünfte Friedensfahrt bestreiten. Journalisten hatten ausgerechnet, daß ich irgendwo meinen 10 000ten Friedensfahrt-Kilometer absolvieren würde. Nach dem Erfolg 1955 würde man mich wohl besonders argwöhnisch überwachen. Der Mai kam. Nie zuvor war die Zahl der Teilnehmer so groß gewesen. Italien kam mit seiner stärksten Streitmacht. Trainer

Gio-vanni Proietti links neben Täve

Giovanni Proietti, ein Typ, den man nie vergißt, hart, aber auch gutmütig, ein wenig bullig, aber pfeilschnell, wenn er seine Schützlinge anschob, ein echter Meister des Sports mit klaren politischen Vorstellungen, die während seiner

Zeit als Widerstandskämpfer im Krieg nicht nur Theorie geblieben waren, kletterte in Warschau lachend aus dem Flugzeug: »Wir wollen erst geschlagen sein!«

Sogar die BRD war in jenem Jahr mit von der Partie, nachdem man dem Verband einige Male schlicht untersagt hatte, bei der Friedensfahrt zu starten.

Als sich im überfüllten neuen 100 000-Mann-Stadion die Startflagge zur ersten Etappe »Rund um Warschau« senkte, begann die wilde Hatz. Am Fuße des von Zehntausenden umlagerten Kulturpalastes hatten sich drei Italiener aus dem Staube gemacht. Ein Bulgare und zwei Rumänen waren ihnen reaktionsschnell gefolgt. Den Dreifach-Triumph der Squadra-Azurri konnte niemand vereiteln. Proietti strahlte. Am nächsten Abend sah er nicht ganz so vergnügt drein: Bruni hatte das Gelbe Trikot verloren, allerdings an seinen Landsmann Cestari. Es wechselte noch einige Male auf dieser Fahrt. Am Ende gewann der starke Pole Krolak. Die Italiener, die in den Blauen Trikots in Warschau aufgebrochen waren, lagen am Ziel in Prag auf Rang zehn. Ich gewann Etappen in Görlitz und Brno und freute mich über den elften Platz am Ende.

Na, ja, von Görlitz war ich nach Berlin im Gelben Trikot gestartet, dort aber mit einer Viertelstunde Rückstand zum Etappensieger Lothar Meister I angekommen. Wieder gab es viele Fragen und viel Gerede. Ich erinnere mich noch heute ziemlich genau an die Situation. Ich fuhr inmitten des Feldes und suchte einen Italiener, der mir sehr stark erschienen war. Ich hatte ihn mir vorgemerkt, weil ich dachte, mit ihm vielleicht einen Ausreißversuch starten zu können. Ich sah also über die anderen hinweg, und plötzlich hing ich bei einem anderen am Hinterrad. Der hatte vermutlich bremsen müssen, und da war es auch schon geschehen. Hinter mir schepperte es, ich lag ganz unten, mein Arm war lädiert, einige polterten noch auf mich drauf. Als der Haufen langsam abgetragen war, hatten sich die anderen längst aus dem Staub gemacht. Ich sollte Stolpers Rad nehmen und allein den Anschluß versuchen, während Stolper mit einem Ersatzrad nachkommen sollte. Das paßte mir nicht. Ich wollte, daß er langsam weiterfährt und ich mit einem Ersatzrad zu ihm aufschließe. Man muß dabei auch bedenken, daß man anders reagiert, wenn man das Gelbe Trikot trägt. Jedenfalls hatte ich es in diesem Augenblick bereits wieder verloren.

Die Sache mit der Partei

Eines Tages fuhren Hermann Erdwig und ich in den Harz. Wir wollten spazierengehen und abschalten. Es wurde dunkel, aber wir wollten nicht umkehren. Wir liebten beide das Rauschen der Baumwipfel, das Ächzen der sich im Wind neigenden Äste, die Einsamkeit.

Das war die Stunde, in der ich Erdwig fragte – ich siezte ihn immer noch: »Wie sind Sie eigentlich zur Partei gekommen?«

Ich schreibe das in meinen Erinnerungen, weil auch mir oft genug nachgesagt worden ist, ich sei entweder genötigt worden, Mitglied der Partei zu werden, oder hätte diesen Schritt getan, weil ich mir Vorteile davon versprach. Ich leugne nicht, daß es sowohl Fälle gegeben haben mag, bei denen man den Betreffenden emsig zuredete, den Antrag zu stellen, als auch Karrieristen, die sich ein schnelleres Vorankommen von diesem Schritt versprachen. Ich muß nicht betonen, daß ich heutzutage viele ähnliche Beobachtungen gemacht habe.

Aber zurück zu jenem Gespräch im Harz: Ich habe mich damals von niemandem bewegen, drängen oder überreden lassen, Mitglied der Partei zu werden. Und ehe ich diese Entscheidung traf, fragte ich den Mann, zu dem ich das größte Vertrauen hatte, nämlich Hermann Erdwig, was ihn viele Jahre zuvor bewogen hatte.

Er hatte mit dieser Frage nicht gerechnet, überlegte eine Weile, während wir durch den Wald stapften, und sagte dann: »Ich kann dir nur erzählen, was den ersten Anstoß gab. Eines Tages bat ich meinen Chef um eine Gehaltserhöhung. Ich glaube, es waren 25 Mark. Er versuchte mir zu erklären, daß ihm das leider nicht möglich sei. Die angespannte Wirtschaftslage habe zu einer kritischen Situation geführt. Drei Tage später fuhr er mit seiner Familie für ein Vierteljahr nach Italien. Das gab mir zu denken. Als er wiederkam, schaffte er das neueste Mercedes-Modell an. Wir standen auf dem Hof und bestaunten das Auto. Unser Staunen begann aber erst richtig, als Sattler erschienen, die die rote Lederpolsterung herausrissen und durch eine braune ersetzten. An diesem Tag wurde ich nicht Mitglied der Kommunistischen Partei, aber es war der Tag, an dem ich begann, intensiver über die Verteilung der Güter auf der Welt nachzudenken. Ich beschaffte mir Bücher, von denen ich mir Antwort auf meine Fragen erhoffte.«

Wir kehrten um. Ich habe oft an dieses Gespräch im Harz denken müssen. Heute kenne ich viele, die sich als Gewerbetreibende und Unternehmer durchs Leben zu schlagen versuchen. Deren Bemühungen haben nichts mit meiner Haltung zum Kapitalismus zu tun, aber auch im Bundestag habe ich genügend Reden geführt, in denen ich beklagte, daß die Reichen reicher und die Armen ärmer werden. Das gilt es zu verhindern, und das war es, was mir Hermann Erdwig damals wohl erklären wollte.

Ich erinnerte mich aber auch daran, daß ich schon Jahre zuvor meine eigenen Erfahrungen mit der »Ausbeutung« gemacht hatte. Das war zu der Zeit, als ich noch Lehrling in Körbelitz war. Ich fuhr jeden Morgen – wie schon erwähnt gegen den Bus – auf Vollgummireifen in den Betrieb und mußte vom ersten Tag an harte Arbeit leisten. Offen gestanden hatte ich mir die Lehre etwas anders vor-

gestellt. Zum Beispiel mußte ich Nitrobleche von Panzer-
türmen abbrennen, und der dabei entstehende Dunst
machte mir sehr zu schaffen. Kopfschmerzen plagten mich,
und ich hätte zum Arzt fahren sollen. Trotzdem war ich
am nächsten Morgen wieder zur Stelle. Ein andermal
mußte ich in einer ehemaligen Flakstellung verzinkte Roste
zerschneiden. Das mußte mit dem Schweißbrenner geschehen, und die Wirkung war verheerend. Wieder Kopfschmerzen und Übelkeit. Und doch wagte ich nicht, mich
etwa krankschreiben zu lassen. Auch sonst hatte der Meister noch manche Aufgabe für mich, die wenig mit »Lehre« zu tun hatte. Ich mußte Hagebutten pflücken gehen,
damit er daraus seinen Wein keltern konnte, Brunnen bis
in 36 Meter Tiefe bohren. Und jeden Weg, den er mir auf-
trug, hatte ich mit dem Rad zu absolvieren.

Und dann kam der Tag, an dem die Volkskontrolle vom
Dachboden des Hauses seiner Schwiegermutter bergewei-
se gehortete Geräte und Produkte holte. Es handelte sich
meist um Vorkriegsware, und es waren sogar fabrikneue
Fahrräder und bündelweise Fahrradreifen darunter. Da
begann ich zu grübeln und fragte mich, warum er nie auf
die Idee gekommen war, mir wenigstens ein paar neue Reifen zu geben?

Um nicht mißverstanden zu werden: Ich habe bei diesem Meister viel gelernt, aber auch, daß soziale Gleichbe-
rechtigung nicht zu seinen Lehrthemen gehörte.

Der eine oder andere mag sich wundern, was mich, den
Rennfahrer, den Sieger bewogen haben kann, sich über solche Fragen den Kopf zu zerbrechen. Eine sicher begründete Frage. Sie resultiert wohl aus meiner sozialen Her-
kunft, die dafür sorgte, daß ich nie meinen Nebenmann
aus dem Auge verlor und auch seine Sorgen nicht. Mein
Interesse für die Politik führte mich wohl auch in die Par-
lamente zweier deutscher Staaten.

Begonnen hat mein Interesse für die Zusammenhänge

zwischen Wirtschaft und Politik schon in den Jahren, da ich noch relativ selten als strahlender Sieger gefeiert wurde. Konzernbosse, die auf Kosten ihrer Arbeiter ein sattes Leben führten, hatte ich damals allerdings nie erlebt. Die großen Betriebe waren – nach den alliierten Nachkriegs-Entscheidungen, die die Sowjetunion konsequent handhabte – enteignet, und Mittelständler hatten wenig Chancen zu extremer Ausbeutung, weil die Bedingungen keinen sonderlich hohen Profit zuließen. Ich habe später – vor allem auch in der Zeit, als die große »Abrechnung« mit der DDR begann – viel über diese Zeit nachgelesen. Und ich bin zum Beispiel darauf gestoßen, daß die US-Amerikaner, die Jena zunächst besetzt hatten, das »Gehirn« der Zeiss-Werke ausgeräumt hatten, bevor sie wieder abzogen. Die amerikanische Militärregierung war sehr gewissenhaft und schrieb eine Quittung für alle beschlagnahmten Werte aus. Es waren insgesamt 18.527.931,00 Reichsmark. Man zahlte später eine Summe von acht Millionen DM zurück – aber nicht an die Jenaer Zeisswerke, sondern an die in Oberkochem, wo man mit den in Jena »beschlagnahmten« Maschinen ein neues Zeiss-Werk eingerichtet hatte. Und ich fand eine westdeutsche Anweisung vom 16. August 1950, wonach »Buntmetall und Kugellager nicht mehr in die Ostzone geliefert werden dürfen.« Fakten, die heutzutage kaum jemanden interessieren, die aber zur Geschichte gehören. Auch zur Geschichte des Unfriedens zwischen BRD und DDR, die nach meiner Ansicht nur in der Frage des Eigentums begründet war. In der Ostzone und in der DDR hatten wir das Eigentum der »Großen« angetastet, und das hat man uns nie verziehen. Der Staat der volkseigenen Betriebe durfte nicht vorwärtskommen! Und deshalb waren auch Männer wie Hermann Erdwig, die an der Spitze solcher Betriebe standen, Ziel vieler Aktionen. Man bereitete diesen Betrieben Schwierigkeiten, wo man nur konnte.

Niemand bestreitet heute, daß sogar Sabotage eine Rolle spielte. Ich kann mich nicht erinnern, daß je ein Fall von Sabotage bekannt wurde, den die DDR in der BRD-Wirtschaft angezettelt hatte. Schon die Frage erscheint absurd.

Auf der gleichen politischen Ebene lagen alle Schikanen, die man ständig gegen uns im Sport unternahm. Wenn wir auf dem Rad saßen und Rennen fuhren, waren wir sportliche Rivalen, die nach den Regeln den Sieger ermittelten. Auf den Kongressen aber, auf denen in den Anfangsjahren darüber befunden wurde, ob wir – ich erwähnte das schon – wenigstens das Recht erhalten sollten, an einer Weltmeisterschaft teilzunehmen, drängte man uns über Jahre ins Abseits, fand formale Vorwände, um uns auszugrenzen, mobilisierte notfalls sogar Diplomaten, um diese Ziele zu erreichen. Ich habe Dokumente gelesen, die damals im Bonner Auswärtigen Amt geschrieben worden waren, und nun, da dreißig Jahre vergangen sind, »frei« wurden. Mit welchem Eifer haben die damaligen Minister dort Anweisungen formulieren lassen, in denen präzise angegeben war, wie jeder sportliche Auftritt der DDR zu vereiteln war.

Es blieb nur eine Möglichkeit, sich dagegen durchzusetzen: Sich im Wettkampf als die besseren Deutschen zu erweisen. Das mußte niemand erfinden oder von einem Zentralkomitee beschließen lassen, das war unser einziger Weg in die olympischen Arenen!

Kampf um Olympia-Punkte

Und damit bin ich auch schon bei der nächsten Station meines Lebenslaufs: 1952 von Olympia noch ausgeschlossen, hatte ich 1956 zumindest eine Chance, daran teilzunehmen.

Nach jener gegen die Stimmen der BRD zustandegekommenen Festlegung, eine Mannschaft aus beiden deutschen Staaten zu bilden, waren die Radsportverbände übereingekommen, ihre zwanzig Besten in vier Läufen gegeneinander fahren zu lassen und dem Sieger jedes Rennens 20 Punkte gutzuschreiben. Die Nächstplazierten erhielten jeweils einen Punkt weniger. Am Ende sollten die vier Punktbesten nach Melbourne fahren.

Im rheinischen Fröndenberg wurde das erste Rennen ausgetragen. Ein 6,1-km-Rundkurs war zwanzigmal zu absolvieren. Unterwegs war eine gepfefferte Steigung zu meistern. Die Westdeutschen hatten sich »Matze« Schmidt als Betreuer geholt, einen alten Haudegen, der sonst gutbezahlt bei den Profis tätig war und vor allem bei Sechstagerennen sein Geld verdiente. Nachdem er 1952 die BRD-Mannschaft in Helsinki betreut hatte, engagierte ihn das westdeutsche NOK auch für 1956, und er benahm sich denn auch so, als sei für ihn selbstverständlich, daß auch diesmal nur Westdeutsche starten würden. Am Ziel in Fröndenberg stand er mit entsetzter Miene. Wir hatten das Rennen diktiert. Als es das letzte Mal die Steigung hinaufging, löste ich mich aus der Spitzengruppe und fuhr ungefährdet allein ins Ziel. Der Schweinfurter Pommer war als Siebenter bester Westdeutscher. »Matze« bekannte gegenüber Journalisten, er sei überrascht von mir: »Ich hatte den noch nie gesehen. Der kann was.«

Wir stellten uns darauf ein, daß er sich für das zweite Rennen taktisch etwas einfallen lassen würde. Es wurde im Saaletal ausgetragen. Eine 66-km-Runde war drei Mal zu absolvieren. Die Steigungen waren anspruchsvoller als in Fröndenberg.

Mir gelang es wieder, mich bald aus dem Staube zu machen. Als ich mich umsah, quälte sich der – ich erwähnte das schon – in die DDR gewechselte Tüller hinter mir. Ich hatte – nennen wir es ruhig so – in diesem Augenblick Mitleid mit ihm und wartete. Im Ziel sicherte ich mir wieder die 20 Punkte. Der Schweinfurter Pommer fuhr als einziger Westdeutscher diesmal stark und wurde Dritter. Man hatte sich wohl entschlossen, nur noch für ihn zu fahren, um seine Chancen zu wahren. Unter den ersten 14 Fahrern, die sich bislang Punkte geholt hatten, war außer ihm kein weiterer Westdeutscher.

Sturz mit bösen Folgen

Die Ausscheidungen mußten wegen der Straßen-Weltmeisterschaft in Ballerup bei Kopenhagen unterbrochen werden. Es war meine dritte WM. Werner Schiffner bangte, daß wir auch rechtzeitig zur Startnummernausgabe erschienen. Er war vom Hotel mit dem Auto gefahren, wir mit den Rädern. Ich bin selten lange vor der Zeit bei meinen Verabredungen, aber immerhin meist pünktlich. Knapp vor Toresschluß traf ich ein.

Am nächsten Morgen war es kalt und regnerisch. Ich hatte mir vorsichtshalber Ölpapier unter das Trikot geschoben.

Wir hatten uns die Strecke genau angesehen, sie hatte tückisch schmale Passagen. Schon in der ersten Runde lag ich auf dem Pflaster. Der Hacken meines Schuhs hatte sich zwischen Kettenblatt und Kette verklemmt. Die anderen waren längst davon, als ich endlich wieder im Sattel saß.

Man riet mir aufzugeben, aber ich hatte Frascati noch in zu guter Erinnerung und schüttelte den Kopf. Dabei war die Sache völlig aussichtslos. Runde um Runde wuchs mein Rückstand. Dann wurden sie in der DDR-Box laut: »Vom Rad und nach Hause!« Die Trainer hatten natürlich recht, denn die beiden Olympiaqualifikationen standen noch aus, und mein linkes Knie war ziemlich lädiert.

Bei der Harzrundfahrt, die ich aus einer gewissen Anhänglichkeit fast nie versäumte, fuhr ich die letzten 45 Kilometer allein an der Spitze. Ich wollte von der Besatzung eines Begleitwagens wissen, wie groß mein Vorsprung

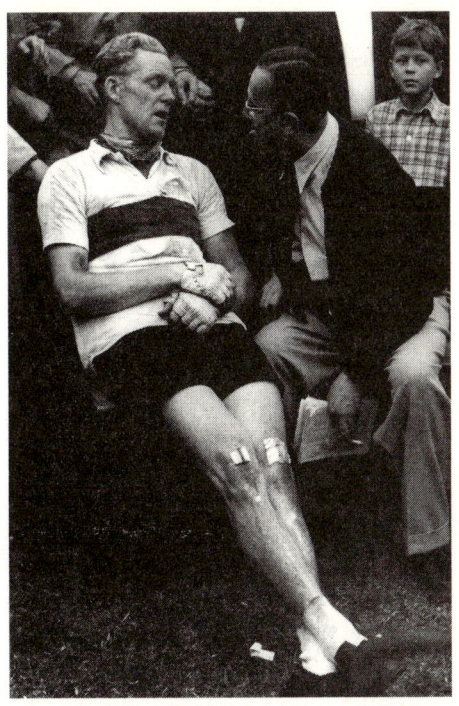

*Täve völlig
erschöpft in
Schönebeck, bei
der Harzrund-
fahrt, mit Her-
mann Erdwig*

vor den Verfolgern war, aber nach den damaligen Regeln
durften sie mir keine Auskunft geben. Kurz vor Schönebeck warf ich einen letzten kontrollierenden Blick nach
hinten, sah eine Staubwolke und mittendrin Rennfahrer.
Mir steckte noch die Wut von Kopenhagen in den Glie-
dern. Also pumpte ich das Letzte aus meinem Körper und
fuhr in Schönebeck auf dem Sportplatz, wo das Ziel war,
sogar noch einen wilden Spurt.

Danach begann ich zu warten. Eine Minute verging, es
wurden drei und fünf und sechs. Nach neun Minuten rollte die Verfolgergruppe heran. Ich fragte herum und erfuhr
schließlich, daß ich eine Gruppe Jugendfahrer für die Verfolger gehalten hatte. Man lernt nie aus.

Mein Knie war vor dem Rennen zwar völlig ausgeheilt,
aber dann entzündete sich eine Abschürfung zu einer bösen

Furunkulose. Die Ärzte schüttelten die Köpfe: Ausgeschlossen, daß ich an der dritten Olympia-Qalifikation teilnehmen könnte. Das war übrigens ein Rennen gegen die Uhr. Pommer wurde 25 Sekunden hinter dem bulligen Leipziger Erich Hagen Zweiter und hatte damit die Fahrkarte nach Melbourne faktisch in der Tasche. Er hatte 51 Punkte, Hagen 49 und ich 40. Auf dem Lausitzer Grenzlandring fiel im vierten Rennen die Entscheidung vor 45 000 Zuschauern. Mein Knie war noch immer nicht ausgeheilt, und ich mußte wieder zusehen. Der in der Olympiawertung aussichtslos zurückliegende 19jährige Westberliner Wolfgang Conrad gewann im Spurt, Tüller übernahm die Spitze der Punktwertung vor Pommer, Hagen, Teske und mir. Man einigte sich, die ersten drei zu nominieren und dazu mich an Stelle von Teske.

Wir wurden in der Sporthalle an der Berliner Karl-Marx-Allee – sie steht schon lange nicht mehr – feierlich verabschiedet. Der Hallenser Zehnkämpfer Walter Meier trug bei der Zeremonie die Flagge, und wir marschierten hinterdrein. Walter Ulbricht erinnerte an den hürdenreichen Weg bis zu den Olympischen Spielen und wünschte uns viel Erfolg. Im Zug ging es nach Hamburg, dort bestiegen wir ein schwedisches Flugzeug und starteten zu unserer langen Reise. An Düsenjets war damals noch nicht zu denken, und die Propellerflugzeuge mußten viele Tankstops einlegen. Wir lagen wie die Heringe in den engen Sitzreihen – 45 Stunden reine Flugzeit.

Auf zum fünften Kontinent

Alles deutete auf ein rauschendes olympisches Fest auf dem fünften Kontinent hin, als plötzlich Unfrieden die Welt bedrohte. Englische und amerikanische Fallschirmjäger waren über dem ägyptischen Port Said abgesprungen, um die Ägypter daran zu hindern, den Suezkanal in eigene Verwaltung zu nehmen. In Ungarn waren sowjetische Truppen einmarschiert, um dem Morden konterrrevolutionärer Putschisten ein Ende zu bereiten. (Ich weiß, daß viele Historiker die Sache heute ganz anders darstellen, aber ich habe mir in jenen Jahren in Ungarn erzählen lassen, wie viel Kommunisten ermordet worden waren, ehe Janos Kadar die Sowjetunion um Hilfe bat.)

So kam es, daß sich lange bevor wir in Australien landeten, in Melbourne Krisensitzungen, Pressekonferenzen, Demonstrationen und Gegendemonstrationen jagten. General Bridgeford, der sich im zweiten Weltkrieg im Dschungelkrieg gegen die Japaner einen Namen gemacht hatte, stand an der Spitze des Olympischen Organisationskomitees. Er wurde gefragt: » Wird man die Sowjetunion von den Spielen ausschließen? « – » Wurde bereits erwogen die Spiele abzusagen? « Gelassen antwortete der General: »Ich geriet während des Krieges in japanische Gefangenschaft, und ich werde die Japaner genauso herzlich auf australischem Boden begrüßen wie die Vertreter jedes anderen Landes.« Sprach's, stand auf und ging.

Heute erinnert sich kaum noch jemand daran, wie kritisch die Situation war. Wir spürten von dem politischen Trubel allerdings nicht viel. Im Olympischen Dorf bezogen wir unsere Zimmer in kleinen Reihenhäusern. Der Stadtteil trug den Namen Heidelberg, aber an die malerische Neckar-Stadt erinnerte dort nichts. Frischer Rasen vor den Türen und gerade gepflanzte Bäumchen. Es war bereits November, aber das Wetter war wie bei uns mitten im Sommer.

Im riesigen Speisesaal versammelte sich die olympische Familie zu den Mahlzeiten. Dort traf ich auch bald manchen Freund und Rivalen von der Friedensfahrt. Die Verpflegung war überreichlich, an den großen gläsernen Ballons voller frischer Fruchtsäfte waren wir Stammgäste.

Ich erkundigte mich bei den Betreuern nach der Kulturszene in Melbourne: » Was spielt man hier in der Oper? «

Es stellte sich heraus, daß die Olympiastadt keine Oper hatte.

Bei einer Trainingsfahrt hatte einer von uns einen ehemaligen DDR-Rennfahrer getroffen. Auch ich konnte mich noch an Hanusch erinnern. Er hatte gehofft, in Australien sein Glück machen zu können. Bis dahin hatte er es aber noch nicht gefunden. Er arbeitete in einer Reifenfabrik und zeigte seine rissigen Hände. Sein Rennrad hatte er längst in die Ecke gestellt.

Oft war die Rede von der alten Radrennbahn Melbournes in Essendon. Eines Abends machten wir uns dorthin auf den Weg. Es war ein ungewöhnliches Erlebnis. Da es nach Sonnenuntergang schnell empfindlich kühl wurde, hatte man im Innenraum große Tonnen aufgestellt, in die man primitive Feuerlöcher gebohrt hatte. Sie wurden als Öfen genutzt. Eine solche Holzbahn hatte ich nie zuvor im Leben gesehen. Die Latten waren quer zur Fahrtrichtung vernagelt und verursachten höllischen Lärm, wenn das Fahrerfeld darüber hinwegrollte. An vielen Stellen waren die Lücken so groß, daß man hindurchsehen konnte. Aber das Holz war frisch lackiert. Man erzählte sich, der Besitzer wollte nach den Spielen die neue Bahn mitten in Melbourne übernehmen und hatte deshalb nur noch das Geld für Farbe ausgegeben. Aber eine Catcher-Show hatte mehr als er für das neue Stadion geboten, und so wurde die olympische Radrennbahn gleich nach den Spielen abgerissen und nur die Tribünen genutzt.

Das Aufregendste war der für uns völlig unbekannte hektische Wettbetrieb. Noch während der Rennen zogen die Buchmacher laut schreiend ihre Quoten offerierend durch die Zuschauerreihen. Plötzlich räumten die Rennfahrer die Bahn und Berufsläufer starteten zu einem Rennen, bei dem es wieder vor allem um die Wetten ging. Es war kein sonderlich fairer Lauf. Die Ellenbogen wurden oft intensiver benutzt als die Beine. Der erste Preis war ein australisches

Pfund, damals etwa zehn deutsche Mark. Wir radelten nach Hause und hatten wieder einmal bestätigt gefunden: Andere Länder, andere Sitten.

Das »Friedens«-Frühstück

Im Olympischen Dorf wandelte sich die durch die politische Situation gereizte Stimmung zuweilen über Nacht. Zwar hatten Unbekannte wieder einmal sowjetische Fahnen heruntergerissen und andere die ungarische gegen die aus der faschistischen Horthy-Zeit umgetauscht, aber dann verbreitete sich plötzlich die Nachricht, sowjetische Leichtathleten hätten die US-Amerikaner zum Frühstück in ihr Quartier eingeladen.

Von da an herrschte endlich olympische Ruhe. Bei jenem Frühstück wurde vereinbart, von nun an alljährlich einen Leichtathletik-Länderkampf UdSSR-USA auszutragen. Der fand auch einige Jahre lang statt und war einer der sportlichen Höhepunkte des Jahres.

Dem Bürgermeister des Olympischen Dorfes dürfte an diesem Tag ein Stein vom Herzen gefallen sein. An den Abenden traf man sich im Klub, und wir amüsierten uns köstlich, als die farbige amerikanische Kugelstoßerin Earlene Brown – es hieß, sie wog zweieinhalb Zentner – den leichtfüßigen sowjetischen Weltrekord-Läufer Wladimir Kuz in die Geheimnisse amerikanischer Negertänze einführte.

Endlich wurden die Spiele eröffnet. Der Gatte der britischen Königin rollte im Auto auf die Aschenbahn, und der festliche Einmarsch der Nationen begann. Zum ersten Mal erlebte ich Olympia, und es war ein unvergeßliches Erlebnis, zumal ich mit meinen Leistungen vielleicht auch ein wenig dazu beigetragen hatte, daß wir nun mit von der Partie waren.

Wir waren fast überall dabei, wo jemand aus dem DDR-

Aufgebot an den Start ging. Sonst hockten wir auf der Radrennbahn. Lautstark feuerten wir unsere Vierermannschaft an, die aber schon bald ausschied. Danach begannen wir die Straßenrennstrecke in Broadmeadows unter die Lupe zu nehmen und dort zu trainieren. Der Kurs war hügelig, führte mitten durch den australischen Busch an riesigen Schafkoppeln vorüber. Was uns sofort unangenehm auffiel: Ständig wehte Wind. Der würde das Rennen beeinflussen. Zwischendurch blieb Zeit, mit alten Bekannten zu plaudern. Aurelio Cestari begrüßte mich ebenso herzlich wie Dino Bruni und natürlich auch Trainer Giovanni Proietti.

Endlich rückte der Tag des großen Rennens heran.

Die Australier, die ein Straßenrennen von solchem Ausmaß noch nie arrangiert hatten, verloren schon vor Beginn den Überblick. Der erste Streit brach aus, als über die Reihenfolge am Start entschieden werden sollte. Erst hieß es, wir sollten uns nach dem englischen Alphabet aufstellen. Dann erinnerte sich jemand, daß die Verhandlungssprache der UCI Französisch sei. Und nach dem französischen Alphabet hätten die Engländer einen Platz in der ersten Reihe gehabt. Das aber mißfiel den Australiern, und sie entschieden, die Reihenfolge auszulosen. Dann erschienen plötzlich Iren am Start, die angeblich keine Lizenz hatten, weil sie sich seit Jahren weigerten, dem britischen Verband beizutreten. Die Polizei wurde alarmiert und schleppte die Iren mit hartem Griff davon. Plötzlich war das ganze Feld von entnervten Polizisten umringt. Endlich startete man.

Wie kommt man zur Mannschaftsmedaille?

Offen geblieben war die Frage, wie eigentlich die Mannschaftswertung entschieden werden sollte. Damals bestritt man ja noch kein Mannschaftszeitfahren. Man hatte bei den verschiedenen Spielen unterschiedliche Varianten zur

Ermittlung der besten Mannschaft praktiziert. Welche sollte nun hier gelten? Das war ungemein wichtig, denn entweder addierte man die Zeit der drei besten Fahrer einer Mannschaft, oder man vergab Punkte für die Plazierung im Ziel. Bis wir losfuhren, konnte das nicht geklärt werden. Man rief die anwesenden Funktionäre der UCI zusammen. Die stritten lange und wurden sich endlich – wir waren schon Stunden unterwegs – einig: Punkte werden für die Plazierung der Rennfahrer vergeben, und die Mannschaften mit den niedrigsten Punktzahlen erhalten die Medaillen.

Die Nervosität der australischen Rennfunktionäre hatte sich inzwischen noch gesteigert. Wolfgang Behrendt, der damals bekanntlich als Boxer die erste Goldmedaille für die DDR holte, hatte sich von einer Koppel eine Wassertonne herangerollt, sie mühsam gefüllt und »duschte« uns jedes Mal, wenn wir an seinem Standplatz vorüberkamen. Das war erfrischend, und wir freuten uns jede Runde darauf. Einer dieser Australier befand plötzlich, daß dies »unerlaubte Hilfeleistung« sei, sprang von seinem Begleitwagen und stieß die Tonne um. Im Nu war das Wasser Boden versickert. Wutschnaubend suchte Wolfgang den Täter, aber der saß längst wieder in seinem davonrollenden Wagen. Der ahnte nicht, daß eine persönliche Auseinandersetzung mit dem rührigen Helfer schmerzhaft für ihn hätte ausgehen können.

Ich hatte meine Schlüsse aus dem Sturz in Ballerup gezogen und hielt mich meist im hinteren Teil des Feldes auf. Der Italiener Ercole Baldini sprintete urplötzlich davon, drei Italiener bremsten das Feld mit Raffinesse. Dann trat Pommer an und sprintete, ohne sich umzusehen, etwa zweihundert Meter davon. An seinem Hinterrad, also in seinem Windschatten, fuhr der Franzose Geyre. Ich war nicht gerade glücklich darüber, denn nun schleppte Pommer einen bärenstarken Mann nach vorne. Aber es war zu spät, noch etwas Sinnvolles zu unternehmen. Es kam, wie es kommen mußte: Pommers Kräfte schwanden bald, Geyre fuhr an ihm vorbei und jagte dem Italiener hinterher.

Wenn wir wenigstens ein Wort über die Attacke vorher geredet hätten, so wie es in den DDR-Mannschaften üblich gewesen war. Aber in diesem Augenblick wurde erschreckend deutlich, daß hier tatsächlich zwei Mannschaften fuhren und in der einen jeder nur seinen persönlichen Vorteil suchte.

Die gefährlichste Folge dieses Vorstoßes war, daß dadurch auch unsere Chancen in der Mannschaftswertung sanken, denn alles kam darauf an, so zahlreich wie möglich in der Spitze anzukommen.

Mir blieb nur ein Ausweg, nämlich selber anzugreifen, denn vor mir waren faktisch nur die drei Ausreißer. Ich trat an, Tüller hing sich an mein Hinterrad, ebenso der Engländer Jackson. Ich fuhr mir die Lunge aus dem Hals, setzte aber darauf, daß Tüller die Aktion unterstützen würde. Ich signalisierte ihm, er möge sich an die Spitze setzen, aber er schüttelte den Kopf und sagte: »Ich kann nicht, ich habe Wadenkrämpfe.« Ich raste weiter, und plötzlich hatten wir Geyre vor uns. Alles war wieder offen. Wenn ich bei der Verfolgung wenigstens hin und wieder den Windschatten der beiden anderen hätte nutzen können. Plötzlich sprintete Jackson an mir vorbei und dann – ich glaubte an eine Halluzination – schoß der angeblich von Wadenkrämpfen geplagte Tüller ebenfalls an mir vorbei. Geyre rettete sich auf den zweiten Platz, Jackson holte Bronze, Tüller wurde Vierter und ich Fünfter. Alle vier wurden wir mit der gleichen Zeit notiert.

Was ich über Tüller und seine Ausrede von den Wadenkrämpfen dachte, muß ich niemandem erklären. Ich erinnerte mich jedenfalls daran, daß ich ihn bei dem Saaletalrennen mitgeschleppt und damit zur Melbourne-Qualifikation verholfen hatte. Oder: Wenn der eigensinnige Pommer auf seinen spontanen Vorstoß verzichtet und am Ende wenigstens Zwölfter geworden wäre, hätten wir olympisches Gold geholt. Aber wie ich schon schrieb: Eine richtige Mannschaft, wie ich sie von den Friedensfahrten her gewohnt war, waren wir eben nicht. Immerhin retteten wir am Ende noch Bronze.

Mit Tüller hatte ich nach dem Rennen verständlicherweise nichts mehr zu bereden. Wir trafen uns auch danach nicht mehr, denn ein paar Wochen später beendete er sein »Gastspiel« in der DDR. Mit dem Image des »besten Deutschen« bei Olympia bekam er in der BRD den erhofften Profivertrag.

Ich war ein wenig stolz darauf, daß uns ausgerechnet IOC-Präsident Avery Brundage die Medaillen überreichte.

Sprinterin pfeift Fußballspiel

Das waren damals übrigens die ersten Olympischen Spiele mit »Ruhetagen«. Die australische Kirche hatte durchgesetzt, daß an Sonntagen keine Wettkämpfe stattfinden durften. NOK-Präsident Heinz Schöbel, ein renommierter Verleger aus Leipzig, hatte eine gute Idee, wie wir den freien Tag mit viel Spaß verbringen könnten. Er organisierte einen Ausflug an den Pazifik. Wir packten unsere Verpflegung ein und rollten in zwei Omnibussen los. Man schärfte uns ein, keinen Meter über die im Wasser verankerten Fahnenbojen hinauszuschwimmen. Sie markierten die Grenze, bis zu der das Meer nach Haien überwacht wurde. Wir badeten nach Herzenslust und kennzeichneten uns zwischen den Dünenbüschen ein Fußballfeld. Schöbel war ein ziemlich fanatischer Fußballspieler und konnte mit dem Ball umgehen. Auf die Schiedsrichterin einigten sich beide Mannschaften mühelos: Christa Stubnick, die über 100 m und 200 Meter in der Leichtathletik zwei

Silbermedaillen erkämpft hatte und also auch flink genug war, um einen guten Schiedsrichter im tiefen Strandsand abzugeben. Hinterher beteiligte ich mich an einer Expedition, die eine unterwaschene Felsenhalbinsel erforschte.

Der Abschied der Mannschaft von Melbourne wurde vom Victoria-Klub, dem dortigen Verein der Australien-Deutschen, arrangiert. Es begann sehr gemütlich, obwohl ich vor allem Autogramme schreiben mußte.

Wir hatten inzwischen gelernt, daß es in Australien üblich war, überall pausenlos die Landeshymne zu spielen. Selbst im Kino erklang sie, bevor der Film begann. Wir trauten allerdings unseren Ohren nicht, als statt der australischen Hymne plötzlich »Deutschland, Deutschland über alles« zu hören war. Es sollte offensichtlich demonstriert werden, daß hier nur ein Deutschland präsent war. Wir fackelten nicht und formierten uns – von niemandem dazu aufgefordert – zu einem »Marschblock«, der quer über die Tanzfläche in Richtung Ausgang abmarschierte. Ich kann mich noch so genau dieses Augenblicks erinnern, als wäre es gestern gewesen. In der ersten Reihe marschierten Christa Stubnick und Gisela Köhler-Birkemeyer – drei Silbermedaillen also vorneweg. Der schockierte Präsident des Klubs flehte uns an, zu bleiben, schon weil die Mehrheit im Saal der Meinung war, man hätte auf diese Einlage verzichten sollen, aber wir ließen uns nicht überreden.

Der IM-Bericht nach Bonn

Wie ich schon erwähnte, habe ich inzwischen die von den »Beiträgen für Sportgeschichte« veröffentlichten Berichte lesen können, die der damalige BRD-Botschafter nach Bonn geschickt hatte. Da las ich zum Beispiel: »Stöck« – der Speerwurf-Olympiasieger von 1936 bekleidete ein Sportamt in Hamburg und fungierte in Melbourne als

Chef de Mission – »verlangte anläßlich eines Balles des Deutschen Vereins, zu dem auch ostdeutsche Sportler und Funktionäre geladen waren, das sonst bei solchen Gelegenheiten übliche Deutschlandlied nicht zu spielen ...« Der Botschafter hatte aber dafür gesorgt, daß der Vorschlag ignoriert wurde. Besonders unangenehm war dem Botschafter der Präsident des westdeutschen Leichtathletikverbandes, Dr. Danz, aufgefallen. Im »IM-Stil« meldete er nach Bonn: »Wie mir ein glaubwürdiger Augenzeuge versicherte, scheute sich Dr. Danz z. B. nicht, bei dem Schlußball des deutschen Vereins in aller Öffentlichkeit mit dem Präsidenten des NOK-Ost, Heinz Schöbel, Brüderschaft zu trinken und sich von diesem oft unterschätzten geschulten Kommunisten für alle Umstehenden gut hörbar belehren zu lassen, daß, wenn die Politiker es den Sportlern nachmachen würden, bald ein gesamtdeutsches Gespräch in Gang kommen könnte und sich dann in fruchtbarem Nebeneinander nach Beseitigung der beiderseitigen Fehler herausstellen würde, welches gesellschaftliche System das bessere sei. Diese Episode ist zwar nicht an die australische Öffentlichkeit gelangt, hat aber im deutschen Club in Melbourne gewiß keinen günstigen Eindruck hinterlassen ... Wie mir Herr von Halt wörtlich sagte, soll Herr Dr. Danz ziemlich links stehen ... Es mag daher vielleicht von Interesse sein, seine künftige Aktivität von dort aus etwas im Auge zu behalten ... Den Sowjetzonalen Offiziellen und ihrem Pressekollektiv ... ist in Melbourne gewiß klar geworden, daß es ihnen nicht gelungen ist, in der stark antikommunistischen australischen Öffentlichkeit ein Echo zu finden. Doch fragt es sich, ob dies überhaupt ihre Absicht gewesen ist. Ihr zahlreiches Auftreten bei allen Veranstaltungen der deutschen Kolonie und ihr Fernbleiben von den meisten offiziellen Veranstaltungen legen die Vermutung nahe, daß die Beteiligung der sowjetischen Besatzungszone an den Olympischen Spielen eher den Zweck verfolgte, unter den deutschen Einwanderern in Melbourne Kontakte zu gewinnen, die dann allmählich zu kommunistischen Zellen ausgebaut werden könnten ...«

Am nächsten Tag endete unser Besuch auf dem fünften Kontinent. Wir stiegen in die Flugzeuge und vollendeten durch die Route über Asien faktisch unseren Weltrund-flug. Zu Hause wurden wir begeistert empfangen, und bald hatte uns der Alltag wieder. Als Erinnerung blieb mir in einem kleinen Kästchen auf weichem Samt eine Medaille aus Bronze.

Die verärgerte Dame an den Pyramiden

Die nächste Reise ließ nicht lange auf sich warten. Die Ägypter wollten, nachdem im Nil-Land wieder Frieden ein-gezogen war, zum ersten Mal eine Etappenrundfahrt ver-anstalten, und unser Verband sah es als seine Pflicht an, sie durch unsere Anwesenheit aufzuwerten.

Meine erste Eintragung im Tagebuch von damals laute-te: »Das Essen schmeckt mir nicht.« Was half's, man muß-te sich daran gewöhnen. Es gab viele neue Eindrücke. Vom Hotelfenster aus sah ich das unbeschreibbare Elend, das die englische Kolonialherrschaft hinterlassen hatte. Bett-ler saßen an allen Ecken.

Wir trainierten hart, nahmen uns aber auch Zeit, die Sehenswürdigkeiten zu besuchen. Also fuhren wir auch hin-aus zu den Pyramiden nach Gizeh. Als wir zur Cheopspy-ramide bummelten, begegneten uns westdeutsche Touri-sten. Uns wäre gar nicht aufgefallen, woher die kamen, aber eine Frau geriet völlig aus dem Häuschen, als sie uns in unseren blauen Trainingsanzügen entdeckte und ent-setzt ausrief: »Was denn, hier ist die DDR auch schon?« Sie konnte sich gar nicht beruhigen und sagte immer wie-der: »Na bitte, da haben wir's!«

Wir amüsierten uns köstlich und zogen weiter. Mindestens drei Jahrzehnte lang gewöhnte sich die Welt ja daran, daß die DDR vielerorts in Erscheinung trat. Ob die Dame aus Kairo das überlebt hat? Ich werde es nie erfahren.

Über die erste Etappe schrieb ich damals in mein Tagebuch nur vier Worte: »Lehmstraßen, Staub und Hunde.« Die zweite Etappe von Kena nach Sohag gewann mein Klubkumpel Roland Henning im Spurt. Die nächste Etappe führte nach Assiut. Ich war todmüde. Die Nacht hatten wir alle zusammen in einem Schulzimmer verbracht, und einer der Journalisten schnarchte derart, daß ich kein Auge zumachen konnte. Erst zogen wir ihm die Decke über den Kopf, dann streuten wir Vasenol-Puder auf sein Gesicht – nichts half. Dann griff ich zum Massageöl Nervpin und tröpfelte es unter seine Nase – augenblicklich herrschte Ruhe.

Der Berliner Werner Malitz eroberte sich durch einen Etappensieg das Gelbe Trikot, zeitgleich allerdings mit dem starken Marokkaner Ben Mohamed. Er verlor es wieder, holte es sich zurück und verteidigte es knapp bis ins Ziel. So haben wir uns auch in die Chronik dieser Rundfahrt für alle Zeiten eingeschrieben.

Am Lesseps-Denkmal

Das beeindruckendste Erlebnis aber war für uns der Ruhetag in Port Said. Dort stiegen wir über Ruinen und Trümmer, spürten noch den scharfen Brandgeruch, der über der Stadt hing, obwohl die durch die Bombenangriffe während der englisch-französischen Aggression ausgelösten Brände schon vor Wochen gelöscht worden waren.

Plötzlich standen wir vor dem Sockel des Lesseps-Denkmals. Fast neunzig Jahre waren vergangen, seitdem der umstrittene Architekt des Suezkanals das erste Schiff von Port Said durch die Wüste nach Süden hatte schicken können. Nun, da das ägyptische Volk endlich Eigentümer des Kanals werden wollte – er führte immerhin mitten durch ägyptisches Territorium, und bei seinem Bau waren nicht weniger als 20 000 Ägypter zu Tode gekommen – und Nasser ihn nationalisiert hatte, hatten Franzosen und Engländer mit Bomben geantwortet. Heute ist zwar die Sowjetunion von der Landkarte verschwunden, aber in der Geschichte des vorigen Jahrhunderts kann man, wenn man nur will, überall noch positive Spuren ihres Wirkens finden. Durch ihre energische Intervention vor der UNO war der Überfall beendet worden, und die Aggressoren hatten abziehen müssen. Daß die Ägypter Lesseps von seinem Denkmal gestürzt hatten, erschien uns eine begreifliche Reaktion auf den Überfall.

Wir standen am Kai des Kanals und sahen die Masten und Schornsteine der versenkten Schiffe aus dem Wasser ragen. Es sollte fast zwanzig Jahre dauern, bis der Kanal wieder in Betrieb genommen werden konnte.

Wir wurden damals in Port Said wie Freunde empfangen. Mir fiel die liebe Dame von der Cheopspyramide wieder ein.

Die unvergessene Schlußetappe

Im Mai war wieder Friedensfahrtzeit. Wir rissen keine Bäume aus und waren nach sieben Etappen in der Mannschaftswertung Fünfter mit über 13 Minuten Rückstand. Aber als wir in Lodz anlangten, lagen die Polen in der Mannschaftswertung nur noch fünf Minuten vor uns. Es blieb noch die Schlußetappe. Für die Polen war dieser Sieg nicht mehr zu gefährden. Sie kauften die Blumenläden leer und überschütteten ihre Rennfahrer am Start mit den Sträußen. Alle waren sicher, daß Polen zum ersten Mal seit neun Jahren wieder Mannschaftssieger würde.

Auch ich hatte keine Vorstellungen, wie man dieses

Ergebnis noch umstülpen könnte. Außerdem war ich mit meinen Kräften fast am Ende und hatte ziemliche Sitzbeschwerden. Nur ein Rennfahrer weiß, was das heißt.

Spitzenreiter in der Einzelwertung war der Bulgare Nentscho Christow, der in jenem Jahr in Superform war. Er fuhr so stark, daß er seinen Erfolg fast ohne Hilfe seiner Mannschaft errang. Nicht, daß die nicht zu ihm gestanden hätte, aber wenn es hart auf hart ging, war meist niemand mehr in der Nähe.

Wir rollten an diesem Morgen schneller vom Ehren- zum »scharfen« Start. Alle wollten es hinter sich bringen.

Am Anfang gab es ein paar Attacken, die aber niemand sonderlich ernstnahm. Der Schwede Amell und mein dänischer Rivale vieler Jahre, Eluf Dalgaard, riskierten einen Vorstoß. Der Pole Chwiendacz folgte ihnen, damit nur ja nichts schiefging. Dann formierte sich eine Spitzengruppe. Der Moskauer Viktor Kapitonow, der drei Jahre später in Rom Olympiasieger werden sollte, machte sich aus dem Staube. Der Jugoslawe Cvejin, der Schwede Bergkvist und der Rumäne Radulescu fuhren ihm hinterher. Alles Leute, die weder in der Einzel- noch in der Mannschaftswertung eine Rolle spielten. Wolfgang Braune aus unserer Mannschaft schloß sich dem Haufen durch einen kraftvollen Spurt an. Jeder von uns hatte natürlich seinen polnischen »Schatten«, und kaum war Braune aus dem Sattel, schoß der polnische Kapitän Wieckowski hinterher.

Der Leser mag sich wundern, warum ich diese über vierzig Jahre zurückliegende Etappe mit solcher Akribie schildere. Ich tue es nicht nur, weil sie ein sensationelles Ende fand, sondern auch, weil sie eine der wenigen Schlußetappen war, die ich erlebte, bei der einiges aus den Fugen geriet. Mancher Leser wird vielleicht auch staunen, wie ausführlich ich ausgerechnet über die Mannschaftswertung schreibe, die, ich erwähnte es schon, bei den großen Etappenrennen heute kaum noch in den kleingedruckten Resultaten zu finden sind, ganz zu schweigen davon, daß am Ende der Etappen nicht mal öffentliche Siegerehrungen stattfinden. Die Mannschaftswertung wurde vom Millionenpublikum der Friedensfahrt mit der gleichen Aufmerksamkeit verfolgt wie die Einzelwertung. Formierte sich eine Spitzengruppe, wurde als erstes »durchgerechnet«, welches Team mit wieviel Fahrern darin vertreten war. Das lähmte zuweilen auch das Rennen, weil bei »Gleichstand« sofort jede Initiative erlosch, aber diese Konstellation schuf eben auch ein Mannschaftsgefühl, das heute nahezu abhanden gekommen ist. Die Rennfahrer rund um die Stars sind als deren Helfer engagiert, und welchen Platz sie gemeinsam mit den Stars in der Mannschaftswertung belegen, spielt keine Rolle. Bei den Preisen nicht, bei den Prämien nicht und in den Medien überhaupt nicht. Es ist schlicht eine andere Welt. Damals konnte jeder in der Mannschaft zum »Helden« werden, weil er sich – wenn auch in der Einzelwertung weit hinten plaziert – in einer entscheidenden Phase für die Mannschaft »opferte«. Heute halten die Fernsehreporter höchstens Ausschau, ob die »Wasserholer« zahlreich genug versammelt sind.

Zurück in die Vergangenheit, in der die Blauen Trikots der führenden Mannschaft noch eine Rolle spielten. Wir rollten auf Warschau zu, wo sich im Stadion Hunderttausend versammelten, um den polnischen Mannschaftssieg zu feiern.

Die Ausreißer gewannen Vorsprung. Sonst tat sich nicht viel. Im Feld träumte man schon von der Abschlußparty. Plötzlich startete der Belgier van Tongerloo – später bei den Profis ein Spitzenmann – blitzschnell einen Vorstoß. Ich sah mich um und entdeckte meinen polnischen Bewacher Paradowski einige Meter hinter mir im Feld. Er hatte – vielleicht nur, um einen Schluck zu trinken – mein Hinterrad verlassen. Entschlossen trat ich an und brauchte etwa vierhundert Meter, um Tongerloo einzuholen. Ein Blick nach hinten: Paradowski verfolgte mich aus Leibeskräften, aber zwischen uns klaffte ein Loch.

Das war die Entscheidung!

Natürlich besorgte Tongerloo nicht meine Arbeit, aber ich sah nicht nach links und nicht nach rechts, sondern trat nur, so hart ich treten konnte. Als ich mich das nächste Mal umsah, hatte Paradowski die Waffen gestreckt. Nun waren wir also in der Mannschaftswertung im Vorteil: Die Zeit, die ich herausfuhr, reduzierte die fünf Minuten Vorsprung. Ich nahm die Kilometersteine am Straßenrand ins Visier und begann zu rechnen, wie weit es noch bis Warschau war.

Als wir 45 der 140 Kilometer hinter uns hatten, erreichten wir die Spitzengruppe. Zwei Minuten Vorsprung vor dem Feld wurde uns signalisiert.

Die Polen hatten einen rabenschwarzen Tag erwischt. Als sich eine neue Verfolgergruppe formierte, in der auch Helmut Stolper aus der DDR-Mannschaft fuhr, gesellte sich der Pole Bugalski hinzu. Ein paar Kilometer weiter sprang er fluchend vom Rad: Reifenschaden! So schnell er auch das Rad wechselte, er schaffte den Anschluß nicht mehr. Nun begannen sie in allen Begleitwagen die Stoppuhren zu bedienen. Noch führten die Polen. Fünf Minuten sind so schnell nicht wettzumachen, aber der Vorsprung schmolz, und die Jungen in den Blauen Trikots wußten gut genug, daß sich in solchen Situationen nie viel freiwillige Gefährten für eine erfolgreiche Verfolgungsjagd finden lassen. Die meisten waren zufrieden, daß am Horizont Warschaus Türme auftauchten.

Das Spalier rechts und links der Straße wurde dichter. Die Unglücksbotschaft war uns schon durchs Radio vorausgeeilt. Die Zuschauer suchten in der Spitzengruppe vergeblich die Blauen Trikots ihrer Mannschaft. Der sonst lärmende Beifall am Straßenrand blieb matt, zu groß war die Enttäuschung.

Die Hunderttausend im Stadion selbst wollten noch nicht die Niederlage glauben, als wir auf die Aschenbahn rollten. Alle hatten nur ihre Uhren im Auge. Als die alles entscheidenden fünf Minuten vergangen waren, ohne daß ein Pole eingetroffen war, wußten alle, daß wir ein kleines Wunder vollbracht hatten. Ich sagte in dieser Minute offenherzig: »Wir haben aber auch mehr Glück als Verstand gehabt!«

Zu Hause hingen Millionen an den Lautsprechern und jubelten.

Sollte jemand von mir erwarten, daß ich diese Tatsache im Sinne der jetzt üblichen DDR-Darstellung »umschreibe«, muß ich ihn enttäuschen. Wer behauptet, alle hätten nur in »Nischen« gehaust oder hätten sich nie mit der neuen Ordnung, sondern höchstens mit uns Sportlern identifiziert, findet in mir keinen Partner. Ich streite mit niemandem darüber, wie es wirklich war, aber viele wissen, daß ich immer inmitten der Menschen gelebt, mich mit ihnen gefreut oder auch geärgert, mit ihnen gefeiert und auch mit ihnen zusammen geschimpft habe.

An diesem Tag wurde eine Mannschaft gefeiert, die als Kollektiv triumphiert hatte. Es gab genügend Kollektive in der DDR, die sich täglich mit unendlichen Problemen herumschlagen mußten und die sich mit uns darüber freuten, wie wir unser Problem an diesem Tag gelöst hatten.

Sie hatten sich in uns wiedererkannt.

Und das sollte man heute doch wohl feststellen dürfen.

Rekord: »Ich ging als letzter«

Nicht nur in der DDR wurde gefeiert, auch wir ließen »die Korken knallen«. Wie immer hatte uns der Botschafter eingeladen. Wir saßen mit den Diplomaten zusammen, und unsere Gläser waren selten leer. An diesem Abend stellte ich sogar einen Rekord auf: Ich ging als letzter!

Am nächsten Morgen holte uns eine Chartermaschine der Deutschen Lufthansa – ja, die flog damals noch in der DDR und ging erst später in die Interflug ein – in Warschau ab. In Schönefeld stiegen wir in offene Regierungswagen, und die waren schon an der Berliner Stadtgrenze bis an den Rand mit Blumen gefüllt.

Den Abend verbrachten wir im Trainingscamp Kienbaum, das ja heute noch betrieben wird. Die Frauen der verheirateten Fahrer waren gekommen und die Eltern der jüngeren. Über die Stimmung in der Runde muß ich nicht viel Worte verlieren.

Jubel in Leipzig

Am nächsten Morgen rollte die Kolonne der offenen SIS-Wagen in Richtung Leipzig. In den Dörfern blockierten Bauern die Straße, weil wir ihnen Autogramme geben sollten. In Treuenbrietzen sprach Roland Henning auf einer improvisierten Kundgebung, in Wittenberg war der Marktplatz bis in die angrenzenden Straßen überfüllt, vom Turm der Kirche läuteten die Glocken. Fast eine Stunde verging, ehe wir weiterkamen. In Bitterfeld hatte der Oberbürgermeister zum Mittagessen decken lassen. Endlich kamen wir nach Leipzig. Auch hier erwartete uns eine Triumphfahrt.

Sie endete im überfüllten Stadion, wo das Publikum nach unserer umjubelten Ankunft das Weltmeisterschafts-Qualifikationsspiel DDR – Wales erwartete. Als wäre ein Funke unseres Kampfgeistes auf die Fußballspieler übergesprungen, lieferten die, von Beifallsstürmen getrieben, ein mitreißendes Spiel gegen die britischen Profis. Es wurde mit 2:1-Sieg gewonnen.

Lange Pausen blieben für uns nicht. Es galt, sich auf die

jährliche Weltmeisterschaft vorzubereiten. Waregem in Belgien war diesmal der Austragungsort.

Der Bahnhof erinnerte an eine märkische Kleinbahnstation. Die Veranstalter hatten die Unterbringung der Amateure kostengünstig gelöst und uns in den kargen Zellen eines Klosters einquartiert. Wir fanden uns damit ab, amüsierten uns über die schmalen Betten und die kleinen Sichtklappen in den Türen. Ein Reporter des katholischen Blattes »Het Volk« hatte – vielleicht war ihm an diesem Tag nichts anderes eingefallen – unsere Anwesenheit in dem Kloster eine Sensation genannt und behauptet: »Da sie Kommunisten sind, hegten sie zunächst Mißtrauen gegen die Kreuzbilder und die Klosterschwestern. Es ist aber möglich, daß sie in Waregem manches gelernt haben, was nicht im Vokabular der roten Propaganda steht!« Wie vielfältig wurde doch der Antikommunismus praktiziert. Das galt damals und gilt heute noch.

Worüber »Het Volk« nichts schrieb: Als alle Mannschaften eingetroffen waren und wir täglich durchgeschwitzt vom Training heimkehrten, war die Luft in dem Saal zum Schneiden.

»Toiletten?«

»Dort am Eingang des Saales befindet sich eine!«

»Und die Waschräume?«

»Dort am Eingang des Saales ist einer!«

Nichts gegen die Kirche, aber in dem angeblich für uns so lehrreichen theologischen Vokabular war der Begriff »Hygiene« diesmal ein wenig weit nach hinten geraten.

Übrigens hatte unser Verband für die »Einzelzimmer« 50 belgische Franc pro Person und Nacht zu entrichten. Hinzu kam Preiswucher im Speisesaal: Einen Liter Milch besorgten wir uns im nächsten Laden für vier Franc, im Kloster waren acht zu bezahlen. Da hatten wir tatsächlich wieder etwas gelernt.

Als es endlich losging, zeigte der Himmel eine finstere

Miene. Die Strecke versank fast im Regen. Auf der Zielgeraden versuchten Besen-Kolonnen, wenigstens die größten Pfützen wegzufegen.

Noch hatte ich Ballerup in »bester« Erinnerung und sah mich vor. Wie immer bei solchen entscheidenden Rennen fährt man viele Vorstöße mit, um sich hinterher nicht vorwerfen zu müssen, den entscheidenden verpaßt zu haben. Vielleicht war ich auch damals zu oft mit von der Partie, aber als es in die letzte Runde ging, war ich noch vorn dabei. Einen Vorstoß des Italieners Pambianco vereitelten wir mit vereinten Kräften. Dann jagte der Belgier Proost los, der sein Können bei der Friedensfahrt mit drei Etappensiegen überzeugend demonstriert hatte. Die anderen Belgier bremsten. Pambianco und der Holländer Verhoef rasten hinter Proost ins Ziel. Ich wurde Vierter. Immerhin mein bestes Resultat.

Louis Proost kam 1996 nach Schierke, in das Hotel meines Sohnes, und unterhielt sich mit mir. Dabei fiel der Satz, er habe in seinem Leben einen großen Fehler gemacht, er hätte die Friedensfahrt noch einmal fahren sollen, bevor er Profi wurde.

Als die Weltmeisterschaftsrevanche auf dem Sachsenring ausgetragen wurde, wurde ich hinter dem Belgier Daems und dem Briten Jackson Dritter, und der Weltmeister war irgendwo hinter mir geblieben. Aber was zählt, ist nun mal die Weltmeisterschaft!

Das nächste Ziel war für mich Heyrothsberge. Die Holunderbeeren waren reif, und Beerensuppe mit Grießklößen bei meiner Mutter war unerreicht. Da stand ich so schnell nicht auf vom Tisch.

Und dann waren da noch die Hunderte Einladungen zu – heute sagt man »Talkshows«, früher nannte man sie »Foren« – Veranstaltungen. Aus jenen Tagen nur einige Termine: Am 22. September Jugendweihestunde in Bautzen, am 23. September Vortrag in einer Flachsröste, danach

Forum in einer Zentralschule. Abends Einwohnerversammlung in Neugersdorf.

Ein paar Tage später fuhr ich nach Berlin und verkündete aus einem Rundfunkstudio, was viele überraschte: Ich würde bei der nächsten Friedensfahrt vermutlich nicht an den Start gehen. Meine Begründung für diesen Schritt: Seit der Friedensfahrt 1956 hatte ich durch die Olympischen Spiele keine Ruhepause mehr gehabt. Ich wollte mich gewissenhaft auf die Weltmeisterschaft vorbereiten und deshalb zum ersten Mal auf die Friedensfahrt verzichten.

Die Ankündigung wurde überall eifrig diskutiert. Die Friedensfahrt ohne Schur? Vielen erschien das wie eine Art Majestätsbeleidigung.

In der Schweiz – der Sächsischen ...

Es hatte sich herumgesprochen, daß ich meine Aufnahme in die SED beantragt hatte. Aus Magdeburg riefen sie mich an: »Du mußt in den Betrieb kommen.« Gerüchtemacher hatten verbreitet, man hätte mich gezwungen, Parteimitglied zu werden und aus Protest wollte ich nicht bei der Friedensfahrt starten. An Gerüchten war in der DDR kein Mangel.

Also los in den Betrieb. Ich hatte mir einige Notizen gemacht, aber dann legte ich den Zettel zur Seite und redete drauflos: »Über mich hat man doch schon viel erzählt. Einer wollte von seinem Freund gehört haben, daß die Freundin seines Schwagers mich in der Schweiz gesehen hatte.«

Man lachte.

»Ja, ich war tatsächlich in der Schweiz, allerdings nur in der Sächsischen. Da müßt ihr auch mal hin, das lohnt sich. Nun will also einer gehört haben, sie hätten mich gezwungen, Mitglied der Partei zu werden. Kumpels, ich bin 26 Jahre alt. Da ergibt sich eine einfache Rechnung:

Mit 18 Jahren hätte ich bekanntlich bereits Mitglied werden können. Also bleibt nur die Frage: Habe ich mich acht Jahre erfolgreich gewehrt, Mitglied zu werden – dann bliebe die Frage, warum ich mich denn nicht weiter wehre – oder gab es einen anderen Grund, acht Jahre damit zu warten. Ja, den gab's: Ich habe acht Jahre überlegt, ob ich da Mitglied werden soll oder nicht. Und wer jetzt behauptet, ich wäre gezwungen worden, der lügt. Ich habe mich noch nie im Leben zu irgend etwas zwingen lassen. Man sagt von mir, ich sei in sportlicher Hinsicht ein Vorbild, und ich will offen sagen, daß ich mir auch Mühe gebe, als Vorbild aufzutreten. Im täglichen Leben sind viele Mitglieder der Partei Vorbilder, und ich will als Spitzensportler nun auch in den Reihen derer stehen, die im Leben Vorbild sind.«

Am 24. Juli 1957 wurde mir die Kandidatenkarte überreicht. Seitdem bin ich Mitglied der Partei. Ich habe nie daran gedacht, sie zu verlassen. Auch nicht, als viele davonliefen und wir die PDS gründeten. Und gelehrt hat mich das Leben auch, daß die, die ihrer Gesinnung treu bleiben, mehr geachtet werden als die, die sich »wenden«.

Das erlebte ich auch, als sich 1990 der Landessportbund Sachsen-Anhalt etablierte. Plötzlich erhob sich einer im Saal und schlug vor: Täve Schur soll Ehrenpräsident werden! Ich glaubte, mich verhört zu haben. Ich, der Mitglied des FDJ-Zentralrats gewesen war, Abgeordneter der Volkskammer, Mitglied des Präsidiums des DTSB, sollte zum Ehrenpräsidenten gewählt werden?

Im ersten Augenblick glaubte ich, daß sich die Sache selbst erledigen würde. Ich muß niemanden daran erinnern, wie die Stimmung damals war. Da würde schon jemand aufspringen und sich gegen die »alten Seilschaften« wenden, aber niemand meldete sich zu Wort.

Also ging ich nach vorn ans Pult, blieb ganz ruhig und »warnte« die Delegierten: »Leute, ich bin noch immer der,

der ich war! Ich habe weder meine Haltung noch meine Gesinnung geändert.«

Man rief zur Abstimmung und zählte fünf Gegenstimmen. Als sich der Vorstand des Landessportbundes bald darauf in der Hauptstadt Bonn vorstellen sollte, hatte niemand Bedenken, mich in die »Delegation« aufzunehmen. Schur reiste also als Ehrenpräsident des Landessportbundes Sachsen-Anhalt in die Hauptstadt!

Sorgen um einen Sattel

Zurück ins Jahr 1958. Es galt wieder einmal die Koffer für die Weltmeisterschaft zu packen. Diesmal war das französische Reims der Schauplatz. Wir nahmen die Strecke in Augenschein, es war der berühmte Autorennkurs.

Flimmernde Hitze hing am Morgen des 30. August über der Szene, als wir unsere letzten Vorbereitungen trafen.

Erst rief der Starter die Frauen auf. Zum ersten Mal in der Geschichte des Radsports würde man in Reims eine Frau im Regenbogentrikot feiern. Mancher verfolgte herablassend grinsend den Start, aber von Runde zu Runde wuchs der Respekt auf den Tribünen und auch im Fahrerlager. Beifall wurde laut, und am Ende hoben Männer die kleine Luxemburgerin Elsi Jacobs auf ihre Schultern und trugen sie durch ein jubelndes Spalier zur Tribüne, wo man ihr das Weiße Trikot mit den sieben bunten Ringen überzog und ihr zu Ehren die Hymne Luxemburgs intonierte.

Ich hörte sie, saß aber während der Zeremonie verständlicherweise längst auf dem Rad. Nach dem französischen Alphabet radelten wir als erste an der Tribüne vorüber zur Startlinie. Auf den Tribünen hatte man riesige Fernsehleinwände installiert, auf denen man das Rennen verfolgen konnte.

Mein entsetztes Gesicht wird allerdings wohl niemand

gesehen haben, zumal ich alles tat, um niemanden merken zu lassen, was mir bereits in der ersten Runde widerfahren war: Der Sattel war gebrochen. Ein Schaden, der einem einen Schock in die Glieder jagt. An einer Stelle, wo das Tempo gebremst werden mußte, wollte ich mir von dem hinterherfahrenden Materialwagen ein Ersatzrad geben lassen, aber dann signalisierte mir jemand vom Straßenrand, daß ich weiterfahren sollte, weil sie an der Box schon mit einem Ersatzrad auf mich warteten. Unser »Nachrichtendienst« funktionierte exzellent. Siegfried Köhler, der bei den Bahnrennen als Verfolger startete, war nicht entgangen, daß ich an meinem Sattel hantierte, und er war erfahren genug, um zu wissen, daß ich in Nöten steckte. Also hatte er einen Mannschaftskameraden beauftragt, mir ein Zeichen zu geben, sich selbst sofort hinter das Steuer des Mietwagens der Mannschaft geschwungen und war auf einer vorher genau erkundeten Umgehungsstraße zu den Boxen gerast. Dort traf er noch vor mir ein, meldete, was er gesehen hatte, und als ich kam, standen Werner Schiffner und Herbert Weisbrod schon mit dem Ersatzrad bereit. Ich kurvte zur Seite, sprang ab und sofort auf die andere Maschine. Ich verlor keinen Meter. Vor allem hatte ich nun das Gefühl, daß man an den Boxen die Sache im Griff hatte, und das tat meiner Psyche gut.

Allerdings blieb auch noch Skepsis: Was konnte Erich Winkler, der unvergessene Mechaniker jener Jahre, mit meinem gebrochenen Sattel anstellen? Ein neuer kam nicht in Frage, denn nichts wäre gefährlicher für mein Hinterteil gewesen, als in diesem Rennen auf einem neuen Sattel sitzen zu müssen. Das wäre mit einer Ganztagswanderung in nicht passenden Schuhen zu vergleichen.

Während ich mich auf dem Ersatzrad abplagte, weil die Sitzposition auf einem anderen Rad und vor allem einem anderen Sattel nie stimmt und schnell zu Verkrampfungen führt, grübelte Erich in seiner Boxe. Er hatte mit einem Blick erkannt: An dem Sattel war nichts zu reparieren.

Und dann hatte er plötzlich eine Idee, und die konnte ihm nur kommen, weil wir mit allem sparsam umgehen mußten. Als die Frauenrennen aufs Programm kamen, mußte Erich auch ein weltmeisterschaftstüchtiges Rad für Elly Vey aus Freiberg montieren. Devisen für einen neuen Sattel hatte er nicht, und deshalb entschloß er sich, sie auf einen meiner älteren Sättel zu setzen. Da Ellys Rad in diesem Augenblick in der Boxenecke stand, war sein Blick darauf gefallen und hatte ihn zu dem im Grunde simplen Ausweg inspiriert: Er montierte meinen alten Sattel auf mein Rad. Das Problem war gelöst und ich gerettet.

»Bummelrennen« für Gregor Gysi

Daß man selbst solche Situationen wieder vergessen kann, will ich mit einer Episode belegen, die sich vierzig Jahre später zutrug.

1998 hatte ich mich bekanntlich nach einigem Zögern bereiterklärt, für ein PDS-Bundestagsmandat zu kandidieren. Die Motive für das Zögern werde ich später erklären. Als feststand, daß ich kandidieren würde, lud man mich zu einem Wahlkampfauftakt nach Dresden ein. Es war ein heißer Sommertag, die Bühne stand auf dem Schloßplatz und wurde über Stunden von Heinz Quermann beherrscht. Danach stand ein Gespräch zwischen einem populären Entertainer und mir auf dem Programm. Der hatte allerdings nichts nur gezögert, bei der PDS aufzutreten, sondern in letzter Minute sogar abgesagt. Klaus Huhn sprang ein. Als wir gemeinsam mit der Dresdner Ruderin und PDS-Stadtverordneten Barbara Lässig die Talkrunde beginnen wollten, erreichte uns die Hiobsbotschaft, daß Gregor Gysi, der die Hauptrede des Nachmittags halten sollte, überraschend nach Karlsruhe bestellt worden war, wo man ihm das Urteil in einem seiner Prozesse wegen angeblicher Stasi-Tätigkeit

Täve im Gespräch mit Klaus Huhn

verkünden wollte. Zwar waren die nötigen Flüge von Karlsruhe nach Dresden inzwischen gebucht worden, aber dann stellte sich heraus, daß er keinesfalls pünktlich erscheinen konnte. Es mochten so um die 3000 Menschen sein, die sich vor der Bühne versammelt hatten, und wir bekamen Order, die Gesprächsrunde so auszudehnen, daß niemand davonlief, bevor Gregor Gysi eintraf. Klaus raunte mir zu: »Ich werde dir also ein paar Fragen stellen, bei denen du vielleicht Mühe hast, dich zu erinnern. Vergiß nicht: Alles für die Partei!«

Ich machte mir keine Sorgen, aber als er mich als erstes fragte, ob ich dem Publikum an diesem so wichtigen Tag nicht endlich verraten wolle, welchen Anteil eine Frau an meinem ersten Weltmeisterschaftssieg in Reims 1958 hatte, war ich einen Augenblick lang sprachlos.

»Eine Frau?« fragte ich unsicher.

Barbara Lässig amüsierte sich köstlich und war so neugierig wie die 3000, welche Rolle wohl welche Frau da gespielt haben könnte. Ich stolperte durch mein Gedächtnis, rief mir den Tag genau in Erinnerung, und endlich half mir Klaus auf die Sprünge: »War da nicht ein Defekt schon in der zweiten Runde ...?«

Das war das Stichwort, und fast auf den Tag genau vierzig Jahre, nachdem Erich Winkler den Vey-Sattel auf meinem Rad montiert hatte, erzählte ich nun die Geschichte bis ins letzte Detail. Bis ins allerletzte sogar, denn während es mein Leben lang ja immer darum gegangen war, so schnell wie möglich ans Ziel zu kommen, galt es an diesem Nachmittag, Zeit zu »schinden«. Endlich kam das ersehnte Signal, jemand winkte uns zu: Gysi ist gelandet. Bald darauf traf er ein und hielt eine umjubelte Rede, die er mit den Worten schloß: »Liebe Freunde und Genossen, tut mir einen persönlichen Gefallen und sorgt dafür, daß ich am Morgen des 28. September von den Abgeordneten der anderen Parteien nicht mehr als ›Gruppenratsvorsitzender‹, sondern endlich als ›Fraktionsvorsitzender‹ begrüßt werde.« Man tat ihm den »Gefallen«.

(Bis 1998 war die PDS bekanntlich von der Stärke her nur als Abgeordnetengruppe im Bundestag vertreten, danach erhielt sie den Status einer ordentlichen Fraktion.)

Drehen wir meinen Lebensfilm also wieder vierzig Jahre zurück und wechseln von Dresden nach Reims. Ich tauschte eine Runde später also wieder das Rad, wußte natürlich nicht, welchen Ausweg Erich Winkler gefunden haben konnte und warf als erstes einen prüfenden Blick auf meinen Sattel. Er kam mir bekannt vor, und ich lachte in mich hinein: »Dieser Erich ist und bleibt ein Teufelskerl.« Guter Dinge und felsenfest davon überzeugt, daß nun eigentlich nichts mehr dazwischenkommen konnte, trat ich in die Pedalen.

Wieder einmal waren es die Italiener, die den Endkampf beherrschten und, dirigiert von Proietti, den ersten Vorstoß inszenierten. Martini stürmte davon. Der Spanier Belmonte und der Holländer van Egmond hingen sich an sein Hinterrad, und diese Spitzengruppe gewann zügig Vorsprung. Ich fürchtete bald, daß das Loch zu groß werden könnte.

Vielleicht schmunzelt der eine oder andere, wenn ich heute erkläre, warum ich mich an diesem Tag so lange zurückgehalten hatte. Der Student Schur hatte in Vorlesungen und Seminaren viel über seinen Körper erfahren, was er bis dahin nicht gewußt hatte. Da ich mir in den Tagen vor dem Rennen eine Magenverstimmung geholt hatte, also nicht normal essen und auch nicht planmäßig trainieren konnte, wollte ich meine Kräfte schonen. Ich aß und trank zwar regelmäßig, aber immer nur in kleinen Mengen. Damit wollte ich mich vor Krämpfen schützen, denn Krämpfe beenden alle Rennfahrerhoffnungen. Dem, was ich in den Vorlesungen gelernt hatte, präzise folgend, trachtete ich in der ersten Phase des Rennens danach, die Belastung gleichmäßig zu steigern, um den Körper am Schluß des Rennens auch wirklich bis an seine Grenzen belasten zu können. Aber diese Phase war noch nicht erreicht, denn die Gruppe wurde wieder eingeholt. Dann gaben die Italiener erneut das Signal zum Angriff. Die letzte Runde begann, und Martini, Venturelli und Trapé rasten los. Drei italienische Trikots in Front. War die Entscheidung schon gefallen?

Bis die Hymne ertönte

Als sich einige Verfolger auf den Weg machten, das Trio wieder einzuholen, gesellte ich mich mit wuchtigem Antritt dazu. Wir waren zu sechst. Die Italiener merkten bald, daß wir näher kamen, hoben die Beine und ließen uns aufschließen. Wenige Augenblicke später hielt ich die Situation für günstig und startete einen Ausreißversuch. Die Italiener hingen sofort wie Kletten an meinem Hinterrad. Also würde erst der Spurt die Entscheidung bringen. Und das warf die Frage auf: Wer würde zuerst antreten?

Als wir in die etwa 800 m lange Zielstrecke einbogen, blies der Wind von rechts. Noch heute erinnere ich mich genau meines Gedankens in diesem Augenblick: Du brauchst eine günstige Position. Aber ehe ich die gefunden hatte, zog ein Italiener den Spurt an. Er zog die gegen den Wind rasende Staffel auf die linke Straßenseite und damit seine eigenen Landsleute hinten fast in den Graben. Ich hatte mein Vorderrad im letzten Augenblick »freigesteuert« und fuhr mit meinen 96 Zoll mit allen Kräften rechts an den vor mir sprintenden, sich dabei auch gegenseitig behindernden Fahrern vorbei. Konzentration und Anstrengungen sind in solchen Augenblicken so groß, daß die letzten Meter selten im Gedächtnis gespeichert werden. Ich weiß nur noch, daß ich das Rad nach vorn riß. Ziemlich sicher war ich mir allerdings nur, daß ich mich gegen zwei Fahrer durchgesetzt hatte, und verzichtete wohlweislich auf jeden Freudenausbruch. Ich hatte in vielen Jahren genug erlebt.

Die Belgier rissen jubelnd die Arme hoch, Betreuer hoben sie auf die Schultern und trugen sie triumphierend zur belgischen Box. Das irritierte mich nicht, denn seitdem Radrennen gefahren werden, versucht man mit solchen Gesten für Stimmung zu sorgen. Andererseits will ich nicht behaupten, daß es mich völlig kalt ließ.

Irgend jemand gratulierte mir, aber ich winkte ab. Und dann sah ich zwischen der Menschentraube am Ziel plötzlich meinen Mannschaftskameraden Egon Adler, der sich wie ein Irrer durch die Menge boxte, bis er bei mir war und mich anschrie: »Täve, Täve, du bist Weltmeister!«

Ich blieb immer noch ganz ruhig. Als ein Funktionär kam und mich zur Siegerehrung holte, keimte erste Freude: Wenigstens unter den ersten drei!

Wir trafen uns am Siegerpodest. In den Lautsprechern war ein Knacken zu hören, und dann brüllte Musik los: Die Hymne der Deutschen Demokratischen Republik. Ich wurde auf das oberste Podest geschoben, man zog mir das Trikot über. Ich sah Werner Schiffner heulen wie ein Kind. Vor

Post nach der Welt-meister-schaft

mir auf einer Brüstung stand plötzlich eine riesige Flasche Sekt, und jemand kroch zwischen meinen Beinen herum. Er wollte das Etikett der Flasche zur Fernsehkamera drehen.

Der einzige, den ich nirgendwo sah, war Erich Winkler. Der manchmal kauzige Mechaniker räumte schon sein Material in die Kisten und sagte hinterher zu mir: »Täve, ich stand genau an der Linie und sah, daß du gewonnen hast. Dann machte ich mich wieder an meine Arbeit.«

Der Trubel, der nun losbrach, war unbeschreiblich. Journalisten stellten mir Fragen, die so einfältig waren, daß ich sie am liebsten gar nicht beantwortet hätte: »Aus welcher Stadt kommen Sie?«, »Wie alt sind Sie?«, »Wann werden Sie Berufsfahrer?«, »Haben Sie Geschwister?«, »Sind Sie verheiratet?«, »Sitzt Ihre Frau am Radio?«

Endlich brachten sie mich in einem Auto in Sicherheit. Im Hotel kannte ich die Hintertreppe. Über die kam ich in mein Zimmer. Erstmal duschen, dann hinlegen und die Gedanken sortieren.

Weltmeister!

Ich war Weltmeister! Als erstes wurde mir klar, daß das nicht nur Anlaß zum Feiern, sondern auch eine enorme Verpflichtung war. Bei jedem künftigen Rennen mußte ich faktisch den Titel verteidigen.

Vieles ging mir durch den Kopf. Die Zweikämpfe mit dem Bus kamen mir wieder in den Sinn, die Kumpels, die mich mit einer Stange in meiner Krankabine aus dem Schlaf getrommelt hatten und natürlich Hermann Erdwig.

Mein erster Entschluß lautete: Ihm schenke ich das Weltmeistertrikot!

Während ich noch auf meinem Bett lag und die Ruhe genoß, füllte sich die Hotelhalle. Die Besitzerin des bescheidenen Hauses erkannte sogleich ihre Chance und begann, sich den Trubel zu Nutze zu machen. Sie zog ihr bestes Kleid an und spazierte dann durch die Halle.

»Der Weltmeister? Ja, der wohnt hier, ist aber im Augenblick nicht zu sprechen! Nehmen Sie doch an der Bar Platz, er wird jeden Augenblick erscheinen.« Bald war an der Bar kein Platz mehr, und sie empfahl das Frühstückszimmer.

Inzwischen war Fritz Naundorf zu mir gekommen und massierte mich. Dann tauchten die anderen aus der Mannschaft auf.

»Wie fühlt man sich als ein Weltmeister?«

»Ich hab's noch nicht begriffen!«

Einer mahnte: »Du mußt runtergehen, sie stehen Schlange! Die Werbeverträge winken.«

»Kein Bedarf!«

Schließlich machte ich mich doch auf den Weg. Tatsächlich drängelten sie sich in der Halle und hatten Werbeverträge in den Händen. Schon ausgefüllt, nur noch zu unterschreiben.

Ich winkte ab. Die Hotelchefin wurde blaß. Die Herren von den Firmen starrten mich fassungslos an. Niemand schlägt einen Werbevertrag aus. Nur die Konkurrenz konnte dahinterstecken. Hatte die etwa schon vor dem Rennen die Konditionen ausgehandelt?

Man schlug die Scheckhefte wieder auf. Vielleicht nur ein Mißverständnis.

Ich winkte ab. Mancher, der das heute liest, wird den Kopf schütteln und sich fragen: Wie kann man so einfältig sein und auf Geld verzichten?

Hier wäre zunächst vonnöten, einige Worte zu jener Zeit und zum Sport in jener Zeit zu verlieren. Avery Brundage, der Mann, der mir in Melbourne die Bronzemedaille überreicht hatte, wird heute von vielen als hoffnungsloser Fantast verlacht, weil er sich so konsequent für den Amateursport engagiert hatte. 1972 – also vor knapp dreißig Jahren – schrieb er in seinen Memoiren: »Man hört immer wieder, die Amateurregeln seien nicht mehr zeitgemäß, sie müßten unseren derzeitigen gesellschaftlichen Bedingungen angepaßt werden. Welchen gesellschaftlichen Bedingungen, frage ich. Sie sind in den USA anders als in der UdSSR, in Indien anders in als Brasilien usw. Diejenigen, die solches fordern, suchen immer nach dem leichtesten Weg. Wenn man das aber auf allen Gebieten des Lebens gestatten wollte, hätten wir bald das Chaos auf Erden.

Die Amateurgesetze werden immer wieder verletzt, und deshalb sollen sie geändert oder am besten ganz abgeschafft werden. Was ist das für eine Logik? Die zehn Gebote werden auch immer wieder verletzt, obwohl sie schon seit zweitausend Jahren Gültigkeit haben und mit der Autorität von Kirche und Staat anerzogen werden. Niemand denkt daran, sie abzuschaffen. Es gibt strenge Gesetze gegen Trunkenheit am Steuer. Soll man sie abschaffen, weil sie täglich gebrochen werden? Soll man sie vielleicht modifizieren, weil der eine sein Auto mit 1,5 Promille Alkohol besser in der Gewalt hat als ein anderer mit 0,5 Promille oder ein Dritter ohne Alkohol? Soll man für jeden Menschen ein eigenes Gesetz machen?

Die olympischen Amateurregeln werden kritisiert, aber noch niemand hat bessere vorschlagen können.«

Diesen Standpunkt des amerikanischen Millionärs teilte ich. Allerdings unter den Voraussetzungen, die in der DDR und damals bekanntlich in einem großen Teil der Welt galten und die jedem die Möglichkeit boten, eine sportliche Laufbahn und eine solide Berufsausbildung unter einen Hut zu bringen.

Die Zeiten haben sich geändert, aber geändert hat sich auch die Rolle des Sports. Er wurde endgültig zur Ware. Der Spitzenathlet liefert seine Leistung auf dem Markt ab, und sie wird ihm dort bezahlt. Zuweilen wohl sogar überbezahlt. Wir würden aber einen kapitalen Denkfehler begehen, wenn wir die Verhältnisse im heutigen Deutschland als Maßstab für den Weltsport gelten lassen würden. Und noch immer ist Brundages Frage nach den Unterschieden der Voraussetzungen für den Sport zum Beispiel in den

USA oder in Brasilien aktuell. Und auch die Frage, in wieviel Ländern dieser Erde einem sportlichen Talent die Voraussetzungen geboten werden, die nötig sind, um an Olympischen Spielen teilnehmen zu können? Hierzulande werden Fernsehgelder und die Zahlungen von Sponsoren wenigstens zu einem Teil genutzt, um jungen Athleten den Weg zu ebnen, aber es existiert kein System, das diese Förderung sichert oder gar garantiert. Und noch einmal die Frage: Wie steht es damit in Ägypten oder Brasilien? Ich will das Problem nicht überspitzen, aber müßten wir nicht auch nach den hungernden Kindern fragen, die von einer Schüssel Reis träumen und nie im Leben einen Sportplatz sehen werden?

Zwar konnten die inzwischen in Vergessenheit geratenen Amateurregeln auch nichts an den Verhältnissen ändern, aber sie sicherten – auch wenn sie ständig verletzt wurden – ein Minimum an Chancengleichheit.

Daß der Marsch der Olympischen Spiele in die Kommerz-Arena ihren humanen oder moralischen Wert erhöht hat, wird niemand behaupten wollen. Zwar erfährt man nur am Rande, welchen Einfluß inzwischen die Fernsehmultis gewonnen haben, aber das klingt nicht gerade verheißungsvoll in den Ohren derer, denen der Sport am Herzen liegt.

Ich wechselte damals also nicht zu den Profis und steckte auch keinen Scheck für einen Werbevertrag ein. Und – man mag mich belächeln – ich bereue es bis heute nicht!

Die Hotelbesitzerin hatte eine wichtige Frage an mich: Wo würde ich den Abend verbringen? Die Frage war so wichtig, weil ein Restaurantbesitzer in Reims im voraus einen Ball arrangiert hatte. Er war inzwischen aufgetaucht und teilte mir mit, daß ich unbedingt dort erscheinen müsse. »Wir haben die Anwesenheit des Weltmeisters auf Plakaten angekündigt.« Und etwas leiser: »Und wir zahlen natürlich auch dafür ...«

Ich teilte ihm mit, daß daraus wohl nichts würde: »Wir feiern hier, im kleinen Kreis, die Mannschaft, die Trainer und die Journalisten aus der DDR.« Der Arrangeur des Weltmeisterschaftsballes war verzweifelt, aber immerhin Franzose genug, um höflich zu bleiben und sich aufzuraffen, uns Vergnügen und mir alles Gute zu wünschen.

Die DDR hatte damals noch keine Botschaft in Frankreich, aber in Paris eine »Vertretung der Kammer für Außenhandel«. Die dort Tätigen waren nach Reims gekommen, hatten meinen Triumph erlebt und wollten nun in unserem Hotel einen bescheidenen »Empfang« für den ersten DDR-Straßenweltmeister geben. Die Hotelchefin ließ sogleich das Frühstückszimmer herrichten und aus allen Stockwerken Stühle heranschleppen. Um acht Uhr war die Tafel gedeckt. An den zu einem Hufeisen zusammengeschobenen Tischen saß ich in der Mitte. Als Weltmeister!

Champagnerflaschen wurden geöffnet, und ich sprach ein paar Worte. Nach meiner Erinnerung etwa so: »Ich werde wohl noch zwei, drei Tage brauchen, ehe ich begriffen habe, was eigentlich geschehen ist. Aber trinken wir heute schon auf das Wohl aller, die mir die Daumen gedrückt haben.« Und ich habe sicher auch noch gesagt: »Trinken wir auch auf das Wohl der Arbeiter und Bauern der DDR, denen auch ich im Grunde genommen meine Erfolge zu verdanken habe.« Das habe ich nämlich meist gesagt und schäme mich dessen bis heute nicht.

Es klopfte an der Tür, und ein schwitzender Postbote schleppte Stapel von Telegrammen herein. Ich erinnere mich noch sehr genau: Es waren zusammengefaltete blaue Vordrucke. Die ganze Runde machte sich daran, sie zu öffnen und vorzulesen. Eines las ich selbst vor: »Herzlichen Glückwunsch zu Ihrem hervorragenden Sieg, zum Gewinn des Weltmeistertitels. Die Werktätigen Ihrer sozialistischen Heimat sind stolz auf Ihre kämpferische Leistung. Wilhelm

Pieck, Präsident der Deutschen Demokratischen Republik.« Ich habe es heute noch.

Später standen französische Arbeiter in der Tür. »Wir sind begeistert, daß einer aus der DDR gewonnen hat«, übersetzte der Dolmetscher, »und wollten ihm die Hand schütteln.« Wir stießen an, und sie umarmten mich.

Eine Sektkellerei hatte die Sechs-Liter-Flasche gestiftet, die man mir bei der Siegerehrung überreicht hatte. Die wollte ich für die Runde öffnen, aber Werner Schiffner war dagegen: »Laß uns damit warten bis zu dem Tag, an dem du heiratest – und wenn wir dann noch leben, werden wir dir helfen, sie auszutrinken.«

Ich schlug vor, daß wir wenigstens alle unsere Namen

Ankunft nach der Weltmeisterschaft 1958

auf diese Flasche schreiben sollten. In diesem Augenblick kamen neue Gratulanten. Ich traute meinen Augen nicht, als ich in ihrer Mitte auch den Vorsitzenden des Westberliner Radsportverbandes sah. Was hatte der uns das Leben schwer gemacht, als der DDR-Radsportverband um seine

Auszeichnungsfeier für Sportler; Walter Ulbricht neben Täve Schur

internationale Anerkennung kämpfte. Er war auch nicht nur gekommen, um zu gratulieren. In Westberlin sollte eine der vielen Weltmeisterschafts-Revanchen stattfinden, und er wollte mich dort am Start sehen. Ich mußte ihn enttäuschen, weil mich die Italiener für diesen Tag schon Wochen vorher zu einem Rennen eingeladen hatten. »Die rechneten wohl damit, daß ich Weltmeister werde«, schmunzelte ich und schlug ihm dann vor, sich wenigstens auf der Siegerflasche mit seinem Namenszug zu verewigen. Er griff zum Stift, und als jemand in der Runde witzelte: »Seien Sie vorsichtig, da steht ein Anti-Atomwaffenappell drauf«, kramte er sofort seine Brille hervor und studierte jedes Wort des Etiketts. Zu seiner Ehre sei gesagt: Danach unterschrieb er.

Schon vor der Reise zur Weltmeisterschaft hatte mir die FDJ vorgeschlagen, bei den Volkskammerwahlen am 16. November 1958 für ihre Fraktion zu kandidieren. Ich ließ mir die Sache durch den Kopf gehen und sagte zu. Die Nachricht machte die Runde und erboste aus mir unbegreiflichen Gründen Willi Daume. Der Unternehmer aus dem Ruhrgebiet und Präsident des westdeutschen Sportbundes war zwar nie ein Freund der DDR, legte aber immer Wert auf gesitteten Umgang. In diesem Fall jedoch warf er all seine guten Vorsätze über den Haufen und kommentierte meine Entscheidung mit den Worten: »Das ist der Gipfel des Irrsinns.« In Hamburg, wo er das in einer Rede gesagt hatte, sollen einige geklatscht haben, aber viele waren von diesem Stil betroffen.

Europäische Zeitungen zitierten ihn, und eines Tages erfuhr ich, daß man Giovanni Proietti in Italien nach seiner Meinung befragt hatte. Er konnte keinen »Irrsinn« in der Kandidatur erkennen: »Der Sport hat im modernen Staat eine bedeutende soziale Funktion, und deshalb ist es zu begrüßen, daß aktive Sportler die eigenen Interessen im Parlament vertreten. In unserem Parlament gibt es einen Sportausschuß, aber in dem sitzen nur Theoretiker des Sports, Leute, die selbst nie Sport getrieben haben und demzufolge die Probleme nur vom Hörensagen kennen. Ich kenne Schur nicht nur als erstklassigen Rennfahrer, sondern auch als eine Persönlichkeit, die von einem bemerkenswerten Charakter geprägt ist. Daß ihn jemand als Kandidaten für das Parlament vorgeschlagen hat, bestätigt nur meine Meinung. Was zu jenen negativen Kommentaren führte, ist mir unbegreiflich.«

Es gab natürlich auch unter den Rennfahrern manche Frage an mich. Der Däne Niels Baunsoe fragte mich eines Morgens beim Frühstück vor einem Rennen in Kopenhagen: »Bist du jetzt reich, Täve?«

Verblüfft fragte ich ihn: »Wie kommst du darauf?«

Er schmunzelte: »Bei uns sind alle reich, die im Rijkstag sitzen.«

Ich widersprach ihm: »Bei uns ist das eben anders.«

Niels grinste breit: »Ist euer Rijkstag so arm?«

Wir wechselten das Thema.

Bekenntnisse eines Volkskammer-Abgeordneten

Ich habe keinen Grund, mich etwa zu entschuldigen, weil ich Mitglied der Volkskammer der DDR war. Präzise von 1958 bis 1990, also 32 Jahre. Man hat mich nach der Kehrtwende oft genug danach gefragt, ob wir in der Volkskammer nicht auch falsche Entscheidungen getroffen haben. Darauf antworte ich: Jedenfalls hat die Volkskammer nie beschlossen, daß sich die DDR an einem Krieg beteiligt! Das ist für mich das wichtigste Kriterium für die Tätigkeit eines deutschen Parlaments, und ich bin auch stolz darauf, daß ich nun, da ich nach acht Jahren wieder Mitglied eines deutschen Parlaments wurde, dort gegen eine deutsche Kriegsbeteiligung gestimmt habe. Aber damit gehörte ich zu einer Minderheit. Die Mehrheit der Abgeordneten war für den Krieg und für den Überfall auf ein Land, das schon Hitler überfallen hatte. Das Urteil über diese Entscheidung wird die Geschichte fällen.

Was die Volkskammer angeht, so hat man mir auch vorgeworfen, daß ich an dem Beschluß über den Bau der Mauer beteiligt war. Wie man später erfahren konnte, war die Entscheidung, diese Grenze zu befestigen, nicht in der DDR gefallen, auch wenn man es heute so darstellt. Unbestreitbar ist, daß Chrustschow und Kennedy in Wien 1961 übereingekommen waren, für das Pulverfaß Berlin eine friedvolle Lösung zu finden. Kennedy hatte seine Bedingungen klar formuliert: Keine Beschränkung der Zufahrtswege für die West-Alliierten und keine Beschränkung der Bewegung innerhalb Berlins für die West-Alliierten. Alle, die es anging, wußten über diese Vereinbarung Bescheid. Und die Dimension der Befestigung dieser Grenze war in sowjetischen Befehlen präzisiert worden.

Und deshalb: Sprüche wie »Die Mauer war der Anfang vom Ende der DDR« ignorieren schlicht die historischen Fakten.

Und wenn es um die übrigen Beschlüsse der Volkskammer geht, müßte man sich schon die Mühe machen, sie gewissenhaft zu studieren, um sich dann ein Urteil zu bilden. Es waren jedenfalls viele Gesetzesvorlagen darunter, die – hätte sie je der Bundestag gefaßt – heute zahllose soziale Probleme dieses Landes lösbar machen würden.

Noch ein Wort zum Arbeitsstil der Volkskammer. Gewiß, im Bundestag werden die Gesetzesvorlagen ausgiebig diskutiert, prallen unterschiedliche Meinungen aufeinander, aber ist das allein der Maßstab für Demokratie? Ich war fassungslos, als ich das erste Mal erlebte, wieviel Abgeordnete zu den Debatten gar nicht erst erschienen. An einem Abend habe ich mit mir 17 Abgeordnete im Bundestag gezählt, also rund vier Prozent der Gewählten. Und im Grundgesetz, wo ich eine Klausel suchte, ob man als Abgeordneter nicht anwesend sein müßte, las ich: »Zu einem Beschlusse des Bundestages ist die Mehrheit der abgegebenen Stimmen erforderlich.« An jenem Abend wären das also neun gewesen. Ein ungeschriebenes Gesetz sorgt allerdings dafür, daß es solche fatalen Mini-Minderheits-Beschlüsse nicht gibt.

Auch in der Volkskammer gab es Ausschüsse, in denen intensiv gearbeitet wurde. Für diejenigen, die sich daran nicht erinnern können, will ich ein kleines Beispiel aus eigenem Erleben zum besten geben. Es stammt aus dem Jahr 1970.

Der Jugendausschuß, in den ich gewählt worden war, hatte beschlossen, den Freizeit- und Erholungssport in Halle-Neustadt zu untersuchen. Wir fuhren also nach Halle-Neustadt, sahen uns dort die Bedingungen für den Breitensport an und unterbreiteten hinterher eine Reihe von Vorschlägen. Einer empfahl, ein Komitee für Körperkultur und Sport zu bilden, in dem staatliche Beauftragte, Beauftragte der Betriebe, Beauftragte des Rates der Stadt, des Gesundheitswesens und der Volksbildung ein gemeinsames Perspektivprogramm bis 1975 entwickeln sollten. Ein anderer galt dem Generalbebauungsplan. Halle-Neustadt hatte damals rund 32 000 Einwohner, und die Zahl sollte sich bis 1975 etwa verdreifachen. Wir untersuchten, ob der Plan auch genügend Sportstätten auswies. Wir stießen auf ein interessantes Experiment. In einem modernen Wohnblock hatte man einen Konditionierungsraum – heute würde man sagen Fitnesszentrum – eingerichtet. Wir konstatierten, daß die Räume dafür nicht groß genug waren und kritisierten auch, daß die unmittelbar an den Wohnhäusern liegenden Kleinsportanlagen den Anforderungen nicht genügten. Es wurde den Städteplanern dringend empfohlen, großzügiger zu planen, bei der Entfernung der Sportplätze von den Wohnhäusern aber auch zu berücksichtigen, daß dort viele Schichtarbeiter wohnen würden, deren Ruhe nicht gestört werden durfte.

Man kann mir und allen anderen Abgeordneten der Volkskammer vorwerfen, wir wären zu unseren Sitzungen gefahren, hätten dort die Hand gehoben und die uns vorgelegten Papiere gutgeheißen. So etwas gab es, aber ich wende mich dagegen, daß behauptet wird, wir hätten dort gegen unser Gewissen gehandelt und nicht voller Überzeugung den jeweiligen Beschlüssen und Gesetzen zugestimmt.

Ich weiß, daß heutzutage schon solche Meinungsäußerung als unbelehrbare Nostalgie beschimpft wird, aber das Nostalgie-Gerede ändert nun mal nichts an den Tatsachen. Und die müssen respektiert werden. Neulich erlebte ich, daß ein renommierter Experte aus dem früheren DTSB für einen Verlag, der Wert darauf legt, als links zu gelten, die Strukturen des DTSB exakt beschrieben hatte. Der Beitrag sollte in eine Art DDR-Enzyklopädie aufgenommen werden. Dem Verlag war das Manuskript zu sachlich. Er ließ es überarbeiten, und als es der Autor wieder in die Hand bekam, erkannte er es nicht mehr wieder. Er zog es zurück.

Wird solch Umgang mit Autoren nicht ständig der DDR vorgeworfen?

Das Thema interessierte mich, weil ich selbst Jahre im Apparat des DTSB gearbeitet hatte und es manches gab, was ich oft genug kritisierte. Das begann damit, daß mir die Funktionäre zu viel rauchten und auch tranken und endete bei unsinnigen Manipulationen mit Mitgliederzahlen, wenn es im Wettbewerb darum ging, die Bezirke miteinander zu vergleichen. Ich weiß, daß ich bei einigen Funktionären nicht sonderlich beliebt war, aber heute den DTSB als eine Organisation zu charakterisieren, die sich vornehmlich mit der Verteilung von Dopingpillen befaßte, ist – jetzt zitiere ich Daume, weil es mir hier angebracht erscheint – »der Gipfel des Irrsinns«.

Ich bin kein »Historiker« und hatte mich entschlossen, über mein Leben zu schreiben – und zwar nicht nur über meine Rennfahrerlaufbahn. Und deshalb widerspreche ich allen, die zum Beispiel den DTSB zu einer kriminellen Organisation stempeln wollen. Ich tue es nicht meinetwegen, sondern der Zehntausende wegen, die dazu beigetragen haben, den Ruf des DDR-Sports zu begründen. Übungsleiter in den Sportgemeinschaften, Sportlehrer in den Schulen, Kampfrichter, BSG-Vorsitzende – ich brauchte eine Buchseite, um alle aufzuführen und keinen zu vergessen!

Erinnerungen an einen »Stummfilm«

Als ich an diesem Buch schrieb, fiel mir durch Zufall eine »Sächsische Zeitung« in die Hand, in der der Jugendamtsleiter Dietmar Schneider zu den Umtrieben der Neonazis in Königstein befragt wurde. Ich zitiere: »Sein Rezept für die 13jährigen: Kultur, Sport und Abenteuer ohne Ende. Schneider: Wenn Glatzen am Schultor auftauchen und die Kinder antworten ›Keine Zeit‹, dann haben wir gewonnen.«

Mit diesem Zitat komme ich zu einem anderen brennenden Problem. Das Gerede über die angeblichen Wurzeln des Rechtsradikalismus in der DDR läßt sich nicht ernsthaft führen. Jener altbundesdeutsche Wissenschaftler, der sie in den verordneten Pinkelpausen der Kindergärten gefunden haben wollte, hat sich inzwischen eines besseren besonnen und hat seine »Entdeckung« zurückgezogen. Aber wenn vom realen Leben in der DDR die Rede ist, darf man zum Beispiel die Spartakiaden nicht vergessen, denn sie waren einer der vielen Inhalte, der die Kinder und Jugendlichen bewegte, beschäftigte, ihnen Spaß machte. Wenn die Fackel mit dem Feuer ins Stadion getragen wurde, wehte ein Hauch Olympia selbst über Dorfsportplätze. Wer am Abend stolz mit einer Medaille nach Hause kam oder die Tränen der Enttäuschung über einen vierten Platz noch in den Augenwinkeln hatte, nahm sich vor, vom nächsten Morgen an noch intensiver zu trainieren.

Ich weiß nicht, wie viel Kreis-Spartakiaden ich erlebt habe, wie oft ich mit der Magdeburger Spartakiademannschaft zu den Zentralen Spartakiaden nach Berlin oder Leipzig gefahren bin, wieviel Siegern ich gratuliert und wieviel Verlierer ich getröstet habe, aber ich könnte beeiden, wie sehr wir die Jugend für Spiel und Sport begeisterten und sie anderen Reizen entzogen. Ich kenne das Geschwätz von den Spartakiaden, die angeblich nur ausgetragen wurden, um Talente zu finden, die dann dressiert, trainiert und mit Pillen gefüttert Medaillen für das Politbüro der SED holen sollten. Die es verbreiten haben in der Regel nie eine Kreisspartakiade erlebt, bei der zum Beispiel das Billardturnier verblüffend viel Teilnehmer aufzuweisen hatte. Irgendein Billardfanatiker hatte die Sportart in dem Kreis dort so populär gemacht, daß die Sportart aufs Spartakiadeprogramm gesetzt wurde. Bis heute ist Billard keine olympische Sportart, und Hoffnungen auf internationales Ansehen für das Politbüro konnte sie auch nicht nähren. Überhaupt, die Partei. Ja, die Spartakiade basierte auf einem Beschluß der Partei, und wir waren alle froh darüber. Warum? Weil in dem Beschluß festgeschrieben war, daß der zweite Kreissekretär in der Regel als Vorsitzender des örtlichen Spartakiadekomitees fungierte. Was dieses Komitee festlegte, wurde meist auch realisiert. Die Volkspolizei sperrte die Strecke ab, auf der die Radrennen ausgetragen wurden, die HO kümmerte sich um warmes Mittagessen, und der örtliche Verkehrsbetrieb übernahm den An- und Abtransport der Teilnehmer. Und in allen Kreisen des Landes rannten und sprangen Hunderttausende Kinder und Jugendliche um Spartakiademedaillen.

Der legendäre Dokumentar-Filmer Andrew Thorndike bekam Anfang der siebziger Jahre den Auftrag, einen Film zu drehen, der 1972 im Olympischen Dorf in München vorgeführt werden sollte. Jedes Land hatte eine solche Einladung erhalten. Die Aufgabe reizte ihn, und als erstes stellte er die Frage, in welcher Sprache er denn den Film gestalten sollte? Alle, bei denen er sich erkundigte, welche Sprache wohl die im Olympischen Dorf verbreitetste wäre, hoben die Schultern. Die Antwort lautete: »Man spricht im Dorf hundert Sprachen.« Das ließ ihn auf den Gedanken kommen, einen musikreichen »Stummfilm« zu drehen, in dem Schrifttafeln mit wenigen Worten die nötigen Erklärungen lieferten. Und diese Tafeln trugen Worte in mindestens zwölf Sprachen. Am längsten dauerte die Suche nach dem Motiv des Films. Er wurde Zeuge einer Kreisspartakiade, und die Atmosphäre begeisterte ihn derart, daß er sich entschloß, sie als Thema zu wählen. Was ihm noch fehlte, war das »Bühnenbild«. Das fand er im malerischen Wernigerode. Dort drehte er seinen Film, zeigte den morgendlichen Marsch der Sportler durch die winkligen Straßen zum Sportplatz, die Eröffnungszeremonie und dann die Wettkämpfe. Der Film trug den Titel »Start« und wurde zum Renner in München, auch weil sich die Spitzenathleten in den Gesten und Emotionen der Kinder wiedererkannten, sich ihrer eigenen Jugend erinnerten und vor der Kulisse alter Fachwerkhäuser eine stimmungsvolle Mini-Olympiade erlebten.

Soviel zu den Spartakiaden, die in meinem Leben eine große Rolle gespielt haben.

Ich breche mein Wort

Meine Ankündigung, auf die Teilnahme an der Friedensfahrt ausnahmsweise zu verzichten, hatte eine Lawine von Briefen ausgelöst. »Mensch, Täve, Friedensfahrt ohne dich, das geht nicht!« Menschen sprachen mich auf der Straße an. Das rührte mich, aber ich hatte schließlich triftige Gründe. Ich brauchte eine Pause und wollte auch im Studium einiges nachholen.

Eines Tages rief man mich in das Zimmer des DHfK-Rektors. Dort traf ich Paul Verner. Der ehemalige Spanienkämpfer und damals für den Sport zuständige SED-Funktionär riet mir, die Entscheidung noch einmal gründlich zu überdenken. Auch bei der Partei seien so viele Briefe eingegangen, daß es schwerfalle, den Schritt allen zu erklären. Ich schlief noch mal darüber, und ein paar Tage später flog ich mit Lothar Meister II ins Trainingslager nach Rumänien.

Es wurde meine achte Friedensfahrt, und die wurde zum ersten Mal in Berlin gestartet. Zum ersten Mal stand auch ein Einzelzeitfahren auf dem Programm. Es führte über 40 km von Leipzig nach Halle. Wer sich an die Straße erinnert, weiß, daß es kein ideales Pflaster war und obendrein der Wind viele freie Strecken hatte, auf denen er den Rennfahrern das Leben schwermachen konnte.

Wegen der damals noch geltenden Regeln der UCI mußte das Einzelzeitfahren als »Halbetappe« ausgetragen werden, so daß wir am Nachmittag noch eine Etappe nach Karl-Marx-Stadt zu absolvieren hatten. Der Hintergrund dieser Regel: Die Veranstalter der großen Profi-Etappenfahrten sahen in der Friedensfahrt längst eine Konkurrenz und bewogen die UCI, für Amateurfahrten maximal zwölf Etappen zu genehmigen. Die Friedensfahrt-Veranstalter umgingen die Beschränkung, indem wir an einem Tag zwei Etappen austrugen, sie als »Halbetappen« deklarierten und im Grunde die Fahrt dadurch noch schwerer machten. Alle akzeptierten diese »Lösung« und taten so, als wäre sie höchst legitim.

Zunächst mußte also das Einzelzeitfahren bewältigt werden. Ich lag in der Gesamtwertung auf dem zehnten Rang, demzufolge starteten neun Fahrer hinter mir. Mein größter Rivale – längst auch schon mein Freund – Venturelli fuhr vor mir, also konnte man mir seine Zwischenzeiten zurufen. Mir wurde bald klar, daß er an diesem Tag kaum zu schlagen sein würde. Eine gute Minute hinter ihm wurde der Niederländer Geldermans Zweiter, und zwei Sekunden hinter dem kam ich auf den dritten Rang. Nachmittags rollten wir also noch nach Karl-Marx-Stadt, und am nächsten Morgen zog Venturelli das Gelbe Trikot des Spitzenreiters an. Er verlor es drei Tage später auf dem 225 Kilometer langen »Kanten« von Prag nach Brno, auf dem das Feld völlig auseindergeflogen war. Es ergab sich, daß wir die Wahl hatten, unsere Blauen Trikots gegen das Gelbe für mich einzutauschen. So kam es denn auch, die Sowjets setzten sich an die Spitze der Mannschaftswertung, und ich verdrängte den Italiener in der Einzelwertung.

Aber es stand noch ein hartes Einzelzeitfahren auf dem Programm. Wieder waren 40 km zu absolvieren, und wieder gewann Venturelli. Diesmal betrug mein Rückstand allerdings nur 27 Sekunden, und Geldermans wurde Dritter.

Die letzte Etappe – es war übrigens meine 99. – führte wieder einmal von Lodz nach Warschau, und sehr bald schwante mir, daß diesmal ich der große Verlierer sein könnte. Mit einem Gewaltritt versuchte der Sieger von 1957, Nentscho Christow, das Blatt in der Einzelwertung noch zu wenden. Den sowjetischen Fahrern an seiner Seite ging es um die Blauen Trikots. Aber dann machten sich Venturelli und ich auf die Verfolgung, und der Dritte im Bunde war ein interessanter Senior: Vincent Vitetta. Oft hatten bei der Friedensfahrt erfolgreiche Amateure später Triumphe bei der »Tour de France« gefeiert. Vitetta hingegen hatte fünfmal die »Tour« bestritten – sein bestes Resultat war dort ein fünfter Rang in der Gesamteinzelwertung –, und nun, da das Ende seiner Karriere abzusehen war, erfüllte er sich den Wunsch, einmal die Friedensfahrt zu bestreiten. Um das zu ermöglichen, löste er in Monaco eine Lizenz als »Unabhängiger«. Das war eine Kategorie, die zwischen Profis und Amateuren rangierte. Unabhängige durften sowohl bei Profi- als auch bei Amateurrennen starten. Niemand hatte von dem 33jährigen erwartet, daß er den Himmel stürmen würde, zumal er von den Profirennen gewohnt war, daß es erst auf dem letzten Drittel jeder Etappe richtig zur Sache ging. In den Bergen demonstrierte er sein Können und kämpfte sich vom 50. auf den 34. Platz. Als er sich verabschiedete, versicherte er uns, daß er mit diesem Resultat zufrieden sei und die Fahrt eines der größten Erlebnisse seiner Laufbahn bleiben werde.

Gemeinsam mit Venturelli und mir kämpfte er sich also am letzten Tag in die Spitzengruppe. In Warschau feierte ich meinen zweiten Friedensfahrtsieg, und Spötter gratulierten mir mit den Worten: »Wie gut, daß wir dich zu deinem Glück gezwungen haben ...« An diesem Tag war ich übrigens der erste Rennfahrer, der dieses Rennen zweimal hatte gewinnen können.

Zeitfahren

*Start zum Zeit-
fahren in Erfurt*

*Täve – Sieger
bei der Straßen-
fernfahrt Ber-
lin-Leipzig*

Täve bei der 4. Etappe der XII. Friedensfahrt (Leipzig-Halle-Karl-Marx-Stadt)

Mannschaft (Günter Gleinig, Horst Gaede, Täve Schur, Bernhard Trefflich, Paul Dinter, Rudi Kirchhof, Hans Tennler, Thiele)

Friedensfahrtmannschaft 1952 (Hans Tennler, Täve Schur, Dr. Schlamm, Heinz Gleinig, Bernhard Trefflich, Paul Dinter, Rudi Kirchhof, Horst Gaede, Heinz Richter, Werner Scharch, Trainer Werner Schiffner, Kurt Ketzrich)

Friedensfahrtmannschaft 1953 (Georg Stolze, Erich Zawadski, Täve Schur, Paul Dinter, Trainer Werner Schiffner, Bernhard Trefflich, Erich Schulz, Lothar Meister I, Ersatzmann Dieter Köhler)

Friedensfahrtmannschaft 1954 (Benno Funda, Bernhard Trefflich, Georg Stolze, Erich Schulz, Täve Schur, Lothar Meister I)

Friedensfahrtmannschaft 1955

Friedensfahrtmannschaft 1957

Friedensfahrtmannschaft 1958 (Rolf Töpfer, Günter Grünwald, Trainer Herbert Weisbrodt, Täve Schur, Erich Hagen, Egon Adler, Werner Schiffner, Roland Henning, Trainer Otto Busse)

Friedensfahrt 1963 (Manfred Weisleder, Manfred Brüning, Günter Lux, Klaus Ampler, Täve Schur, Lothar Appler)

Täve mit Souvenir

Zum ersten Mal ein Titelverteidiger

Am 15. August wurde die 32. Straßen-Weltmeisterschaft im niederländischen Nordseebad Zandvoort ausgetragen. Wie in Reims nutzte man die Tribünen und Boxen eines Autorennkurses. Die Strecke wies kaum Steigungen auf, also war von Beginn an mit hohem Tempo zu rechnen. Höchstens der Wind von See her würde uns bremsen. Im Programmheft verwies man auf die Novität, daß ein Amateur-Weltmeister seinen Titel verteidigte. Bislang waren alle Amateurweltmeister Profis geworden. Die Situation um mich hatte übrigens eine interessante Frage aufgeworfen: Durfte oder sollte ich im Regenbogentrikot starten? Man entschied: Nein. Während der Dauer des Rennens gab es also theoretisch keinen Weltmeister.

Bei der Vorbereitung auf die WM hatte ich auf der ersten Etappe der DDR-Rundfahrt in Güstrow das Gelbe Trikot erobert und danach noch vier Etappen gewonnen. Der Holländer Zilverberg hatte am Ziel in Potsdam zwar als Zweiter zehn Minuten Rückstand zu mir, aber er hatte sich damit für die WM qualifiziert.

Ich ging das WM-Rennen ohne jede Hektik an. Meine Mannschaftskameraden Hagen, Eckstein, Weißleder, Schober und Lörke hielten das Feld unter Kontrolle. Weißleder fiel durch einen Reifenschaden zurück, Eckstein hatte sogar zwei zu beheben, doch nutzte der pfiffige Leipziger sein Pech in bewundernswerter Weise für eine taktische Glanzleistung. Nach dem Reglement der UCI konnten überrundete Fahrer bei der Weltmeisterschaft aus dem Rennen genommen werden, doch blieb die Entscheidung den Kommissären vorbehalten. Das muß ich hier erwähnen, weil uns westdeutsche Zeitungen in ihren Kommentaren des Betrugs verdächtigten, weil sich Eckstein gemächlich hinterherfahrend hatte überrunden lassen.

Rundenlang hingen an meinem Hinterrad nur Italiener.

Für die flache Strecke gab es faktisch nur eine Möglichkeit, eine Vorentscheidung zu erzwingen. Sie bestand darin, daß sich zu Beginn der letzten Runde einer meiner Mannschaftskameraden an meinem Hinterrad aufhalten mußte, während die anderen durch ihr Tempo das Feld in die Länge zogen. Im entscheidenden Augenblick mußte mein »Hintermann« die Fahrerkette reißen lassen.

Der Plan ging auf. Eingangs der letzten Runde rollten wir zu den Dünen hinauf, wo heftiger Wind wehte. Eckstein, der sich lange genug ausgeruht hatte, von den Kampfrichtern aber nicht als Überrundeter aus dem Rennen genommen worden war, raste bis zum »Anschlag«. Ich jagte hinterher, mir folgte der Holländer Maliepaard, und hinter uns dreien fuhr Erich Hagen. Der ließ – wie geplant – urplötzlich zwei Tritte aus, die Verfolgerkette riß, und keiner hatte mehr die Kraft, das Loch zu schließen. Der nach dem Vorstoß restlos ausgepumpte Eckstein ließ sich zurückfallen, er hatte seine »Arbeit« vorbildlich erledigt. Nicht als »Wasserholer«, sondern als Kumpel.

Der Rest des Feldes lag bald gut 200 Meter zurück. Keiner wollte sich bei unserer Verfolgung für andere erschöpfen. So wuchs das Loch. Ich hielt mich an Maliepaards Hinterrad. Rechnete er sich im Endspurt gegen mich Chancen aus? Vielleicht kalkulierte er auch, daß er in meiner Nähe auf jeden Fall Vizeweltmeister werden würde. Die Rennstrecke zog sich noch einmal in langen Schleifen durch die Dünen. Plötzlich entdeckten wir, daß die Verfolger aufkamen. Da trat Maliepaard an. Ich nahm die Spitze, ließ ihn wieder vorbei, schaltete den höchsten Gang und kam dann mit jedem Tritt dem Orangetrikot näher. Ich erreichte und überholte ihn und hatte meinen Titel mit Erfolg verteidigt. Der erste Amateur, der zweimal hintereinander Weltmeister geworden war.

Ich bekam ein neues Regenbogentrikot und einen riesigen Kranz. Als erstes bedankte ich mich bei meinen Kum-

1959, Schur siegt vor dem Holländer Maliepaard

pels, die während des Rennens so clever taktiert und mir
zu dem Sieg verholfen hatten.

In Haarlem, wo wir wohnten, bat mich der Hotelier um
den Kranz und hängte ihn über die Tür. Als Fritz Naundorf mich noch massierte, tönte von der Straße schon
Musik herauf. Man hatte eine riesige Orgel auf Rollen vor
das Hotel geschoben und brachte mir ein Ständchen.

Am nächsten Tag endete in Leipzig das III. Deutsche
Turn- und Sportfest. Strömender Regen zwang die Organisatoren, das Programm des Abschlußtages über den
Haufen zu werfen. Man fürchtete sogar, daß die Schluß-
feier ganz ausfallen müßte. Mit riesigen Scheuerlappen
wurde die überschwemmte Laufbahn gewischt, aber dann
war aller Kummer vergessen, als mitgeteilt wurde: Leipzig und das Fest empfangen den Weltmeister und die DDR-
Mannschaft.

Trotz des unwirtlichen Wetters füllte sich bald das Stadion. Man feierte uns wie Helden. Es wurde im Licht der
Tiefstrahler eine unvergeßliche Stunde.

III. Turn- und Sportfest, Abschlußveranstaltung 1959. Max Sefrin, stellv. Minister für Gesundheitswesen, Erich Mielke, Täve Schur, Rudi Rückert, Präsident des DTSB, Paul Fröhlich, 1. Bezirkssekretär in Leipzig, Erich Honecker

Einige Zeitungsausschnitte von damals habe ich aufgehoben. Die »Frankfurter Rundschau« schrieb: »Er ist schon ein toller Bursche, dieser Täve Schur. Es war begeisternd, ihm zuzuschauen, wie er das ganze Rennen im Blick hatte, wie er einteilte und wie er zuschlug, wenn es notwendig war. Vorausgegangen war eine Mannschaftsarbeit, wie sie in keinem anderen Team gezeigt wurde.« Und die französische Sportzeitung »L'Equipe« schrieb: »Schur ist für immer zum Regenbogentrikot der Amateure verurteilt. Der neue Weltmeister und seine Mannschaftskameraden bestiegen noch in der Nacht das Flugzeug, das sie nach Leipzig brachte. Schurs Anwesenheit war dort offensichtlich unerläßlich.« Die »L'Equipe« übertrieb ein wenig – wir waren mit einem Zug gefahren und an der Grenze in einen »Sonderzug« umgestiegen, der aus einer Lokomotive und zwei Wagen bestand. Das mußte sich in Windes-

Eintreffen des Weltmeisters Täve Schur und seiner Kamera-
den beim III. Turn- und Sportfest in Leipzig

eile herumgesprochen haben, denn überall standen Eisen-
bahner an der Strecke und winkten mit Blumen.

Was meine ewige »Verbannung« ins Lager der Amateure
betraf, so war ich dem Autor deswegen nicht gram. Ja, ich
blieb mein Leben lang Amateur, auch weil ich es für wichtiger hielt, Vorbild für die Jugend zu sein, als über ein statt-
liches Konto zu verfügen. Das mag man in einer Welt, in
der ein Konto vieles entscheidet, als Einfalt belächeln, aber
ich habe es nie bereut. Der große Maxim Gorki schrieb
einmal: »Für gewöhnlich findet sich das Geld erst ein, wenn
das Gewissen einzutrocknen beginnt. Je mehr Geld, desto
weniger Gewissen ...«, und ich fand, daß er recht hatte.

Nur 16., aber hochzufrieden

Auch sportlicher Lorbeer welkt schnell. Wieder standen Olympische Spiele vor der Tür, und wir begannen wie jedes Jahr mit der Vorbereitung auf die Friedensfahrt, die übrigens zum ersten Mal in Berlin enden sollte. Ich gewann die erste Etappe vor einem bärenstarken Belgier, mit dem ich das ganze Jahr hindurch Duelle austragen sollte: Willy Vandenberghen. Auf der vierten Etappe verlor ich fast 19 Minuten, aber Erich Hagen übernahm das Gelbe Trikot, und wir anderen fuhren in Blau. Nach der siebenten Etappe wechselte das Gelbe Trikot zu Manfred Weißleder, nach der neunten trug es Egon Adler, und mir lag viel daran, daß er die Friedensfahrt gewann. Er war in meinen Augen unser bester Etappenfahrer, verläßlich, vielseitig, mit einem Wort: ein Kumpel! Sein Pech war, daß er auf der letzten Etappe von Magdeburg nach Berlin in Burg stürzte. Weil ich ihn als Sieger in Berlin sehen wollte, entschloß ich mich sofort, ihn wieder nach vorne zu fahren. Weißleder half dabei. Aber die Belgier sahen ihre Chance für Baptiste Claes und setzten alles auf eine Karte. Wir drei verloren über acht Minuten, aber Erich Hagen gewann die Etappe und damit auch die 13. Friedensfahrt. Ich mußte mich mit dem 16. Platz begnügen, aber gemeinsam feierten wir ausgiebig Hagens Sieg und unseren Triumph in der Mannschaftswertung.

Dann begannen die Olympia-Ausscheidungen. Die erste auf dem schweren Hainleite-Kurs in Thüringen. Wir hatten unseren Plan: Jeder behielt einen Rivalen im Auge, und das auch, wenn er zurückfallen sollte. So kam es, daß einige aus unserem Aufgebot schon vor dem Ziel am Hotel abstiegen, weil sie ihre Aufgabe erfüllt hatten. Ich gewann klar, und der beste Westdeutsche, Kemper, kam im Endspurt auf Rang sieben, zu 13 Punkten.

Das zweite Rennen fand in Dortmund statt. Eine Zei-

tung schrieb, wir seien mit einem »sowjetzonalen Salon-
wagen« gefahren worden. »Es war echt schlimm«,
bestätigte ich die Behauptung, »denn wir durften im Zug
mit niemandem sprechen.«

Als das Rennen losgehen sollte, regnete es. Wir waren
gespannt, wie die Polizei auf das DDR-Emblem auf unse-

*Vor den Olympischen Spielen in Rom (Egon Adler, Bernhard
Eckstein, Täve Schur, Günter Lörke und Erich Hagen)*

ren Nationalmannschaftstrikots reagieren würde. Die
wenigsten wissen, daß dieses Emblem erst zum zehnten
Jahrestag der DDR, also 1959, auf unsere Fahne geraten
war. Von da an gab es ständig Ärger, weil es der BRD-
Innenminister zum »verbotenen Symbol« hatte erklären
lassen. Diesmal übersah man es, und so war ein wichtiger
Präzedenzfall geschaffen worden.

Dieter Kemper hatte man eingeschärft, mich nicht aus
den Augen zu lassen. Mein Hinterrad würde ihn in die
Olympiamannschaft führen. Als ich bereits acht Minuten

verloren hatte, schrien sie ihn an, er solle sich nicht von mir verladen lassen. In einer Kurve entwischte ich dem völlig Entnervten und holte mir noch den einen Punkt für den zwanzigsten Platz. Die Olympiamannschaft war ein komplettes DDR-Aufgebot. Damit war zumindest gesichert, daß wir nach unserer Taktik fahren konnten.

»Berichterstatter«: Erik Neutsch

Vor den Spielen in Rom aber war noch die Weltmeisterschaft zu bestreiten, und die fand in der DDR statt. Ich will nicht lange darüber fabulieren, aber unsere Leistungen hatten sicher dazu beigetragen. Die Straßenentscheidung fiel auf dem Sachsenring, und was sich dort zutrug, habe ich seit jenem 13. August 1960 mindestens tausend Mal erzählen müssen. Deshalb werde ich in diesen Erinnerungen darauf verzichten und stattdessen Erik Neutsch berichten lassen. Er hat die Situation in seinem Bestseller »Spur der Steine« so beschrieben, daß ich die Frage, ob es auch so war, mit »Im Prinzip ja« beantworten würde. Und heute verweise ich besonders gern darauf, daß dieses großartige Buch, in dem ich nur eine »Nebenrolle« spiele, seit der Rückwende kaum noch in den Buchläden zu finden ist. Angeblich verlangt der »Markt« nicht danach. So deklariert man heutzutage die »Zensur«.

Und so wurden wir damals schriftstellerisch »zensiert«: »Zehntausende umlagerten bereits die Rennstrecke, als Horrath, Hesselbart und Balla am frühen Morgen den Sachsenring erreichten. An Start und Ziel, dicht vor den Tribünen, auf denen die Nationalflaggen wehten, fanden sie keine drei Fußbreit Raum mehr. Die Menschen wälzten sich gegen die Absperrung, zerdrückten einen Kiosk, der Zigaretten und Limonaden anbot. Viele waren noch eher aufgebrochen als die drei, aus den nördlichen Bezirken waren sie tags zuvor angereist, hatten in Zelten über-

Sachsenring 1960

nachtet, um sich einen guten Platz zu sichern. Den drei
Männern blieb nichts anderes übrig, als den Rand des
Asphaltbandes abzusuchen, sie kletterten auf einen Hügel,
den sogenannten Heiteren Blick, auf dem sie endlich eine
Lücke im Spalier der Zuschauer entdeckten. Dort kauer-
ten sie sich ins Gras, unter dem Nadeldach einiger ver-
krüppelter Kiefern; von hier aus konnten sie das Gefälle
bis zum Ziel übersehen. Horrath, fast schon entmutigt,
bemängelte: ›Wenn es eine Massenankunft gibt, sind wir
trotzdem nicht im Bilde.‹ Balla bestätigte seine Befürch-
tung, verwies aber froh auf diejenigen, die nach ihnen ein-
trafen, ganze Lastwagenbesatzungen, und noch schlech-
tere Plätze vorfanden. Hesselbart kümmerte sich nicht um
die Sorgen der beiden, gleichmütig wickelte er Brote aus
und begann zu kauen. Er hatte sein Veto gegen diese Reise eingelegt und sich nur der Drohung gebeugt, daß ihn
künftig keiner ins Konzert begleiten würde, wenn er nicht
seinen Widerwillen gegen den Sport überwinde. Auge um
Auge, Zahn um Zahn. ›Sensationshascherei‹, beharrte

Hesselbart, ›Muskelprotzerei mit geistiger Schwindsucht.‹ Balla empörte sich: ›Sie haben doch selber mal Basketball gespielt, Menschenskind.‹ Der Ingenieur erwiderte: ›Mehr gezwungen als aus freien Stücken, nur weil damals Not am Mann war und ich über die geforderte Körpergröße verfügte. Wenn Sie's nicht glauben, fragen Sie Katrin Klee ...‹

Diese Weltmeisterschaft wurde mit besonderer Spannung erwartet. Der Radsport der Republik hatte in den letzten Jahren und Monaten einen internationalen Erfolg nach dem anderen errungen. Der Große, wie er manchmal genannt wurde, ein Vorbild an Willenskraft und Bescheidenheit, Kapitän auch der Mannschaft, die am Ende des Etappenrennens im Mai die Trikots in Gelb und Blau, die Zeichen der Sieger, erobert hatte, war bereits zwei Mal hintereinander als Weltmeister gefeiert worden, in Frankreich und in Holland; nun traute man ihm auf dem Boden der Heimat den dritten Titelgewinn zu. Kaum einer aus der Menge, die die Strecke säumte, würde es den vier anderen Fahrern aus dem Aufgebot der Republik verzeihen, wenn sie ihren Kapitän nicht unterstützten, zumal Italien, Belgien und die Sowjetunion starke Rivalen geschickt hatten. Dementsprechend war man von vornherein eingerichtet, und solchen wie Hesselbart, die nur wenig verstanden, wurden noch kurz vor dem Start die Ansichten von Kameradschaft eingepaukt, bis sie sich den Belehrungen fügten. Danach dann überließ man sich dem Rausch, kostete ihn aus. In den Häusern am Ring liefen die Fernsehapparate, die Bewohner eilten von den Fenstern an den Bildschirm, vom Bildschirm an die Fenster, sie hätten sich am liebsten zerstückelt. Auch Balla hatte vorgesorgt, das Kofferradio mitgenommen und um den Hals gehängt. Sechs Reporter, die an verschiedenen Punkten des Rundkurses postiert waren, berichteten während der letzten Phasen des Rennens im Wechsel von zwei bis drei Minuten. Horrath, den die Jagd derart aufregte, daß seine stillen und grüblerischen Augen fiebrig zu glänzen begannen, rückte immer dichter an das Gerät heran und bat Balla unablässig, es lauter zu stellen. Hesselbart, eingedenk der Lehren, die ihm erteilt worden waren, die er offenbar aber mißverstanden hatte, sah überhaupt keinen Grund für hektische Anfälle. ›Ist doch alles schon beschlossene Sache‹, sagte er, ›der Große muß siegen.‹

Vor dem Start, auch während der ersten Runden, als die Fahrer noch nichts riskierten, sich gegenseitig nur bewachten und einen dichten Pulk bildeten, ließen die drei Männer ihre Gedanken schweifen und unterhielten sich hin und wieder über Schkona … Eine Spitzengruppe aus acht Fahrern hatte sich gebildet, die Runde um Runde ihren Vorsprung vergrößerte. In ihr befanden sich drei Italiener, zwei Belgier und als einziger aus dem deutschen Aufgebot der kleinste Mann des Feldes. Gegen die Übermacht der anderen würde er nicht aufkommen, die Kräfte waren ungleich verteilt. Nach den Berichten der Rundfunkreporter zu urteilen, hatte sich der Große schon mehrmals bemüht, den Schwarm dahinter zu sprengen und die Lücke zur Spitze zu schließen. Vergebens, die dort verbliebenen Italiener und Belgier bremsten ihn, sie verteidigten die Chance ihrer Kameraden.

Horrath resignierte. Die acht Ausreißer überkletterten den Buckel der Straße. Sie schossen das Gefälle hinunter. Ihre Muskeln glänzten. Die Speichen der Räder flimmerten. Der Kleine scherte an die Seite, schaute sich um. Sein Gesicht war verzerrt. Horrath starrte auf die Uhr und zählte laut die Sekunden. Eine Niederlage, sagte er, hätte er lieber am Fernsehgerät miterlebt, das hätte er wenigstens abschalten können, hier aber bleibe ihm das bittere Ende nicht erspart. Balla hoffte verzweifelt und drohte: ›Machst du mies, hörst du, wenn du mies machst …‹ Der Große führte die Verfolger an. Er beugte sich tief über den Lenker.

Zwei Minuten, drei Minuten, der Abstand wuchs. In der nächsten Runde überschlug sich die Stimme des Sprechers. Irgendwo mußte es eine Schneise im Wald geben. Dort, so wollte es der Reporter gesehen haben, hatte sich der Kapitän der deutschen Mannschaft vom Felde gelöst. Erneut jagten die Fahrer heran. In der Reihenfolge jedoch hatte sich nichts geändert. Balla stoppte die Zeit. Nur um wenige Sekunden hatte sich die hintere Gruppe der vorderen genähert. Der Kleine hob sich aus dem Sattel, blickte wiederum Hilfe suchend zurück. Der Große schwamm im Schweiß, doch seine berühmte Zähigkeit schien ihm nichts mehr zu nützen.

Horrath sagte: ›Viel zu spät. Laß dir das geraten sein.‹

Balla sagte: ›Zu spät ist nie was. Hab ich übrigens von dir.‹

Hesselbart riß plötzlich die Arme hoch. Die Härte des Kampfes erregte auch ihn, er spornte den Weltmeister an.

Die Meldungen aus dem Radio überstürzten sich. Eine widersprach der anderen. Die Startnummern wurden verwechselt. Kaum einer fand sich in diesem Wirbel noch zurecht. Plötzlich, in der vorletzten Runde, irgendwo in einer der vielgenannten Kurven, erreichte der Große wider Erwarten die Spitzengruppe. Es war ein unheimlich verbissenes Kräftemessen.

Als der Schwarm am Heiteren Blick auftauchte, lagen die blitzenden Räder aufgefädelt wie an einer Schnur. Ausgepumpt ließen sich die Italiener einfangen, müde stampften sie in die Pedale. Einer aber war davongehetzt, ein Belgier, dessen Name gefürchtet war. Er schnellte den Abhang hinunter.

Horrath schrie zwar mit den Tausenden ringsum im Chor ... Aber seine Augen sagten: Den schafft keiner.

Balla lief während der nächsten Minuten hin und her. Hesselbart kaute nervös am Zipfel des Taschentuchs.

Wieder dröhnte eine Nachricht aus den aufgedrehten

Lautsprechern. Zwei Männer im weißen Trikot jagten den Belgier. Der Kapitän und sein Kamerad.

Die Menge am Straßenrand raunte, grollte, pfiff und johlte.

Am Heiteren Blick, auf der Kuppe des Hügels, wurde der Belgier eingeholt. Ein dritter Triumph des Weltmeisters schien sich anzubahnen. Wenn er weiterfuhr, wer wußte, ob die beiden anderen ihm folgen könnten ...

Und da geschah das Unerwartete.

Balla hörte deutlich den Befehl. Der Weltmeister verzichtete auf jedes Risiko. Er rief dem Kleinen zu: ›Tritt an! Ab, ab! Ich halte ihn.‹

Der Kleine schoß davon, stürzte sich die Abfahrt zum Ziel hinunter. Für Sekunden schien der tapfere Belgier zu erstarren. Mit einem solchen Angriff hatte er nicht gerechnet. Der Kapitän setzte sich vor ihn und bewachte ihn. Er sicherte den Sieg seines Mannschaftskameraden.

Weit abgeschlagen tauchte das bunte Feld auf.

Hesselbart, soeben noch schreiend und stampfend, mitgerissen von der Begeisterung, verstummte. Er wischte sich aufgeregt mit dem Taschentuch über die Lippen, seine Hände zitterten: ›Ein wahrer Weltmeister‹, keuchte er, ›ein großer Mensch ...‹ Als besänne er sich plötzlich, zupfte er Balla am Hemd und fragte: ›Finden Sie nicht auch? Wollen wir nicht Katrin Klee besuchen?‹

Die unvermutete Frage schockierte. Balla würgte an einem Freudenruf. Er glaubte, sich verhört zu haben.

Hesselbart erklärte: ›Ich meine, wir sollten sie nicht allein lassen ...‹ Er sah den Brigadier aus kleinen, im Brillenglas gebrochenen Augen an.

Balla murrte noch ärgerlich: ›Wie kann man jetzt an die Klee denken ...‹«

Das Uwe-Johnson-Bild

Und warum sollte ich diesem »Bericht« nicht die Zeilen folgen lassen, die der schon ausgiebig erwähnte Uwe Johnson mir als »Achim« in dieser Situation gewidmet hatte?

»Ein Jahr vorher hatte Achim den besten Sieg sichtbar verschenkt: In der Wochenschau stehen auf hitzeweißer Zementbahn zwei Männer in Trikots, beide haben die Arme abwechselnd erhoben und bewegen sie redend, auf der Leinwand erscheint groß das aschen zitternde Gesicht des unvermuteten Siegers, der sagt ACHIM das kann ich nicht wieder GUTmachen; der Bildschnitt erinnert an steile Straßenkrümmung, über die sehr klein auf zierlichen Rädern zwei Fahrer nebeneinander in die Höhe staken, der Kleinere sackt abwärts, der Größere reißt aus unabänderlich schnellem Treten einen Arm von sich, weit ausgereckte Hand packt des anderen Sattel und reißt ihn vor und hoch und vorbei an Achim, der gemächlicher fährt hinter dem sausenden Abfall des anderen vom Gipfel der Steigung, gedankenreich springt der Film zurück in die Unterredung, Achim geht krumm wie drohend auf den Beschenkten zu, sekundenlang überdeckt sein singender Ton (QUATSCHE nicht! JETZT bist mal du Meister!) die erklärenden Worte des Kommentars, der unverzüglich schwindet unter dem Aufschrei der paukenden Musik, die zeigt beide auf dem Siegespodest aber Achim auf dem zweithöchsten Sockel, von des Kleineren Hals geht der Blick der Kamera auf das ausgefahrene Gesicht Achims, der gleich den Kopf wendet, anschließend die Neuigkeiten vom Fußball.«

Auf nach Rom

Ich konnte mich noch immer gut an den Gluttag in Frascati erinnern. Als wir das erste Mal die Straße nach Ostia entlangfuhren, auf der zum ersten Mal in der olympischen Geschichte ein Vierermannschaftsrennen ausgetragen werden sollte, verdichtete sich die Erinnerung. Damals säumten hohe Mauern und Bäume die Straße, diesmal krachte die Sonne ungebremst auf das Pflaster. Ich ahnte, was uns erwartete.

Die ersten Mannschaften trudelten zum Start. Wir hatten keine Illusionen. Ein Straßenrennen kann hart sein, ein Zeitfahren ist härter, denn es gibt keine Pausen, kein Rudel, in dem man verschnaufen könnte. Das härteste aber ist ein Mannschaftsrennen. Vier, die sich ablösen an der Spitze, jeder gibt das Äußerste, hier wird mit höchster Konzentration im Windsog gefahren, das Vorderrad radiert fast das Hinterrad des Vordermanns. Nur Qual. Das Tempo von bis zu 50 Stundenkilometern zwei Stunden lang. Also hundert Kilometer.

Das einzige ist der Windschutz, den der Vordermann liefert. Darum war auch Eckstein nicht dabei, hinter dem kleinen Kämpfer spürte man kaum Windschutz.

Also auf in das unnachgiebigste Rennen des Radsports. Wer hier versagt, kann seine Schwäche nicht tarnen. Und drei müssen ankommen! Wir gingen als achte Mannschaft ins Rennen, die Favoriten hockten noch in den Kabinen.

Wir kamen gut voran, die Ablösung klappte reibungslos, kein Wort fiel. Wir traten nur und hatten den Vordermann oder die vor Hitze flimmernde Straße im Auge.

Wir erreichten die Wende in der Via Colombo zum ersten Mal. Wir spürten, daß die Sonne stieg.

Die erste Runde war bewältigt. Wir waren noch guter Dinge, wenn das an diesem Tag überhaupt möglich war. Sie riefen uns zu, daß wir gut in der Zeit lägen. Ich fand auch, daß alles ganz gut funktionierte. Vom Straßenrand sprühten sie Wasser, Bernhard Eckstein kommandierte Helfer, sorgte dafür, daß sie uns nichts entgegenschütteten. Die Italiener waren 17 Minuten nach uns ins Rennen

Silbermedaille in Rom, Vierermannschaft Erich Hagen, Täve Schur, Günter Lörke, Egon Adler

gegangen, die ersten Zwischenzeiten wiesen nur knappe Unterschiede aus. Ich wußte, daß es gefährlich werden könnte, wenn wir uns übernehmen würde, die Sonne war ein erbarmungsloser Scharfrichter und dörrte unsere Körper förmlich aus.

Als »Wegzehrung« hatten wir nur jeder eine Flasche Tee mitgenommen, um Gewicht zu sparen. Wir fuhren Elektronfelgen und sehr leichte Reifen. Es waren Entwicklungen, die niemand sonst benutzte und faktisch das Ergebnis der Kooperation zwischen volkseigener und privater DDR-Industrie. Grünert stellte in Hetzdorf, im Flöhatal, die Felgen her, und die Reifen kamen von den Thüringer Spezialisten in Waltershausen.

Dann zum letzten Male der sanfte Hügel, der bei Tempo 40 zum Berg wurde. Ganz plötzlich geschah es: Günter Lörke, meist still und immer zäh, ließ plötzlich den Kopf hängen und murmelte: »Es geht nicht mehr.«

Wir hatten uns verabredet, daß Egon Adler gegen Ende länger führen sollte, als jeder von uns, und sich dann auf den letzten Kilometern abfallen lassen würde. Der hatte auch fest damit gerechnet, daß es bei der Verabredung blieb. Nun war eine völlig neue Situation entstanden. Keiner redete darüber, aber alle grübelten. Wir waren nur noch drei, Lörke war längst verschwunden.

Was tun? Es blieb nur, den beiden anderen Mut zu machen. Hagen und Adler. Hagen war noch bärenstark, aber daß Adler am Ende war, sah man daran, daß er plötzlich seine Mütze vom Kopf riß und wegwarf. Er mußte wissen, daß dies in der krachenden Sonne fatale Folgen haben würde. Er wurde hinter der letzten Wende zunehmend langsamer. Das war auch an unserer Position abzulesen. Eben hatten wir mit unserer Zeit noch knapp hinter den Italienern gelegen, jetzt verloren wir die Zeit wie Wasser aus einem Sieb.

Ich wollte Egon demonstrieren, daß wir es vereint schon noch schaffen würden, und schob ihn, als es bergauf ging. Hagen löste mich ab. Das Trio rollte wieder, da brüllte plötzlich jemand hinter uns. Es war der italienische Schiedsrichter, der im deutschen Materialwagen plaziert worden war.

Wir sahen uns nicht um, erfuhren aber hinterher, daß er Werner Schiffner bedrängt hatte. Der hatte nur die Achseln gezuckt. Ein Regelverstoß? Er kannte keine Regel, die das Schieben verbot. Der Italiener geriet in Wut. Ein Schiedsrichterwagen tauchte auf, der Italiener führte einen kurzen Wortwechsel, dann rollte das Schiedsrichterauto an meine Seite und jemand schrie: »Schur, das ist verboten! Finito!« Meine beiden Gefährten fuhren sofort langsamer, ich rief: »Weiter!«

Was mir in diesem Augenblick alles durch den Kopf ging! Erst blieb ich noch ruhig und kalkulierte, daß wir bei der letzten Zwischenzeit noch allerhand Vorsprung vor den auf den nächsten Rängen folgenden Sowjets, Niederländern und Schweden gehabt hatten. Für eine Medaille könnte es immer noch reichen, aber dann schwand mein Optimismus fast mit jedem Meter. Ich schwor mir aber, mir den beiden anderen gegenüber nichts anmerken zu lassen und schrie wieder: »Weiter!«

Ich sah das Velodrom, das Ziel. Noch einmal alles hergeben. Wir rollten über den weißen Strich und fielen in die Arme von Betreuern und Freunden und wollten nur etwas zu trinken haben.

»Und die Disqualifikation?«

Niemand wußte Einzelheiten. Ein Italiener sollte Protest gegen uns eingelegt haben. Die Italiener kamen in Sicht, Jubel und Pfiffe der Begeisterung. Ihr Sieg war ungefährdet, aber wir hatten die zweitbeste Zeit gefahren. Wahnsinn!

Der Schiedsrichter, der mir sein »Finito« zugerufen hatte, war wie vom Erdboden verschwunden.

Die Siegerehrung fand erst am Abend statt. Wir stiegen in den Bus und rollten durch das fast menschenleere Rom der Mittagsstunde ins Olympische Dorf. Dort hatte sich bereits herumgesprochen, daß zwei Dänen unterwegs zusammengebrochen und ins Krankenhaus transportiert worden waren. Wir blieben ruhig und waren überzeugt, daß wir sie spätestens am nächsten Morgen im Speisesaal wiedertreffen würden.

Uns bewegte den ganzen Nachmittag über nur die Frage: Überreicht man uns eine Medaille, oder werden wir disqualifiziert? Endlich kam die erlösende Botschaft: Olympiasieger Italien, Olympiazweiter DDR – offiziell: »Gesamtdeutsche Mannschaft« –, Olympiadritter UdSSR. Aus den Sekunden, die uns vorübergehend von den Italienern getrennt hatten waren 2:23 Minuten geworden, aber der Vorsprung, den wir vor den Sowjets hatten, betrug trotz unserer Mißhelligkeiten noch knapp zwei Minuten. Das war meine zweite Olympiamedaille.

Als wir fröhlich von der Siegerehrung heimkehrten, hing eine Nachricht am Schwarzen Brett: »Das Ärztekollegium der Olympischen Spiele bedauert ...«

Der eine der beiden Dänen, Knud Enemark Jensen, war gestorben.

Er und Jörgen Jörgensen waren in der zweiten Runde gestürzt und sofort ins Krankenhaus transportiert worden. Um 15.30 Uhr war Jensen gestorben. Wenn auch zunächst nichts offiziell mitgeteilt wurde, erfuhr man schon bald, daß er Opfer des Dopings geworden war. Er war der erste Dopingtote bei Olympischen Spielen!

Seinen Mannschaftskameraden Jörgen Jörgensen konnten die Ärzte retten.

Jensens Tod hätte damals schon die Sportwelt und vor allem das Internationale Olympische Komitee aufrütteln sollen. Damals steckten die Pharmakonzerne mit ihren Dopingpillen und -spritzen noch in der ersten Phase der Entwicklungen. Vielleicht hätte man ihnen beikommen können, aber inzwischen ist es ein fast aussichtsloser Wettlauf geworden, der an das Duell vom Hasen gegen den Igel erinnert. Um ein Gerät zu entwickeln, mit dem man die neuesten Dopingpräparate nachweisen kann, braucht man viel Geld und natürlich auch Zeit. Können sie endlich in Betrieb genommen werden, ist die Pharmaindustrie längst beim übernächsten Präparat. Und da dieses Geschäft sehr einträglich ist, wird man auch niemanden mit beschwören-den Reden bewegen können, die Doping-Produktion eines Tages einzustellen.

Nein, nichts geschah damals. Man schrieb bewegende Nachrufe auf Jensen, und berichtete, daß man auf seinem Tisch im Olympischen Dorf eine an seine Mutter adres-sierte Postkarte gefunden: »Mir geht es glänzend, Rom ist herrlich. Ich hoffe, daß wir gut abschneiden, ich habe schon Souvenirs gekauft, aber ich freue mich auf die Heim-kehr. Zu Hause ist es am schönsten.«

Das ist vierzig Jahre her, wer erinnert sich noch an die-se Tragödie?

Als ich noch im Sattel saß, war es gang und gäbe, daß irgendein Rennfahrer auftauchte und versicherte, er habe Tabletten anzubieten, die garantiert zum Sieg verhelfen. Ich habe auch Rivalen oft genug zu Taschenflaschen grei-fen sehen. Und ich habe auch Rennfahrer beobachtet, die völlig am Ende ihrer Kräfte schienen und einige Kilome-ter weiter frisch und munter davonrasten. Meine Beob-achtungen halfen mir Schritt um Schritt, das »System« zu begreifen und den Pillenhändlern – unter uns meist »Apo-theker« genannt – schon bald keinen Glauben mehr zu schenken.

Ich komme noch darauf zurück, welche Rolle das Doping im Feldzug gegen den Sport spielte, will aber an dieser Stelle schon mal bemerken: Der DDR vorzuwerfen, sie habe auf Weisung des SED-Politbüros die Gesundheit von Athletinnen und Athleten hemmungslos aufs Spiel gesetzt, um zu Medaillen zu kommen, die helfen sollten, das Ansehen des Staates zu fördern, ist zwar inzwischen zur Gewohnheit geworden, aber dieser Vorwurf wird durch pausenlose Wiederholung nicht glaubwürdiger.

Wenn ich zuweilen Diskussionspartner daran erinnere, daß die Friedensfahrt die erste und einzige Etappenfahrt der Welt war, die von einem rollenden Dopingkontrolllabor begleitet wurde, wechseln sie in der Regel das Thema. In diesem Labor wurde auch die von unseren Funktionären Jahre hindurch geforderte internationale Kontrolle realisiert. Der von der UCI nominierte Doping-Kommissär und je ein Arzt aus Polen, der CSSR und der DDR bildeten das Team, das die Kontrollen vornahm. Wenn eine Mannschaft einen eigenen Arzt mitbrachte, konnte der sich jederzeit in diesem Labor vom Ablauf der Kontrolle überzeugen. Der Chef dieses in Prag konstruierten Labors war Dr. Chundela, der mit den Rennfahrern bei den Mahlzeiten zusammensaß und die meisten von ihnen persönlich kannte. In den Resultatslisten der Friedensfahrt ist mühelos nachzulesen, welche Fahrer wegen Dopings disqualifiziert wurden.

Warum sollte jemand diese aufwendigen Kontrollen arrangieren, wenn er nichts anderes im Sinn gehabt hätte, als zu betrügen?

Liebe statt Rekorde?

Das Thema Doping ist ein weites Feld. Meine Vorgängerin im Sportausschuß des Bundestages, die zweifache Speerwurf-Olympiasiegerin Ruth Fuchs, antwortete mal auf die Frage, ob sie je diese legendären Pillen genommen habe. »Ja und nein!« Und sie begründete diese Auskunft – übrigens stammte die aus dem Jahr 1991, aber kaum jemand nahm sie damals zur Kenntnis, beschuldigte Ruth Fuchs aber später, sie habe darauf nie geantwortet – mit dem Hinweis: »Die Frage läßt sich beim besten Willen nicht mit ›Ja‹ oder ›Nein‹ beantworten. Ich erinnere mich sehr gut daran, daß vor langen Jahren jüngere Athletinnen plötzlich mit enormen Entwicklungssprüngen in ihren Leistungen überraschten. Stutzig machen mußte allerdings, daß dieser Aufschwung bei allen zu beobachten war, ganz gleich, wer sie trainierte. Des Rätsels Lösung fand sich bald:

Die Anti-Babypille war auch in der DDR auf den Markt gekommen, und diese Pille enthält hormonelle Stoffe, die denen in den sogenannten Dopingpillen sehr ähneln. Also: Waren die Mädchen nun gedopt, obwohl sie nur ihr Liebesleben ein wenig steigern wollten und nicht ihre sportlichen Leistungen? Und darum zum Beispiel antworte ich mit ›Ja‹ und ›Nein‹.

Später machte ich interessante Entdeckungen. Athletinnen anderer Länder trainierten keineswegs intensiver als ich, warfen den Speer aber weiter. Sie machten gar kein Hehl daraus, woran es lag, und amüsierten sich, wie ›prüde‹ ich war. Als ausgebildete medizinisch-technische Assistentin wußte ich über Pillen und Spritzen einigermaßen Bescheid. Nach jener Erkenntnis frischte ich mein Wissen auf und kam dahinter: Es handelte sich um eine Unterstützung des Trainings. Es gab Belastungsgrenzen, die nicht zu überwinden waren, wenn man dem Körper nicht Hilfestellung leistete. Also nahm ich in der Trainings-Hauptbelastungszeit geringe Mengen dieser Mittel und konnte mich danach intensiver belasten. Es wäre absurd anzunehmen, daß jemand Pillen nehmen könnte, seine Muskeln damit wachsen läßt und dann seine Leistung automatisch steigert.

Übrigens konsultierte ich ständig einen Arzt und habe mir die Mittel nie spritzen lassen, denn gespritzte Anabolika haben eine Depotwirkung – sie werden vom Körper bei Bedarf abgerufen. Ich habe nie einen Wettkampf unter Einwirkung von Anabolika bestritten, aber ich habe in harten Winter-Trainingsphasen – um an die Grenze der Belastbarkeit zu gelangen – solche Mittel als Unterstützung verwendet. Sie dienten dem Körper zur Reproduktion der Kräfte und haben in der Wettkampfphase überhaupt keine Rolle gespielt.«

Warnung an Zwischenrufer

Neun Jahre nach dieser Auskunft von Ruth Fuchs hatte ich für die PDS im Bundestag zum Thema Doping zu reden. Die Debatte war mehrere Male verschoben worden, weil Innenminister Schily, der für das Thema zuständig ist, andere Termine wahrzunehmen hatte und zum Beispiel wegen eines Bierfestes, bei dem er unbedingt zugegen sein mußte, nicht im Parlament sein konnte. Das führte auch dazu, daß die Redezeiten immer mehr reduziert wurden. Für mich blieben schließlich noch vier Minuten, und mir war klar, daß die sich durch Zwischenrufe noch reduzieren würden. Also begann ich: »Potenziellen Zwischenrufern, die schon in den Startlöchern sitzen, weil jetzt ein Ex-Weltmeister aus der Ex-DDR das Wort zum Thema Doping ergreift, möchte ich einen Tip geben: Neulich schrieb eine Zeitung, ich sei gedopt 1972 in München zur Medaille gekommen. Zu Ihrer Information: ich habe meine Laufbahn bereits 1964 beendet.« Ich hatte die Lacher auf meiner Seite, es gab nicht einen einzigen Zwischenruf, und ich konnte ungestört meine Rede halten. Sie befaßte sich mit einem Aspekt des Dopings, dessen Gefahrendimension weit über die Pillen hinausgeht, die ein Rennfahrer während der Tour de France zu sich nimmt. (Was nicht heißen soll, daß ich das billigen würde.) Aber die wenigsten wissen – auch weil die Medien gar keine Notiz davon nehmen –, daß in deutschen Fitness-Studios jährlich über 11 Millionen Tabletten, knapp 150 000 Ampullen und mehr als 410 kg anabolikahaltiger Dopingmittel verkauft und demzufolge auch konsumiert werden. Wer diese Zahlen zur Kenntnis nimmt und weiß, wieviel junge Menschen in diesen Studios verkehren, ahnt etwa, welch ungeheure Dopinggefahr da droht. Ich trug das vor, und auch an diesem Tag war der Plenarsaal fast leer.

Existenzfrage Leistungssport

Das Thema Leistungssport hat längst Ausmaße erreicht, die kaum mehr überschaubar sind. Für einen jungen Menschen, der sich entscheidet, Hochleistungssport zu treiben, wird dieser Entschluß zu einer Existenzfrage, denn die sportliche Leistung wird nur noch auf dem Markt gehandelt. Er muß zunächst viele Jahre hart trainieren, und er braucht, wenn ich nur an den Radsport denke, teures Material. Dafür muß erst das Elternhaus aufkommen, und später braucht er Sponsoren. Er geht auch für diese berufliche Laufbahn ein beträchtliches Risiko ein. Wenn er nämlich den großen Erfolg nicht schafft, ist er ohne jegliche berufliche Ausbildung ein Nobody, ein fast hoffnungsloser Fall in dieser Gesellschaft.

Wie schaffen wir es, daß der Sport wieder die Vorbildfunktion erlangt, die er in unserer Gesellschaft haben sollte? Die finanziellen Mittel, die für die Sanierung von Sportstätten bereitgestellt werden, stehen in keinem vertretbaren Verhältnis zu anderen Ausgaben. Während beispielsweise für die Entwicklung des Eurofighter viele Milliarden DM ausgegeben werden – eines Tages sollen bekanntlich 180 Stück angeschafft werden, von denen jeder einzelne 115 Millionen DM kostet –, diskutierten wir im Sportausschuß des Bundestages darüber, wie wir zu den 15 Millionen gelangen, die für den Goldenen Plan Ost gezahlt werden sollen. Mit Hilfe dieses Planes sollen die Sportstätten in den neuen Bundesländern eines Tages das gleiche Niveau erreichen, wie die in den alten. Wenn man bedenkt, daß in der Alt-BRD für den Goldenen Plan von 1962 bis 1977 insgesamt 17,4 Milliarden DM ausgegeben wurden und von 1978 bis 1990 noch einmal 20 Milliarden, versteht man, in welcher Relation die 15 Millionen dazu stehen.

Wie ich zur »unerwünschten Person« wurde

Aber ich bin den Ereignissen schon wieder weit vorausgeeilt. In meiner sportlichen Karriere war ich erst in dem Jahr, da man in der Alt-BRD gerade begann, über einen Goldenen Plan nachzudenken und das auch konnte, weil die wirtschaftliche Lage das zuließ.

```
TELEGRAMM

AUS  1193 S BERLIN F 76/76 22 1448          WERTER GENOSSE  S C H U R
AN   GENOSSE GUSTAV ADOLF S C H U R
                                            ZU IHREM 30.  G E B U R T S T A G
     TRAEGER DES VATERLAENDISCHEN VERDIENSTORDENS
                                            UEBERMITTLE ICH IHNEN IM NAMEN DES VORSITZENDEN
     DEUTSCHE HOCHSCHULE FUER KOERPERKULTUR UND SPORT
                                            DES STAATSRATES DER DEUTSCHEN DEMOKRATISCHEN REPUBLIK
     L E I P Z I G  C  1 FRIEDRICH EBERT STR. 130
                                            W A L T E R   U L B R I C H T

                                            H E R Z L I C H E   G L U E C K W U E N S C H E

                                            ICH WUENSCHE IHNEN  B E S T E  G E S U N D H E I T

                                            UND  N E U E  G R O S S E  E R F O L G E  IN

                                            UNSERER SOZIALISTISCHEN SPORTBEWEGUNG UND IM KAMPF

                                            UM DIE SICHERUNG DES FRIEDENS MIT SOZIALISTISCHEM GRUSS

                                            G O T S C H E  SEKRETAER DES STAATSRATES

                                            DER DEUTSCHEN DEMOKRATISCHEN REPUBLIK.
```

Glückwunschtelegramm Walter Ulbrichts zu Täves 30. Geburtstag, 1961

1961 war in den Friedensfahrt-Annalen das Jahr des ersten sowjetischen Etappensiegs. Der schnelle Mann hieß Juri Melichow. Ich kam damals am Ende auf den achten Rang, hatte rund zwanzig Minuten Rückstand, aber am meisten bewegte die Kontroverse zwischen Melichow und Weißleder die Gemüter. Niemand soll von mir hier nun eine »Kronzeugenaussage« oder eine sensationelle Enthüllung zu dieser Affäre erwarten. Ich kam an diesem Tag mit knapp drei Minuten Rückstand nach Poznan und war also nicht einmal am Tatort, als sich die Rempelei zutrug. Generell muß ich allerdings anmerken, daß Radrennen noch nie etwas für sanfte Gemüter waren. Vielleicht verbanden viele Friedensfahrtfans den Namen dieses Rennens mit der Vorstellung, wir würden unterwegs noch einen Höflichkeitswettbewerb austragen. Knallhart wurde um jeden Zentimeter gekämpft, und wenn man von Straßenfahrern spaßhaft sagt, sie seien so robust, daß sie notfalls »aus der Pfütze saufen« könnten, muß man hinzufügen, daß sie auch robust genug sind, um dem Rivalen mit einem Ellenbogenpuff zu zeigen, wo es lang geht. Wenn der Wind das Feld auf die Straßenkante zwingt – weil jeder, der in der Mitte fahren würde, dem Rivalen Windschutz bietet, was die eigenen Chancen radikal reduzieren würde –, gibt niemand Pardon. So viel zu den Gewohnheiten unter Radrennfahrern. Daß die beiden ihr handgreifliches Duell vor der Kulisse eines überfüllten Stadions austrugen, mußte zu Empörung führen. Die ohnehin von der Leistung der DDR-Mannschaft in jenem Jahr nicht gerade hingerissenen Radsportfans ließen ihren Unmut an sowjetischen Fahrern aus, und ich habe noch 1998 erlebt, daß mich ein uns nicht gerade freundlich gesonnener Journalist während des Wahlkampfes danach fragte, warum ich mich damals mit sowjetischen Rennfahrern geprügelt hätte, vermutlich, weil er diese »Enthüllung« für wahlkampfnützlich hielt. Noch einmal: Ich war nicht dabei, und außerdem gab es öfter Kontroversen bei Radrennen. Völlig unpolitische.

Die DDR-Rundfahrt gewann ich in diesem Jahr zum vierten Mal. An der Weltmeisterschaft konnten wir nur teilnehmen, weil sie in der Schweiz ausgetragen wurde. Die NATO-Länder hatten nach dem Bau der Mauer eine »Strafmaßnahme« gegen die DDR beschlossen, die sie offenbar für besonders öffentlichkeitswirksam hielten: DDR-Sportlern wurde generell die Einreise untersagt. Was wir Sportler mit der Mauer zu tun hatten, hielt nie jemand für nötig zu erklären, aber diese Entscheidung sorgte für eine massive Störung des internationalen Sportverkehrs.

Nur zwei Beispiele – auch ins Poesiealbum derer, die gern behaupten, die DDR habe den Sport für ihre politischen Ziele mißbraucht: Die Eishockeyweltmeisterschaft des Jahres 1962 fand in den USA statt. Da der DDR die Einreise verweigert wurde, erklärten sich die UdSSR und die Tschechoslowakei mit der DDR solidarisch, die Titelkämpfe gerieten zur Farce. Bei der Alpinen Ski-WM 1962 in Frankreich wurde der DDR die Einreise verweigert, woraufhin die Internationale Skiföderation (FIS) den Titelkämpfen den Status einer Weltmeisterschaft aberkannte. Später fand man zwar eine Kompromißlösung, aber zunächst war die WM annulliert worden.

Ich geriet in Westberlin auf eine Liste »unerwünschter Personen« und durfte die Halbstadt nicht mehr betreten.

Bei der Weltmeisterschaft in der Schweiz dominierten die Franzosen. Ein Trio fuhr dem Feld davon, Jourden löste sich von seinen Landsleuten in der letzten Runde und gewann, die beiden anderen vervollständigten den Dreifachsieg. Ich kam mit den Verfolgern ins Ziel, fast zwei Minuten hinter dem Sieger, und begnügte mich mit Platz 23. Es war nicht unser Tag gewesen.

Begegnung mit Renate

Aber in das Jahr 1961 fiel noch ein anderes für mich ungemein wichtiges Ereignis: Ich lernte meine Frau kennen. Als der nacholympische Trubel abgeklungen war, waren wir nach Oberhof ins Trainingslager gefahren. Vielleicht sollte ich sie lieber erzählen lassen, wie alles begann, denn sie hatte die größere »Aktie« daran ...

»Ich hatte als Jungaktivistin eine Reise nach Oberhof als Auszeichnung geschenkt bekommen. Als der Bus, mit dem ich gefahren war, vor dem Konsumhotel hielt, kamen fast zur gleichen Zeit die Friedensfahrer. In der Empfangshalle hörte ich einige über meine roten Haare flach-

sen. Ich war solche anzüglichen Bemerkungen gewöhnt und
hatte gelernt, darüber zu lachen.

Natürlich war mir Schur ein Begriff, aber ich kannte ihn
eben nur von Bildern. In natura gefiel er mir jedenfalls noch
besser. Eines Tages begann er – oder ich? – ein Gespräch.
Wir plauderten miteinander. Nur eben so, aber dann hörte ich hintenherum, daß er einen Faible für Rothaarige hatte. Na ja, so begann es eben.«

Ich habe nie ein Hehl daraus gemacht: Die Taktik der
nächsten Etappen hat sie geschickt eingefädelt. Als sie aufbrach, erfand sie irgendeinen Vorwand, warum sie ihren
großen Koffer nicht mitnehmen könne, und fragte mich,
ob wir ihr den nicht nach Leipzig mitbringen könnten.

Ich lud den Koffer ins Auto, aber als wir in Leipzig
anlangten, wollte ich sie nicht allein besuchen, um ihr den
Koffer zu bringen. Also bat ich meinen Freund »Bulla«

Familie Schur, v. l. n. r. Gus-Erik, Jan, Frau Renate, Susanna,
Gusti und Täve

188

Die Söhne Jan und Gus-Erik auf dem Tandem

Töpfer, mich zu begleiten. In der Tür versicherte ich, daß es der reine Zufall wäre, denn Töpfer hatte just den gleichen Weg wie ich. Sie hatte auch einen »Zufall« parat: Ihre Freundin wäre gerade gekommen. Wir wurden beide zum Kaffee eingeladen, und so entwickelte sich die Sache. Ich kann sicher auf weitere Details verzichten.

Es ist müßig, heute erforschen zu wollen, welches der Hauptgrund war, warum ich 1962 zum ersten Mal die Friedensfahrt nicht mitfuhr – ich war bei einigen Etappen dabei und betätigte mich als Rundfunk-Kommentator –, aber feststeht, daß wir am 12. Juni 1962 geheiratet haben. Keine große Party, nur die engsten Freunde.

Renate war fortan immer an meiner Seite zu finden, in guten und in schlechten Zeiten. Und als wir nach der Rückwende in mancherlei Turbulenzen gerieten, schuftete sie Tag und Nacht an den »Segeln«, damit unser Familienschiff auf Kurs blieb. Sie war im Laden unseres Sohnes Gus-Erik ebenso emsig wie später im Hotel, das Jan in Schierke eröffnet hatte.

Ich darf den Faden der Zeitläufte nicht aus der Hand gleiten lassen. 1963 stand ich in Prag wieder am Friedensfahrtstart.

Der Held jenes Jahres war Klaus Ampler, und ich tat alles, um ihm zu helfen. Beim 57-km-Einzelzeitfahren von Bautzen nach Dresden – wer die Topografie der Strecke kennt, weiß, was da von den Rennfahrern verlangt wurde – nahm er mir knapp drei Minuten und dem kleinen Belgier Verhaegen das Gelbe Trikot ab. Auf der Etappe von Dresden nach Erfurt – das waren 245 Kilometer! – sollte Manfred Weißleder gleich nach dem Start das Feld durch einen Vorstoß sprengen. Tatsächlich begriff niemand, welche Taktik wir verfolgten, als wir auf einer solchen Marathonetappe so früh angriffen. Der Plan ging fast auf, aber das Feld kam noch einmal zusammen, ehe es endgültig gesprengt wurde. Es bildete sich eine dreizehnköpfige Spitzengruppe, in der drei Belgier fuhren. Klaus und ich waren ebenfalls mit von der Partie. In den Straßen Karl-Marx-Stadts hielten Zehntausende an den Straßenrändern den Atem an: Der Träger des Gelben Trikots mußte wegen eines Defekts vom Rad. Aber er stand nur Sekunden auf dem Pflaster, dann saß er auf meinem Rad und wurde von mir angeschoben. Die Belgier, die für Augenblicke wohl gehofft hatten, die Situation nutzen zu können, begruben ihre Träume. Ich kam in Erfurt als Dritter an, den Sieg hatte Klaus Ampler errungen, und die über sechs Minuten Vorsprung, die ihn von Verhaegen trennten, waren bis Berlin nicht mehr gefährdet. Immerhin hatte sich der Belgier in Magdeburg den Etappensieg vor Ampler geholt.

Es waren nicht nur Siege und Niederlagen, verlorene und gewonnene Minuten, die in der Erinnerung blieben. Es waren vor allem die menschlichen Begegnungen. Die Belgier kamen seit Jahren mit einem legendären Masseur: Leon Sonnet. Der schwergewichtige Graukopf verbrachte den Winter in den Kojen der Sechstagefahrer, den Sommer beim Giro und bei der Tour, aber im Mai schlug er selbst die lukrativsten Angebote der berühmtesten Profis aus. Den hatte er sich für die Friedensfahrt reserviert. Und dort fühlte er sich wohl, massierte nebenbei auch die Kubaner, weil die keinen eigenen Masseur dabei hatten. Irgendwann hatte er sich in der DDR ein Massagegerät gekauft. Drei Jahre später versagte es den Dienst. Ein Journalist schrieb darüber. Im Bautzener Keglerheim, wo wir uns auf das Zeitfahren nach Dresden vorbereitet hatten, erschien eine »Delegation« der Kreiszeitung – der Redakteur und zwei

Leon Sonnet

191

Leser – und überreichte Sonnet ein neues Gerät. Im Jahr darauf stieg Sonnet mit einem Kinderdreirad für mich aus dem Flugzeug. Er hatte gehört, das ich das erste Mal Vater geworden war. Berliner Schüler lasen darüber und investierten den Erlös ihrer letzten Altstoff-Sammlung für ein Blutdruckgerät, das sie Sonnet im Hotel überreichten. Was würde ich dafür geben, ihm noch einmal zu begegnen!

Abschied im Harz

1964 fuhr ich meine letzte Friedensfahrt. Ich riß keine Bäume aus, aber beim 45-Kilometer-Bergzeitfahren von Erfurt nach Oberhof – weil es dort oben an Radsportfunktionären fehlte, organisierten Skisprung-Kampfrichter das Ziel der Etappe – kam ich immerhin noch auf den fünften Rang. Dann stand wieder einmal der Olympia-Ausscheid auf dem Programm. Das erste Rennen fand in Gießen statt, und als wir losfuhren, glaubte jemand, Pillen auf der Straße gesehen zu haben und schrie, ich hätte sie verloren. Das nur, um die Atmosphäre zu illustrieren. Beim ersten Rennen, das bei Erfurt ausgetragen wurde, fuhr mich einer auftragsgemäß in den Graben. (Er hat sich übrigens dreißig Jahre später bei mir gemeldet und entschuldigt.) So wurde nichts aus meinen dritten Olympischen Spielen, aber immerhin stellte die DDR in Tokio zum ersten Mal die Mehrzahl der Athleten und damit auch den Chef de Mission.

Ich fuhr noch die Harzrundfahrt, und als ich ins Ziel kam, teilte ich mit, daß dies mein letztes Rennen gewesen sei. Ich fühlte mich wegen einer schmerzhaften Darmgeschichte ständig wie ausgebrannt, lag deshalb kurze Zeit im Krankenhaus und wußte, es war Zeit aufzuhören. Zudem hatte ich es nicht nötig, wie ein Profi des Geldes wegen bis zum bitteren Ende zu fahren. Ich war 33 Jahre alt und hatte mehrere Berufe.

1960, Olympische Spiele in Rom

Siegerehrung bei der Frie- densfahrt

Friedensfahrt, Ankunft in Berlin

Sachsenring 1960, Täve Schur und Bernhard Eckstein

DDR-Rundfahrt 1962, Täve mit dem Holländer Swanefeld

Radschaden

Cestari und Schur, Friedens-fahrt 1961, Täve gewinnt mit Reifenstär-ke den Etap-pensieg in Brno

Klaus Ampler und Täve Schur bei der Deutschen Straßen-meisterschaft 1963

Ehrenstart vor der Leipziger Oper bei der Friedensfahrt 1964

Friedensfahrt 1964, 1. Etappe, links Pavel Dolezal

1972, DDR-Ministerrat empfängt Friedensfahrtsieger (Täve Schur, Stanislaw Krolak, Jan Vesely, Vlastimil Ruzicka)

DDR-Sportler des Jahres 1981, v.l.n.r. Karin Balzer, Margitta Gummel, Kornelia Ender, Roland Matthes, Gaby Seyfert, Hans-Georg Aschenbach, Frank Wiegand, Maxi Gnauck, Helmut Recknagel, Rosemarie Ackermann, Gisela Birkemeyer, Bernd Rogahn, Täve Schur

*Täve beim
Wintersport*

Vesely und Schur 1997

Es gab wieder viele Fragen, aber bald gewöhnte man sich daran, daß der Name Schur nicht mehr auf den Startlisten zu finden war.

Es gab ein paar Abschiedsgrüße von alten Freunden. Willy Vandenberghen meldete sich aus Brüssel: »Schur sorgte auf dem Sachsenring dafür, daß Eckstein Weltmeister wurde und nicht ich. Das trage ich ihm nicht nach. Ich habe ihn als einen Rennfahrer mit bewundernswertem sportlichen Geist kennengelernt. Schade, daß nicht alle Rennfahrer in der Welt so ehrlich und so fair kämpfen wie er. Ich wünsche ihm von ganzem Herzen viel Erfolg für seine weitere Laufbahn.« Ian Steel, Sieger der Friedensfahrt 1952, versicherte Journalisten: »Ich bin stolz darauf, mich zu den Freunden dieses großen Sportlers zählen zu dürfen!« Und Rudi Kirchhoff, mit dem ich so manchen Strauß ausgefochten hatte, meinte: »Täve hat viel für unseren Sport getan. Die Rennen werden ärmer werden ...«

Was noch zu erledigen blieb, war meine Diplomarbeit. In den zwei Monaten, die ich dafür noch benötigte, beging ich einen unverzeihlichen Fehler: Ich verzichtete nämlich von heute auf morgen auf jegliche Bewegung, saß ständig am Schreibtisch und wühlte in Büchern. Und das, obwohl mir Prof. Dr. Siegfried Israel eingeschärft hatte, systematisch abzutrainieren und ich dafür sogar einen Plan mitbekommen hatte. Das Resultat meines Fehlverhaltens: Eine Herz-Arhythmie. Das brachte man zwar an der Leipziger Karl-Marx-Universität wieder in Ordnung, aber ich war gewarnt.

Danach begann ich als Nachwuchstrainer zu arbeiten. Nein, ich brachte nicht sofort Spartakiadesieger hervor oder gar Nachwuchs-Weltmeister. Heißt das, daß ich als Trainer gescheitert wäre? Nein, aber es gab da ein Problem. Entweder mache ich eine Sache ganz oder gar nicht. Ein Trainer muß von früh bis abends für seine Schützlinge da sein, wenn er Erfolg haben will. Das konnte ich auf

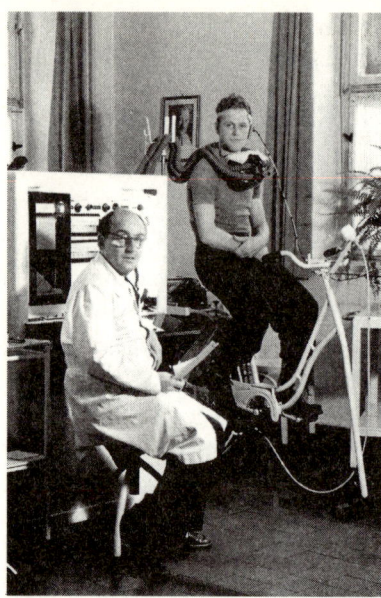

die Dauer nicht garantieren, nachdem ich 14 Jahre meines Lebens dem Radsport untergeordnet hatte. Immerhin waren da inzwischen zu Hause vier Kinder. Wie schnell konnten die Leute sagen: »Seht euch die Gören von dem Schur an, der kümmert sich nur um seinen Radsport.« Oder aber die Rennfahrer hätten gesagt: »Äh, Täve, kümmerst du dich nur noch um deine Kinder?«

Abenteuer Rennsteiglauf

Also verabschiedete ich mich wieder von den Trainern. Man wählte mich zum stellvertretenden Vorsitzenden des DTSB-Bezirksvorstandes Magdeburg. Das war nicht gerade mein Traumberuf. Maschinenbauingenieur hatte ich werden wollen und brachte dafür auch viele Voraussetzungen mit: Ich kann schweißen, bohren, hart löten, weich löten, ich kann Brunnen bohren, Autos reparieren und Fahrräder sowieso. Ich könnte heute noch Töpfe flicken, wie ich es nach dem Krieg getan habe. Aber gut, sie brauchten mich im DTSB. Obwohl – ich habe das schon erwähnt – die mit mir zusammenarbeiteten nicht gerade vor Freude jubelten, wenn ich ihnen riet, ein sportlicheres Leben zu führen und Rauchen und Trinken zu reduzieren.

Ich war viel im Bezirk unterwegs, kannte viele Übungsleiter und BSG-Vorsitzende, beriet mit ihnen, wie wir ihre Probleme lösen könnten, und saß auch mal mit ihnen zusammen, um in aller Gemütlichkeit zu klönen. Meine Popularität hatte nicht gelitten. Ich saß im Präsidium des DTSB und konnte dort über die Sorgen der kleinen Betriebssportgemeinschaften verbindliche Auskünfte geben, ich war Mitglied des Präsidiums des Radsportverbandes, wo man meinen Rat ebenfalls schätzte, und ich war auch noch immer Abgeordneter der Volkskammer.

Auf dem Rad sah man mich kaum noch, obwohl ich wußte, daß ich nicht mit dem Sport aufhören durfte. Wer einmal wie ich seinen Körper belastet hat, muß ihn sein Leben lang belasten. Das ist wie eine Droge, allerdings die gesündeste Droge, die man kennt. Man spürt den Drang, sich zu bewegen, vielleicht so, wie sich ein Süchtiger nach Drogen sehnt. An das Rennrad war allerdings schon deshalb nicht mehr zu denken, weil ich es sonst ständig hätte putzen müssen, damit die Leute nicht sagten: »Der Schur? Der fährt mit 'ner dreckigen Karre durch die Gegend!«

Also verlegte ich mich auf das Laufen.

Ich lief erst kürzere Distanzen, dann längere und schließlich landete ich beim Rennsteiglauf. Hinzu kam, daß wir bei uns die Meilenbewegung voranbringen wollten, und da habe ich mir gedacht, mit deinem Vorbild kannst du vielleicht dazu beitragen, andere zum Laufen zu animieren.

1977 wollte ich mich dort testen. Es war für mich eine furchtbare Strapaze, aber etwas anderes als eine Friedensfahrtetappe. Dort war ich Kapitän einer Mannschaft, hatte eine Aufgabe zu erfüllen. Wenn du da glaubst, du kannst nicht mehr, weißt du genau, an Aufgeben ist nicht zu denken. Beim Rennsteiglauf hätte ich jederzeit aufhören können. Aber mein Ehrgeiz ließ das nicht zu: Schur gibt nicht auf!

Zum Problem wurde es für mich nur, weil ich dummerweise nach zehn Kilometern Grapefruitsaft getrunken hatte, auch noch kalten. Dreißig Kilometer bin ich mit Magenkrämpfen gerannt. Unterwegs sah ich auf einem Holzstoß Hermann Buhl stehen, den früheren 3000-m-Hindernisläufer, der Sportarzt geworden war.

»Mensch Hermann«, rief ich ihm zu, »ich habe Magenkrämpfe, was soll ich machen?«

Er stellte eine treffende Diagnose: »Du läufst zu schnell!«

Oben auf dem Rennsteig ging ich einen Kilometer lang, aber die Krämpfe blieben. In Oberhof, überall standen ja Sanitätszelte, bin ich in eines gegangen und habe denen von meinen Krämpfen erzählt, ihnen aber auch gleich bedeutet: »Aufgeben kommt für mich nicht infrage.«

Die Ärztin gab mir ein krampflösendes Mittel, Baldrian oder so, aber es wurde nicht besser. Bergauf nicht und bergab, wenn es stauchte, erst recht nicht. Ich trank Haferschleim. Zehn Kilometer vor dem Ziel empfahl man mir an einer Verpflegungsstelle: »Versuch's mal mit warmem Bier!«

Mir war schon alles egal. Ich trank das warme Bier, und der Krampf war weg. Da erinnerte ich mich, was ich ja schon während des Studiums gelernt hatte: Bier löst eine alkalische Wirkung aus!

Also kam ich ans Ziel und bestand diese Prüfung vor mir selbst. Ich habe dabei aber auch eine Erfahrung gesammelt, die mir für alle Freizeitläufer von Belang scheint: Die Belastung muß sinnvoll und vernünftig sein und dazu führen, daß man sich wohlfühlt.

Dann habe ich auch das Rad wieder hervorgeholt, geputzt und habe mich wieder Berge hinaufgequält.

Die Rückwende

Und dann kam jenes Ereignis, für das man inzwischen eine ganze Liste von Begriffen hat: Vereinigung, Wiedervereinigung, Wende, Beitritt, Rückwende, Besetzung, Kehrtwende.

Der DTSB wurde aufgelöst, die Funktionäre bis auf ein paar »Abwickler« alle »abgewickelt«, die Rennfahrer zerstoben in alle Winde, Jan bekam einen Vertrag als Profi in

Sohn Jan
mit seiner Mutter

Italien, Gus-Erik, die kleinere Tochter und Renate waren über Nacht arbeitslos. Das war die »neue Zeit«.

Auch in der Volkskammer kamen harte Tage. Die Partei nominierte mich für den sogenannten Untersuchungsausschuß, der Mitglieder des Politbüros über angeblichen Amtsmißbrauch vernahm. Der Vorsitzende, ein lange als Richter am Obersten Gericht der DDR tätiger CDU-Jurist, meldete sich öfter mal krank, wenn er einer solchen Befragung ausweichen wollte. An die Befragung Horst Sindermanns kann ich mich noch sehr genau erinnern. Er betrat den Raum und gab mir – vielleicht froh, ein vertrautes Gesicht zu sehen – die Hand. Man hat mir hinterher Vorwürfe gemacht, daß ich ihm die Hand schüttelte. Aber ich blieb gelassen. Hatte jemand Kohl befragt, warum er Erich Honecker die Hand gegeben hatte? Konnten die sich erinnern, wie oft Strauß Gast in der DDR war?

Ich sah auch ein Problem darin, daß uns viele Vorwürfe machten, die sich selbst nie die Frage stellten und keinen Gedanken daran verschwendeten, wie sie sich verhalten hätten, wenn sie in der DDR aufgewachsen wären.

Ich leide nicht an DDR-Nostalgie, aber in der DDR galten mancherlei Gesetze, die dem »neuen« Deutschland gut zu Gesicht gestanden hätten. Es ist müßig, darüber nachzudenken oder gar zu reden, weil klar ist, daß solche Gesetze in einer kapitalistischen Ordnung schlicht fehl am Platze gewesen wären.

Da ich jetzt an diesem Buch sitze, tagt bekanntlich auch ein Untersuchungsausschuß, der Korruption aufklären soll. Sicher war auch die DDR nicht restlos frei von Bestechung, aber nie spielten Millionen eine Rolle. Nie war die Rede davon, daß DDR-Obere gegen Schmiergeld Panzer verkauft hatten, mit denen Kriege geführt wurden. Aber das liefert in dem Deutschland von heute kaum noch Schlagzeilen. Honecker hatte eine Jagdhütte im Wald. Die BRD-Minister, die ihn dort besuchten, dort mit ihm konferierten, tafelten, aber nie Waffengeschäfte bereden konnten, leiden an Gedächtnisschwund. Aber immer mal wieder wird die Jagdhütte hervorgekramt, der Gärtner, der sie hegte, interviewt. Vor zehn Jahren machte das vielleicht noch Eindruck bei dem einen oder anderen, heute ist es nur noch langweilig.

Nein, ich behaupte nicht, daß man nur kluge oder richtige Entscheidungen in der DDR getroffen hat, und ich bin sicher, daß man oft bessere hätte fällen können, wenn man alle gut Informierten vorher gründlich befragt hätte. Aber wer hat sich in der DDR auf Kosten anderer bereichert?

Andererseits: Unsere Gegenwart beweist nicht, daß man heutzutage bereit wäre, Logik, Vernunft und Menschenrechte zu berücksichtigen. Mir wird jedenfalls niemand erklären können, warum Millionen Menschen in der Welt verhungern müssen. Kürzlich erhoben wir uns im Bundestag zu einer Gedenkminute für tödlich Verunglückte. Müßten wir uns nicht am Beginn jeder Sitzung schweigend erheben, um der – so die UNO-Statistik – 54000 täglich im Elend sterbenden Menschen in der Welt zu gedenken?

Und wenn ich an die fruchtbaren Börde-Äcker denke, die brachliegen, und daß sogar noch Prämien dafür bezahlt werden, weil sie niemand bestellt, packt mich die Wut. Wenn das zu den Errungenschaften einer Gesellschaft gehören soll, wird es schwerfallen, mir das beizubringen. Nicht zu leugnen, daß alle vier Jahre Kandidaten der verschiedenen Parteien um die Gunst der Wähler kämpfen. Aber wo sind sie im Parlament, wenn wichtige Fragen entschieden werden sollen? Und wer achtet auf die Grundgesetzformel, wonach jeder dieser Abgeordneten nur seinem Gewissen verantwortlich ist, wenn bei einer Abstimmung vor der Urne Vertreter der Parteien stehen und signalisieren, welche Stimmkarte abzugeben ist?

Bin ich zu ehrlich oder etwa zu naiv für dieses Parlament?

Ich hatte in der Volkskammer gegen den sogenannten Einigungsvertrag gestimmt. Auch in meinem Namen hatte Gregor Gysi in letzter Stunde gewarnt: »Wir dürfen nicht den falschen Eindruck zulassen, daß wir mit dem Beitritt etwa die Probleme, die wir bis heute nicht gelöst haben, gelöst hätten. Wir müssen doch ehrlich sein und sagen: Allein durch den Beitritt ändert oder löst sich in bestimm-

ten Wirtschafts- und Sozialfragen zunächst einmal überhaupt nichts. Wir haben die Pflicht, uns Gedanken über
eine bestimmte Zeit hinaus zu machen und offen diese
Wahrheit auszusprechen. Die Eigentums- und Nutzungs-
rechte der DDR-Bürgerinnen und -Bürger sind noch nicht
gesichert; das gleiche gilt für bestimmte Sonderregelungen
in der DDR – ich denke an die selbstbestimmte Schwan-
gerschaft und Mutterschaft der Frauen. Wir sind doch die
gewählten Vertreterinnen und Vertreter der Bürgerinnen
und Bürger dieses Landes, um ihre Interessen und Rechte
zu sichern und nicht um zu sagen: Wie das auch immer
mal wird in Zukunft – wir gehen da rein, wir konnten leider für euch nichts sichern.«

Das war am 22. August 1990! In derselben Debatte hatte der stellvertretende SPD-Vorsitzende Thierse gesagt:
»Wir sollten nicht die schwarze Illusion erwecken, daß wir
unter die Räuber fallen.«

Der sogenannte Einigungsvertrag wurde von einer
Expreß-Lokomotive gezogen. Die Abgeordneten, die den
Gesetzesänderungen zuzustimmen hatten, bekamen die
Vorlagen oft erst eine Viertelstunde vor der Aussprache
auf den Tisch. Ich werde nie vergessen: Als einmal die Vorlagen nicht ausreichten, empfahl man allen Ernstes, uns in
Westberliner Buchhandlungen mit den Texten zu versorgen. Die Wirtschaftsministerin im Kabinett von Hans
Modrow, Christa Luft, prophezeite, daß diese Prozedur
eines Tages ins Guinness-Buch der Rekorde eingetragen
würde: Solches Tempo hat noch kein Parlament der Welt
beim Beschließen von Gesetzen erzielt!

Ankunft in der Marktwirtschaft

Nach der Rückwende wurde der stellvertretende Vorsitzende des DTSB-Bezirksvorstandes nicht mehr gebraucht.
Ich war arbeitslos und konnte die »freiheitliche« Demo-

kratie und die so gepriesene Marktwirtschaft vor Ort ausgiebig studieren. Als erstes hatte ich meinen Söhnen geholfen, in Magdeburg einen Fahrradladen zu eröffnen. (Werbung ist heute sogar in Memoiren erlaubt: Über dem Laden
steht »Täves Radladen«.) Es begann mit einer Unterneh-

Täve mit Frau im Radgeschäft von Gus-Erik

mensberatung, die mich über 5000 DM kostete. Die
bewirkte allerdings nur, daß Ladenflächen nachgewiesen
wurden. Ich entschied mich schließlich für eine, die aber
geteilt werden mußte, weil sie zu groß war. Ich fand mich
bei der Treuhand wieder, denn es handelte sich um einen
früheren HO-Laden für Heimwerkerbedarf. Interessentin
für die andere Ladenhälfte war eine Schuhladenbesitzerin.
Man verlangte von uns, je zwei Arbeitskräfte und einen
Lehrling zu übernehmen und 50 000 DM zu zahlen. Die
Frau, die den Schuhladen betrieb, hatte keinen Einwand.
Ich habe dann auch »Ja« gesagt und konnte zwei Nächte
nicht schlafen. Später übernahm Gus-Erik, der jüngere
Sohn, allein den Laden, führt ihn bis heute erfolgreich und

hat auch die 50 000 DM eingezahlt. In welche Tasche mögen sie gewandert sein? Der Schuhladen ging pleite, und heute kann man die danebenliegenden Ladenflächen ohne Treuhand-Obulus mieten.

Noch turbulenter ging es beim Bau des Hotels meines Sohnes Jan in Schierke zu. Als »Wasserholer« hatte er beim italienischen Rennstall Chateau d'Ax einen Profivertrag gehabt und fuhr die meiste Zeit an der Seite des Weltmeisters Gianni Bugno. Später wechselte er zum Rennstall Motorola und entschloß sich, jeden Pfennig, den er verdiente, in ein Hotel zu stecken. Seine sportliche Laufbahn nahm ein jähes Ende, als er – was man als Rennfahrer nicht tun sollte – im Herbst Fußball spielte und sich den Unterschenkel brach. Er hörte, daß in Schierke ein ehemaliger Kindergarten in einer Jugendstilvilla verkauft werden sollte. Für den notwendigen Kredit wurden Sicherheiten gefordert, zu denen am Ende auch ein Teil meines Grundstücks gehörte. Es stellte sich sehr bald heraus, daß sein Vorhaben die Kraft der gesamten Familie erforderte, und ich mußte in allen Berufen, die ich je erlernt hatte, mit zupacken. Eines Tages konnte endlich die Eröffnung gefeiert werden, wenn auch noch längst nicht alles fertig war. Bedenklich aber war, daß während der Bauzeit unvorhergesehene Probleme auftauchten, die sich als sehr kostspielig erwiesen. Der Architekt hatte einen Bauunternehmer und eine Heizungsfirma mitgebracht. Gemeinsam arbeiteten sie an den Vorgaben der Statiker vorbei. Erst durch eine Anzeige von Jan beim Bauamt Wernigerode konnte das aufgedeckt werden. Die fatale Folge: Vieles mußte wieder abgerissen werden, die Kosten stiegen entsprechend, denn die Projektierung mußte von vorn begonnen werden. Am Ende hatten sich Schulden aufgetürmt. Hätte die Vereins- und Westbank in Braunschweig ihre Zusage für einen Unterstützungskredit eingehalten, wäre Jan sicher heute noch Besitzer von »Täves Sporthotel.«

Wieder konnte ich Nächte lang nicht schlafen, denn wir waren bislang keine Schuldenmacher. Das Hotel war übrigens erfolgreich und gut ausgelastet. Aber eines Tages kam es zur Zwangsversteigerung. Der Oberkellner aus Schierke, der das Haus ersteigerte, bekam den Kredit, auf den er gehofft hatte, auch nicht, und am Ende gehörte das Hotel einem Steuerberater aus Wolfenbüttel, der sich vorher schon das ehemalige Ferienheim des Schwermaschinenkombinats »Ernst Thälmann« Magdeburg gesichert hatte. Jetzt betreibt dessen Sohn das Hotel, das allerdings nicht mehr »Täves Sporthotel« heißt.

Viele Gäste beim 60.

Ich hatte die Volkskammer mit ihrer Auflösung verlassen. Im Februar 1991 feierte ich meinen 60. Geburtstag. Überraschend viele waren nach Heyrothsberge gekommen. Das Haus war voll. Der neue Bürgermeister, neu gewählte Sportfunktionäre gratulierten mir und natürlich viele alte Freunde. Rivalen von einst, Trainer, Funktionäre, Journalisten, die Schar war kaum zu überblicken.

Ein immer-wieder-Gesprächsthema jener Zeit war: »Wie weit wärst du wohl als Profi gekommen?« Und immer gab ich die gleiche Antwort: »Das ist eine rein spekulative Frage. Es blieben nur Papiervergleiche. Sicher wäre ich auch bei den Profis nicht der Schlechteste gewesen.«

Journalisten fragten mich am liebsten, was ich denn dazu sagte, daß Jan zu den Profis gewechselt war. Im Hintergrund klang immer die Hoffnung mit, ich würde vielleicht bekennen, daß er sich meinen sehnlichsten Lebenswunsch hatte erfüllen können, jetzt, da uns die Freiheit beschert worden war.

Ich gab zur Antwort, daß Jan an der DHfK zu studieren begonnen hatte, aber schnell verstand, daß ihm ein Studium heutzutage wenig nutzen würde. Und ich fügte hinzu: »Sein Schritt war ein logischer Schritt in dieser Zeit. Wer heute als Rennfahrer was drauf hat, muß versuchen, daraus Profit zu schlagen. Jan hat an der DHfK studiert, was nützt ihm dieser Studienabschluß heute in Deutschland? Ein Diplom, das gestern noch in der ganzen Welt gefragt war, ist heute in Deutschland nichts mehr wert. Einen praktischen Beruf hat er nicht erlernt. Also ist das einzige, was er wirklich beherrscht, das Radfahren, und deshalb war es richtig, wozu er sich entschlossen hat. Ich mache kein Hehl daraus, daß er in der kurzen Zeit, in der er als Profi fährt, eine Summe verdiente, von der ich in meinem ganzen Leben nicht einmal träumen konnte. Aber ist Geld der Gipfel des Lebens?«

Gedanken an Erdwig

In diesen Monaten dachte ich oft an Hermann Erdwig. Es gab verschiedene Gründe dafür. Er hatte mir einmal prophezeit: »Deine Kinder werden groß, es werden Enkelkinder kommen, kaufe dir irgendwo ein Stück Land, wo du dann vielleicht leben willst.« Das war sicher nichts weiter als eine Erfahrung, die er selbst im Leben gesammelt hatte. Ich wehrte mich mit Händen und Füßen dagegen, Landbesitzer zu werden, kaufte aber doch den Acker, auf dem mein Eigenheim dann entstand. Und ausgerechnet dieses Stück sollte uns dann helfen, zu überleben, als Gus-Erik den schon erwähnten Fahrradladen eröffnen wollte. Als Arbeitsloser hatte er keine Chance, einen Kredit zu bekommen. Ich aber war durch mein Grundstück plötzlich bei allen Banken kreditwürdig. Ich hatte einige Angebote bekommen, mit meinem Namen für Radsportfirmen zu werben. Es waren seriöse und unseriöse darunter. Man mußte aufpassen.

Ja, und da dachte ich so manches Mal an Hermann Erdwig. Was hätte der in solcher Situation getan?

Er blieb sein Leben lang seiner Gesinnung treu. Wenn ich Kollegen vom Spezialbau traf und wir ins Gespräch kamen, fiel immer sein Name. Alle waren überzeugt, daß er auch heute seinen Weg gehen würde. Übrigens war ich in den Vorstand des Sportvereins Börde e.V. gewählt wor-

Mit Frau und Enkel
Josephine

den. Das erinnerte mich an den Namen der BSG, die er damals ins Leben gerufen hatte, eine Art späte Ehrung für ihn.

Natürlich stellte man mir überall die Frage, ob meine Ideale nicht zertrümmert wären? Meine Antwort lautete immer: Nein! Was ich vertreten habe, gilt auch weiter: Es muß lebenswerte Bedingungen für alle Menschen auf der Erde geben! Wenn wir – vor allem aber unsere Söhne, Enkel und Urenkel – auf dieser Erde weiterleben wollen, dann werden nicht einige auf Kosten vieler leben können, sondern alle ihren Platz brauchen und vor allem gleiche Rechte. Und wir werden lernen müssen, bescheidener zu leben, denn wir verlangen unserer Mutter Erde zu viel ab.

Dann kam immer die Frage nach den Fehlern.

Wer nicht sogleich begann, sie aufzulisten, schied aus.

Ich sagte vielen, daß ich in dem Rennen um die Nen-
nung der höchsten Zahl an Fehlern nicht an den Start gehen
würde. Zeit und Besonnenheit sind gefordert, um eines
Tages ein klares Bild unseres Lebens zu gewinnen. Das wird
kein strahlendes sein, aber eben auch kein pechschwar-
zes!

Wer da kräht, daß es falsch war, uns nicht an der anstehenden wissenschaftlich-technischen Revolution, die die
Welt veränderte, zu beteiligen, hat recht, muß sich aber
die Gegenfrage gefallen lassen: Wie sollte die kleine DDR
das denn anstellen? Es scheint manchmal, als wäre es ein
Spaß, über die »marode« DDR zu lästern. Ich habe in meiner Umgebung genug Menschen kennengelernt, die jeden
Tag dafür schufteten, daß sie moderner wurde. Menschen,
die sich den Kopf zerbrachen, wie das anzustellen war und
nicht als erstes fragten: Und was bekomme ich dafür?

Sachlichkeit bleibt oberstes Gebot. Ich habe einen Historiker zum Freund, der mir sagte: »Die bürgerliche Gesellschaft hat zwei Jahrhunderte gebraucht, ehe sie ihre Ideale verwirklicht sah. Und wie viele Rückschläge hat sie in
diesen zweihundert Jahren erlebt! Und wieviel Menschlichkeit hat sie hervorgebracht und wieviel Unmensch-
lichkeit?«

Ich bleibe dabei: Wichtig ist für mich, daß ich mir treu
bleibe!

Als Arbeitsloser hatte ich am Anfang genügend »Frei-
zeit«. Wie oft war früher kritisiert worden, daß über jede
Kleinigkeit Berichte geschrieben werden mußten. Jetzt
wurde man mit Anträgen zugeschüttet. Das Erste war ein
Antrag, um einen Antrag zu bekommen. Wenn ich nur an
die Steuern denke. Ohne Beratung – die man natürlich
bezahlen muß – hat man kaum eine Chance, sich davor zu
bewahren, Geld einzubüßen.

Ein cleverer Wessi engagierte mich als Trainer für Frei-
zeitradler, die sich in Norditalien in Form brachten. Das

Unternehmen war recht erfolgreich, ich wurde »Cheftrainer«, und er engagierte noch Trainer hinzu. Das war gut organisiert. Jeder Teilnehmer konnte sich eine Distanz heraussuchen, und die Trainer kümmerten sich darum, daß die einzelnen Gruppen sie dann auch schafften. Dort konnte ich mich endlich fernab von all dem Geschwätz und Gekeife erholen. Und obendrein meine Erfahrungen nutzbar machen und sogar noch Erfolgserlebnisse feiern.

Was wird aus der Friedensfahrt?

Und dann war da noch die Sorge um die Friedensfahrt. War sie überhaupt zu retten? Man hatte Vorwürfe erhoben: Sie sei ein »politisches Rennen« gewesen, hatte aber nicht allzu viel Argumente in dieser Hinsicht vorzutragen. Immerhin gelang es mir mit der Hilfe vieler Freunde, ein Kuratorium zu gründen, das sie vor dem Untergang bewahren sollte. Überraschend viele Spenden gingen ein. Wir begannen, Sponsoren zu suchen, aber das war ein hartes Brot. Mancher fürchtete, daß ein Engagement für die Friedensfahrt als ein politisches Bekenntnis zur DDR ausgelegt werden könnte, und wer wollte derlei schon riskieren?

Zudem hatte der Radsportverband bereits voreilig verkündet, daß es keine Friedensfahrt mehr geben würde, aber dann engagierte sich die Olympia GmbH in Berlin. Man dachte, auf diese Weise die Bewerbung Berlins um die Olympischen Spiele 2000 zu unterstützen. Vielleicht hoffte man darauf, daß diese Geste die IOC-Mitglieder der osteuropäischen Länder beeinflussen würde, für Berlin zu votieren. Der Start sollte in Berlin stattfinden, die erste Etappe als »Rund um Berlin« ausgetragen werden. Was wäre logischer gewesen, als die Frauen und Männer zu mobilisieren, die das Rennen schon Jahrzehnte in Berlin organisierten? Aber was wurde in jener Zeit schon logisch gehandhabt? Man wollte niemanden von »früher« dabei haben. Also versuchten Leute, die die Friedensfahrt noch nie erlebt hatten, sie zu organisieren. Auch auf die Mitwirkung des Kuratoriums verzichtete man, ich wurde nicht einmal zum Start eingeladen. Über die Auftaktetappe berichtete damals eine Zeitung: »In Neu-Fahrland peitschte der Regen. Er peitschte das Chaos in die erste Etappe. Als das Feld wieder in den Südwesten Berlins einfuhr, zerriß das Feld. Zwei kleine Gruppen mußte das Feld ziehen lassen. Da der Abstand vorerst aber gering war, durften die begleitenden Fahrzeuge und die Mannschaftswagen noch nicht in das entstandene ›Loch‹. Danach folgte, was die Fahrt in 44 Jahren noch nie erlebt hatte – das perfekte Chaos. Über Funk forschte einer der Schiedsrichter: ›Wo sind denn die abgefallenen Fahrer?‹ Antwort von Rennleiter Gerhard Passow: ›Die sind so weit weg, daß ich es nicht weiß.‹ Ein paar Minuten der nächste Hilferuf: ›Wo sind denn die hinteren Fahrer?‹ Bündige Antwort des Rennleiters: ›Verschwunden!‹ In diesem Augenblick irrten die Verschollenen hilflos durch die Clay-Allee. Ampel rot, Ampel gelb, Ampel grün. Noch einmal nahm die Rennleitung die Suche nach den Verschollenen auf. Das hörte sich über den Fahrtfunk so an: ›Wo sind die sieben?‹ Vergnatzte Antwort des Rennleiters: ›Das sind nicht sieben, sondern zwölf.‹

20 Kilometer vor dem Ziel mußte die Spitze eine andere Straße nehmen, als ursprünglich geplant worden war. Der Rennleiter wunderte sich: ›Die Polizisten hatten den Plan auf ihren Tanks. Sie müssen wissen, wo es lang geht.‹ Tatsächlich wußten sie nichts.«

Ich zitiere das hier nicht schadenfroh, sondern nur als Beleg dafür, welche Auswüchse die »Vereinigung der Brüder und Schwestern« hatte. Bis hin zur Organisation der Friedensfahrt.

Begegnung bei der Tour

Aber ich hatte auch andere Erlebnisse.

Ein Berliner Reisebüro organisierte jedes Jahr einen Ausflug »Mit Täve zur Tour«, und das waren vergnügliche Fahrten.

Friedensfahrtfans, auch frühere Rennfahrer wie Paul Dinter oder Eberhard Butzke, rollten im Bus nach Frankreich, und dort suchten wir uns Orte, an denen man das Rennen gut verfolgen konnte. Ich nahm das Rad mit, denn nun war ich längst wieder richtig im Training. Einmal kletterte ich den legendären Tourmalet hinauf und wartete dort auf den Bus. Es wurde ein heißer, aber auch erlebnisreicher Tag, und als ich gerade mein Rad verstauen wollte, entdeckte ich inmitten der abwandernden Zuschauer ein Gesicht, das mir bekannt erschien. War das nicht ...?

»He, Bill!«

Der Mann in Shorts auf der anderen Straßenseite fuhr herum. Ich winkte, er stürmte ungeachtet des Verkehrs über die Straße und schrie: »Damned, Täve, Täve.«

So traf ich im Toursommer 1994 den Briten Bill Bradley. Er schien es nicht fassen zu können. Es waren 36 Jahre vergangen, seitdem er uns auf einer Etappe nach Brno abgehängt hatte. Er war damals Etappensieger geworden, ich hatte fast zehn Minuten eingebüßt. Wir hockten uns ins Gras. »Was macht Stan, was Jack, was Geoffrey, was Bob?«

Dann drängte der Busfahrer. Wir ließen uns rasch noch fotografieren und nahmen Abschied. Ich erzählte zu Hause von der Begegnung und ahnte nicht, was ihr folgen würde. Monate später lag ein Zeitungsausschnitt aus der britischen Radsportwochenzeitung im Briefkasten und dazu Briefe. Ich ließ mir alles übersetzen. Die Zeitung: »Als der Eiserne Vorhang fiel, um Europa zu vereinigen, bedeutete das auch das Ende vieler Institutionen. Eine davon war die Friedensfahrt, das überragende Amateur-Etappen-Rennen auf dem Kalender. Es brachte viele große Rennfahrer hervor. Es war das Rennen, das der Schotte Ian Steel 1952 gewann und in dem Stan Brittain mehr als einmal dem Sieg nahe war. Es war auch das Rennen, das den großen Gustav Schur hervorbrachte. Zweimal Amateurweltmeister, war er fast ein Gott in seinem Land, und als er auf die Chance, seinen dritten Titel zu erringen, zugunsten seines Freundes Bernhard Eckstein verzichtete, wuchs sein Ansehen noch mehr. Es war auch das Rennen Bill Bradleys aus Southport, der 1958 eine Etappe gewann und zehnter in der Gesamtwertung wurde. Bradley blieb ein Freund Schurs, und es gibt Gespräche, das Rennen wieder zu beleben. Mannschaftsleiter, Rennfahrer, Mechaniker und Fans sollten an Bill Bradley – 36 Cleveleys Road, Merseyside – Southport, schreiben, wenn sie dieses Vorhaben unterstützen wollen.«

Und dann die Briefe:

»Lieber Bill Bradley,

ich las, daß du dich um die Wiederbelebung der Friedensfahrt bemühst. Ich habe mich im Dezember 1993 entschlossen, die Wintermonate in Mallorca zu verbringen, um dem Wetter in England zu entkommen. Ich sitze noch immer im Sattel und wandere auch gern in den Bergen. Genug über die Gegenwart. Es ist gut zu wissen, daß du mit Täve Kontakt hast, auch weil ich mich mit Freude jedes Treffens während all der Jahre erinnere. Er ist ein echter Gentleman. Ich hoffe, daß die Friedensfahrt eines Tages wiederaufersteht und für Freundschaft sorgt in der ›Radsport-Mafia‹. Ich würde das Neuentstehen der Friedensfahrt mit Freude begrüßen, aber es wird wohl sehr schwer werden, sie auf demselben Niveau zu haben wie früher. Sag bitte Täve, daß ich ihm helfen will, so gut es geht und daß ich ihm Erfolg wünsche.

Ian Steel«

»Lieber Täve,

wie geht es dir? Es ist jetzt 25 Jahre her, daß wir uns das letzte Mal sahen, als wir zusammen auf dem Rad von deinem Heimatort nach Magdeburg fuhren. An den Wochenenden fahre ich noch Rad, aber nicht so schnell. Ich treffe Bill Bradley oft. Er erzählte mir, daß du darüber nachdenkst, die Friedensfahrt auf die Straße zurückzuholen. Eine große Idee, auch unter dem Aspekt, daß es nun 50 Jahre her ist, seit der Krieg zu Ende ging. Ein guter Anlaß, sie wieder ins Leben zu rufen. Ich werde dich unterstützen, wünsche dir alles Gute und hoffe, daß du Erfolg mit deiner Idee hast.

Stan Brittain«

»Hallo Täve,

als dreimaliger Team-Manager der britischen Mannschaft möchte ich dir versichern, daß ich das Vorhaben unterstütze, das Ereignis wieder zu beleben.

Schon als Kind kam ich mit der Friedensfahrt in Berührung, denn mein Vater managte das britische Team in den fünfziger und sechziger Jahren.

1984 wurde ich das erste Mal als Manager für die Mannschaft ausgewählt, und ich erwartete – offen gesagt – ein politisches Ereignis, aber ich hätte wissen sollen, daß es vor allem ein Radrennen war. Es war perfekt organisiert, von den Mahlzeiten bis zum Gepäcktransport, mit den Jugendlichen mit den Startnummern der Rennfahrer am Ziel, und vor allem ein großartiges Rennen. Jeden Tag riesige Menschenmengen, Rennfahrer und Funktionäre wurden wie Stars behandelt, ganz gleich, aus welchem Land man kam.

Während der drei Rennen, die ich begleitete, schloß ich viele Freundschaften. Mit Mongolen, Russen, Algeriern und Amerikanern. Das Rennen wurde durch Freundschaft bestimmt, und sie funktionierte, ich kann mich keines

anderen Rennens mit einer ähnlichen Atmosphäre erinnern. Das letzte Mal war ich 1989 dabei, und einer
meiner Fahrer verliebte sich in unsere polnische Dolmet-
scherin. Zwei Jahre später heirateten sie. Britische
Rennfahrer, die dabei waren, werden noch immer ›Friedensfahrer‹genannt, und es wäre gut für unsere jungen Fahrer, wenn sie diese Chance auch bekommen würden. Ich
wünsche dir Erfolg bei der Suche nach einem Sponsor, und
laß das alte Organisationskomitee wieder arbeiten.

Bob Thom jun.«

»Lieber Gustav,
ich war sehr froh zu hören, daß du dabei bist, die Friedensfahrt wieder ins Leben zu rufen. Ich bin sie zweimal
gefahren, und ich kann nur bestätigen, daß sie einen besonderen Platz in unseren Herzen hat. Ich bin überzeugt, daß
viele Fahrer der Vergangenheit die Gelegenheit nutzen werden, die Friedensfahrt zu unterstützen. Du kannst auch auf
mich zählen. Ich werde mit anderen Verbindung aufnehmen und ihnen erzählen, daß die Friedensfahrt ein Rennen mit einer ganz besonderen Atmosphäre war.

Geoff Wiles.«

»Lieber Gustav,
ich habe mit Interesse gelesen, daß die Friedensfahrt eine
Chance hat, wiederzukommen. Ich war glücklich, daß ich
die britische Mannschaft bei der 43. Friedensfahrt betreu-
en konnte, es war die letzte, zu der wir eine Mannschaft
schickten. Von allen Rennen, die ich als Manager begleitete – Tour of Mexico, Milk Race, Hanson Tour of South-
Afrika, Tour de l'Avenir, Tour of Marokko – war die Friedensfahrt die bestorganisierte. Ich würde vor Freude in die
Luft springen, wenn ich die Chance bekäme, noch einmal
eine Mannschaft zu betreuen, und ich spreche im Namen
vieler Offizieller und Rennfahrer, die es begrüßen würden,

wenn sie zurückkommen könnten, zu Berlin-Warschau-Prag.

Tom Barry«

»Lieber Täve,
habe mit Begeisterung gehört, daß Bill Bradley dich traf und ihr ein Gespräch über das Comeback der Friedensfahrt geführt habt. Wie schön wäre es, wenn dieses fabelhafte Rennen wieder stattfinden würde. Ohne jeden Zweifel war es das weltbeste Amateurrennen, und es war schlimm, das Ende erleben zu müssen nach all den Jahren. Ich hatte das Privileg, vier oder fünf Mal die britische Mannschaft in diesem Rennen zu betreuen, und es blieben da viele Erinnerungen. Lebenslange Freundschaften stiftete dieses Rennen. Man fand keinen Mangel bei der Organisation. Ich kenne genug Rennfahrer in Großbritannien, die sofort wieder dabei sein würden. Übermittle all meinen Freunden in Deutschland, die ich bei der Friedensfahrt traf, meine herzlichsten Grüße.

Bob Thom«

Auch diese Episode bewog mich, meinen Eifer um das »Comeback« der Friedensfahrt zu verdoppeln. Der Tscheche Dolezal hatte die Fäden in Prag in die Hand genommen, bald kamen auch wieder Signale aus Polen, und Jahr um Jahr wurde das Rennen wieder stabiler, wenn ich mir auch klar darüber war, daß es nie wieder jenes Rennen werden würde, das es einmal war.

Ehrenpräsident

1997 wurde die Fahrt in Potsdam gestartet, und ich fand es imponierend, daß der damalige SPD-Oberbürgermeister Gramlich am Vormittag am Mahnmal für die im Kampf um Potsdam gefallenen sowjetischen Soldaten einen Kranz niederlegte. In diesem Augenblick war die Fahrt zu ihren Wurzeln zurückgekehrt.

An jenem Tag begegnete ich auch Gregor Gysi, der wohl das erste Mal den Friedensfahrttrubel pur erlebte. Wir sprachen über dies und das, und vielleicht entstand da auch die Idee, bei der für das nächste Jahr anstehenden Bundestagwahl für die PDS zu kandidieren.

In den Jahren seit der Rückwende hatte sich einiges getan. Man hatte mich – darüber schrieb ich schon – zum Ehrenpräsidenten des Landessportbundes gewählt, in die Ehrengilde des Bundes deutscher Radsportler und in den traditionsreichen Arbeiterradsportbund »Solidarität« aufgenommen. Ganz zu schweigen von den vielen, die mich sonst noch vertrauensvoll um Rat baten. Eines Tages kam ein Brief aus einer Magdeburger Grundschule. (Ich nenne den Namen nicht, weil man heutzutage nicht weiß, ob die Briefschreiberin nicht vielleicht mit Ärger zu rechnen hat, weil einer ihrer Vorgesetzten einen Briefwechsel mit Schur für unpassend hält.) Eine Lehrerin habe eine Radwandergruppe in den dritten und vierten Klassen gegründet und: »Ideen und Ziele haben wir, aber für deren Verwirklichung brauchten wir den Rat und die Unterstützung eines Fachmanns. Wir würden uns gern mit Ihnen unterhalten. Der Montag würde uns am besten passen.«

Mir paßte er auch, denn solche Ratschläge tun bitter Not. Woran es landauf landab mangelt, ist nämlich die engagierte Unterstützung des Breitensports für die Jugend. Früher kümmerte sich die Volksbildung darum, in jeder Sportgemeinschaft wurde Nachwuchsarbeit geleistet. Wir hatten Tausende ehrenamtliche Übungsleiter, von denen heute noch viele arbeiten. Unlängst wurde eine aufwendige Plakataktion gestartet, mit der die Arbeit der Ehrenamtlichen ins richtige Licht gerückt werden sollte, aber ich stand vor dem Plakat und fürchtete, daß es sich gegen die danebenhängenden, die für einen Film warben, in dem Feuergarben aus Maschinenpistolen die Szene beherrschten, vielleicht nicht durchsetzen könnte. Zumal niemand erfuhr, wann wo was »los« sei.

Trubel um die Kandidatur

Na ja, und dann geriet ich fast über Nacht noch einmal in die Spitzengruppe der Schlagzeilen. Ich hatte mich bereiterklärt – immerhin schon 67jährig –, für den Bundestag zu kandidieren. Den Schlagzeilen der bürgerlichen Blätter, in denen mein Entschluß nicht gerade gefeiert wurde, folgte ein Kampagne, die mich zuweilen schockierte. Man warf mir nicht vor, daß ich für meine Partei kandidieren wollte – was jeder bekanntlich nach dem Grundgesetz darf –, sondern, daß ich dafür »ungeeignet« sei. Das war nicht gerade eine Lehrstunde in der so sehr gepriesenen freiheitlichen Demokratie.

Den Startschuß gab die »Super-Illu«. Ihr Chefredakteur gestand den Lesern: »Selten hat ein Thema die Leser bewegt wie meine Frage, ob ein ehemaliger Volkskammer-Abgeordneter wie Täve Schur für den Bundestag kandidieren soll. Deswegen ist heute meine Leserbrief-Kolumne ausschließlich diesem Thema vorbehalten.« Und dann folgten Briefe.

Hier nur einige Zitate der Briefschreiber mit verkürzten Namen. »Täve Schur macht mich stolz, DDR-Bürger gewesen zu sein. Peter K., Gotha« – »Schlitzohr Gregor Gysi will Täve doch nur als Mittel zum Zweck für die PDS benutzen. Ursula M., Torgau« – »Auch Täve Schur sollte als ›Andersdenkender‹ respektiert werden. Irmengard V., Rostock« – »Täve Schur war in der Volkskammer nur ein Handhochheber. Mitläufer gibt es Millionen. Otto B., Hamburg« – »Täve Schur ist ein unbelehrbarer Altkommunist. Uwe T., Parchim« – »Er ist kein Wendehals, steht zu seiner Sache. Menschen wie er gehören in den Bundestag. Horst K., Dieburg« – »Täve Schur soll kandidieren. Gerd E., Zittau« – »Täve vermittelt ein menschliches Bild von der DDR. Deshalb sehe ich nicht den geringsten Grund, warum er nicht in den Bundestag soll. Peter N., Wien« – »Es gibt schon zu viele rote Socken. Bernd H., Görlitz« – »Wer die Politik, die den Bürgern der DDR aufgezwungen wurde, rechtfertigt, sollte nicht in den Bundestag. Gerhard G., Suhl« – »Es war nicht alles gut in der DDR, aber die Gesellschaft war gerechter. Männer wie Täve Schur kennen unsere Probleme. Inge Sch., Rudolstadt« – »So stelle ich mir einen Abgeordneten vor: Charakter, Bescheidenheit, Mut und Bürgernähe! Helmut M., Haina« – »Wer von der Verletzung der Menschenrechte in der DDR nichts wußte, stellte sich blind, war dumm oder unterstützte alles gezielt. Alle drei Verhaltensweisen machen ihn untauglich für öffentliche Ämter. Wolfgang W., Dresden« – »Kein Mensch spricht von den ehemaligen ›Blockflöten‹ in CDU und LDPD – sie waren oft schlimmer als die Genossen von der SED. R. Sch., Köthen« – »Bei allem Respekt vor seinen sportlichen Erfolgen: Er hat als Funktionär eine menschenverachtende Diktatur gestützt – und damit ist er ungeeignet für den Bundestag. Rolf K., Leipzig« – »Täve würde ich wählen, egal für welche Partei er kandidiert. Walter Sch., Garz/Rügen« – »Als Radsportler war er klasse, aber als Volkskammer-Abgeordneter ein Schleimer. B. L., Hoyerswerda«.

Reiche Auswahl für mein Gemüt also. Mir war klar, daß die Illustrierte nicht aus Sympathie zu mir so viele positive Briefe gebracht hatte. Man wollte keine neue Lawine auslösen, wenn man zu viel »Anti«-Stimmen brachte. Das Blatt hatte mich schon bald nach der Rückwende interviewt. Den Ausschnitt fand ich noch irgendwo zu Hause.

»... Er tuckert nach zehn Minuten mit seinem grauen Trabi auf den Hof. Er trägt abgewetzte Jeans, kariertes Hemd, Sandalen. Sein Gesicht ist tiefbraun. Er war gerade vier Wochen in Italien. Dort ist er das Zugpferd von Sport-Manager Wolfgang Alfer im ›Trainingscamp Italia‹: Aber er ist auch alt geworden. Falten graben sich in sein Gesicht. Nach der Begrüßung schimpft er gleich los: ›War gerade auf dem Schrottplatz. Was da an Werten rumliegt. Unglaublich. Habe neue Bremsbeläge für den Trabi gesucht.‹ Schur ist Vorruheständler, bekommt 1200 DM Rente. Ehefrau Renate, früher Kaufhallenleiterin, 750 DM.

Wie wirst du mit dem neuen Leben fertig?

Diese Gesellschaft gefällt mir gar nicht. Früher hatten die meisten weniger Sorgen. Alle jagen nur noch dem Geld hinterher.

Schur wirkte immer als ›hundertprozentig‹ ...

Ich tat alles aus Überzeugung. Auch die Arbeit als 2. Mann im Magdeburger Sport, obwohl das nie mein Traum war. Ich hätte lieber im Maschinenbau gearbeitet. Bin Schlosser. Wenn ich aber woanders gebraucht wurde – keine Frage.

Hast du dich jetzt in ein stilles Eckchen zurückgezogen?
Keineswegs ...

Also immer noch der Multi-Funktionär Schur.

Ich bleibe dem guten Teil unserer Sache treu und werde immer darum kämpfen.«

Einige von denen, die das gelesen hatten, schienen mir geglaubt zu haben.

Die LVZ steigt ein

Als nächstes meldete sich die »Leipziger Volkszeitung« zu Wort, wohl weil ich in Leipzig kandidierte. Die startete ebenfalls mit einem Leserbrief, den ein gewisser Hansjörg Heller geschrieben hatte. Die Überschrift verriet den Kurs: »Schur sollte sich entschuldigen«. Dann ging's los: »32 Jahre lang gehörte der ehemalige Radweltmeister Gustav-

Adolf Schur der DDR-Volkskammer an. Er war als Parlamentarier Repräsentant eines Staates, der 17 Millionen Deutsche ihrer elementarsten Freiheiten beraubte, viele Millionen bespitzelte und kritische Bürger unter enormen Druck setzte. Schur stand für einen Staat, dessen Führung und Nomenklatur eine ganze Volkswirtschaft inklusive Natur, Straßen und Gebäuden ruinierte und in dessen Namen Hunderte Menschen an der innerdeutschen Grenze ermordet wurden.

Wer einen Staat, der jahrzehntelang Verbrechen an der Menschlichkeit begangen hat, 32 Jahre lang als Volkskammer-Abgeordneter trägt, von dem müßte man eigentlich eine Entschuldigung erwarten; zumindest jedoch, daß er sich künftiger politischer Aktivitäten enthält. Schur hingegen denkt laut über eine Bundestagskandidatur für die PDS nach ...«

Die Reaktion auf diese Attacke schien recht massiv ausgefallen zu sein, denn die Redaktion bekannte bald: »Die mögliche Bundestagskandidatur hat heftige Reaktionen ausgelöst.«

Eine Frau Gerda U. schrieb: »Im Brief zu Schur kein Wort zur Friedensfahrt zu verlieren, ihm aber eine angebliche Mitverantwortung für die Mauer-Toten anzudichten, ist eine demagogische Meisterleistung von Herrn Heller. Folgt man ihm, scheint Täve nach Honecker und Mielke der mächtigste Mann der DDR gewesen zu sein. Er denunziert aber auch Hunderttausende Radsportanhänger, die zu DDR-Zeiten keinesfalls an die Rennstrecken getrieben werden mußten.«

Eine Gerda W. meinte: »Der Briefschreiber steht nicht allein mit seinen Betrachtungen. Sind sie ein Ventil der Verbitterung oder eine chronische Art, Tatsachen zu verdrängen? An die, die chamäleonartig ›andere‹ Bürger wurden, die ihre Fahnen wie Bettlaken wechselten, die unterschiedlichste Parteizugehörigkeit locker austauschten, kann oder will man sich nicht erinnern. Da nur Erfolg, sprich Durchsetzungsvermögen, zählt, werden andere Bemühungen bereits im Ansatz niedergemacht. Deshalb ›Rübe ab‹ bei denen, die stets ehrlich zu ihren Ansichten standen. Besonders besorgniserregend daran ist, daß leistungsstarke, geradlinige Menschen wie Täve Schur erniedrigt werden sollen. Interessant wäre zu erfahren, ob und wie jene, die heute lauthals Sachkenntnis und Durchblick bekunden, früher mit diesem Wissen Zivilcourage bewiesen und heute nutzbringend für alle einsetzen.«

Angemerkt wurde: »Die Briefe geben die Meinung der Absender wieder und stimmen nicht in jedem Fall mit der der Redaktion überein.«

Erich M. aus Halle meinte: »Ich schicke mal voraus, daß ich die deutsche Spaltung und die DDR von Anfang an erlebt habe, nur einfacher Arbeiter war, die Spaltung und Grenze in der Familie hatte und sehr für die Einheit Deutschlands war und bin. Der Artikel 'Schur sollte sich entschuldigen' von Hansjörg Heller hat mich sehr bewegt. Bei allem Verständnis für Freiheit stelle ich mir die Frage, ob ein solcher Artikel gegenüber einem allzeit fairen und aufrechten Menschen, der noch dazu ohne Doping tolle Erfolge im Sport erreichte, im Jahre acht der deutschen Einheit richtig ist. Diesen Artikel als Dummejungenstreich oder den eines Neiders abzutun, wäre zu einfach. Leider kenne ich den Schreiber nicht. Sonst wüßte ich vielleicht, warum er so tief und unsachlich in die Schmutzkiste greift. Letztlich sind in beiden Teilen Deutschlands Dinge geschehen, die uns nicht zur Ehre gereichen. Dazu gehört auch in der Neuzeit die eigenartige Änderung von Passagen des Einigungsvertrages, die uns die höhere Form der Demokratie (oder auch die Macht bestimmter Politiker) lehrt. Und wenn man die kleinen und großen Skandalgeschichten nicht vergißt, dann muß sich Schur bestimmt nicht entschuldigen. Wenn Täve sich fit fühlt, das Theater auf der politischen Bühne zu ertragen, dann sollte er ruhig kandidieren.«

Bald darauf traten auch Berliner Tageszeitungen der Anti-Schur-Phalanx bei. Zum Beispiel die »Berliner Morgenpost«. Die überraschte ihre Leser mit der alarmierenden Schlagzeile »Rotkäppchen hat Bedenken« und behauptete, die Sponsoren der Friedensfahrt würden sich zurückziehen, wenn ich für die PDS kandidieren sollte. Immerhin bescheinigte man mir: »1993 war es dem legendären Radsportler gelungen, die Internationale Friedensfahrt, einst größtes Amateurradrennen der Welt, nach zweijähriger Pause wieder nach Deutschland zu holen. Als lebender Klingelbeutel für das Radsportereignis war er seither oft unterwegs. Und das erfolgreich. Jetzt – davon gehen nun Organisatoren, PDS und Sponsoren aus – geht Täve in die Politik. Schurs Sprache ist einfach, nicht immer wohlfeil überlegt, aber floskelfrei. Und wenn er sagt, sein soziales wie politisches Engagement für die PDS stamme auch daher, weil auf die Partei ›ständig so unerhört eingedroschen‹ werde, dann glaubt man ihm das. ›Der Täve ist zu gut‹, sagen seine Freunde. ›Der Täve will überall helfen‹, sagen seine Komitee-Kollegen. ›Ich kann nicht anders‹, sagt Schur.«

Das Blatt berief sich auf Auskünfte des Rotkäppchen-Direktors Krieger: »Wir sponsern nur ein Sportereignis.«

Die konkrete Rückfrage eines Freundes beim Rotkäppchen-Chef wurde mit der in seinem Namen abgegebenen Presseerklärung beantwortet: »Er möchte sich lediglich dahingehend äußern, daß die Rotkäppchen Sektkellerei die Friedensfahrt um der Friedensfahrt willen unterstützt und dieses Engagement auch fortsetzen wird, wenn Herr Schur politisch aktiv wird.«

Kurzum, ich hatte damals zu tun, jeden Tag nachzulesen, was sie über mich schrieben. Und sie schrieben mehr, als in den Zeiten, da ich Weltmeister geworden war. Das gilt für die »Morgenpost« auf alle Fälle.

Aber dann kam eines Tages ausgerechnet die »Super-Illu« und bat mich, die an Jan Ullrich vergebene »Goldene Henne« – ein Pokal, der in Erinnerung an die unvergessene Helga Hahnemann alljährlich vergeben wird – für den verhinderten Rennfahrer entgegenzunehmen. Als ich die Bühne des Berliner Friedrichstadtpalastes betrat, schlug mir eine Woge des Beifalls entgegen, als hätte ich und nicht Ullrich die Tour de France gewonnen. Ich war echt gerührt, bedankte mich und versprach, die Trophäe mit den besten Wünschen an Ullrich abzuliefern. Ich erwähnte allerdings bei dieser Gelegenheit auch, daß der Jungstar einst in Rostock für den Radsport begeistert worden war.

Ein paar Tage später fand ich im Briefkasten einen Ausschnitt aus dem »Spiegel« vom Jahr 1990: »Täve kann sagen, was er will – Jubel ist ihm sicher. Denn Täve ist so, wie der Sozialist immer sein wollte. Täve fährt Trabi, Täve trinkt nicht, raucht nicht. Täve ißt jeden Morgen warme Haferflockensuppe, um die Magenwände zu stärken, Täve ist bescheiden, immer fröhlich, sieht aus wie eine Mischung aus Hans Modrow, Fred Astaire und Sepp Herberger und redet auch so.« Das konnte man sich aufheben und vielleicht auch mal in einer Wahlveranstaltung zur Erheiterung vorlesen.

Interview-Marathon

Es folgten Interviewtermine in Serie. Günter Gaus lud mich ins Fernsehstudio und konstatierte als erstes: »Man kann an dem unterschiedlichen Bekanntheitsgrad von Gustav-Adolf Schur in Ost und West ablesen, wie sehr sich die Deutschen auseinandergelebt haben. Sie verkörperten eine wichtige Facette des real existierenden Lebens in der DDR. Und Sie verkörpern es noch immer. Daß Sie dieses Idol waren und für viele in Ostdeutschland noch immer sind, was empfinden Sie dabei heute?«

Ich antwortete, was ich auch in vielen Wahlversammlungen gesagt hatte: Sportliche Erfolge sind verpflichtend. Man kommt nicht irgendwie zu Erfolgen, da helfen einem viele. Und mir haben also viele im Umfeld geholfen ...

Darauf Gaus: Das, was man im Westen vorwurfsvoll Staatsamateur nannte, aber ich wollte jetzt wissen, was empfindet Gustav-Adolf Schur, genannt Täve, heute im Rückblick. Er war ein Idol der DDR-Bevölkerung, und er ist es noch immer. Also was ist das?

Ich: Sportliche Erfolge sind das höchste, was ein Sportler erreichen kann. Ja. Das ist heute mit Geld verbunden. Aber damals konnte man den Menschen etwas zurückgeben, woran sie Freude hatten.

Gaus erwartete, daß ich Antwort geben könnte auf die Frage: Was glauben Sie, warum es mit der inneren Einheit so schlecht funktioniert?

Ich versuchte es: Ich habe aus den alten Bundesländern schon früher – bei Radrennen und so – hervorragende Menschen getroffen. Aber politisch gibt es heute ein Riesenproblem, weil die aus den alten Bundesländern alles besser wissen. Und was sie wissen, wissen sie aus den Zeitungen. Dadurch sind sie über viele Dinge in der DDR auch falsch informiert. Man muß sich da nicht wundern. Hier wird ja immer sehr mit der Stasikeule gedroschen. Ich wäre dafür, daß beide Geheimdienste ihre Akten offenlegen, da kommt sicher 'ne Menge raus.

Und dann fragte er rundheraus: Die DDR ist aus der Welt verschwunden. Sehen Sie sich als einen Leichtgläubigen? Fühlen Sie sich betrogen?

Ich: Ich fühle mich nicht betrogen.

Gaus: Welchen Sieg möchten Sie noch einmal erleben?

Ich: Auf dem höchsten Treppchen der Popularität zu stehen. Das ist nur möglich, wenn Hunderttausende zu einem stehen.

Hinterher fällt einem immer noch dies und jenes ein.

Manchmal hatte ich bei Interviewpartnern den Eindruck, sie sahen in mir den Rennfahrer, der eine Kurve zu nehmen weiß und wie ein Irrer rast, um eine Schleife oder einen Scheck zu gewinnen. Hans-Dieter Schütt zum Beispiel, den ich noch aus der Zeit kannte, als er mir in seiner Funktion als »Junge-Welt-Chefredakteur« die Trophäe für den populärsten DDR-Sportler aller Zeiten überreichte, interviewte mich für »Neues Deutschland«. Hier einige Kostprobenfragen und -antworten:

Schütt: Täve, du hast die DDR mal als dein größtes Erfolgserlebnis bezeichnet.

Ich: Stimmt. Sage ich heute noch.

Schütt: Kein Wunder, du bist ein Weltmeister gewesen. Da geht einem so was leicht von den Lippen.

Ich: Erstens gibt es eine Menge prominenter Leute, denen geht das inzwischen gar nicht mehr so leicht von den Lippen.

Schütt: Das kann ein Zeichen von Nachdenken sein.

Ich: Nachdenken ist immer gut, weißt du. Nicht ganz so gut ist Gedächtnisschwund. Und wenn ich von DDR rede, meine ich ja nicht unbedingt das Politbüro. Zweitens: Man mußte nicht erst Weltmeister werden, um sich in der DDR wohlzufühlen. Ich kannte jedenfalls weit mehr glückliche Menschen, als es Weltmeister gab.

Schütt: Erst wenige Stunden vor unserem Gespräch bist du aus Italien gekommen.

Ich: Ja, mit dem Auto. 1200 Kilometer am Stück.

Schütt: Dieses Radcamp in Cervia, im Süden an der Adriaküste, was ist das?

Ich: Ein Jahr nach der Wende sprach mich in Leipzig ein Unternehmer an, von drüben, der organisiert dieses Urlaubscamp, von Mitte Februar bis Ende Mai. Er meinte, mit meinem Namen mache sich so was ganz gut, und außerdem kann ich den Leuten ja wirklich was vom Fach erzählen, ihnen ein paar Tips geben. Der DTSB war gerade abgewickelt worden, ich hatte keine Arbeit mehr. Und wenn ich neue gekriegt hätte, weißt du, dann hätte ich wahrscheinlich jungen Diplomsportlehrern, die Familie haben, nur den Platz weggenommen. Also nahm ich das Angebot an. Immerhin besser, als Reklame zu machen mit 'ner Cola-Mütze. Da würden die Leute doch glatt sagen: der Arsch.

Schütt: Was triffst du da in Italien für Leute? Nur Wessis?

Ich: Den Triathleten und den, der bisher null Kilometer mit dem Rad fuhr. Und nicht mehr nur Wessis. Für mich ist das eine kleine, aber ideale Gelegenheit, Menschen aus Ost und West zusammenzubringen. Radfahren ist ja eine gute Sache, weißt du: Man muß sich verantwortungsbewußt verhalten, keiner darf vorn überraschend bremsen, man darf hinten nicht schlafen, jeder muß darauf achten, andere nicht in den Graben zu fahren ...

Schütt: Jetzt kommt's wieder durch: Sport als moralische Anstalt.

Ich: Ich seh doch, wie die Leute da aufatmen: mal kein Schlips, kein Handy, kein Aktenköfferchen. Sie sind von irgendwas erlöst, weißt du. Es ist freilich nur 'ne Erlösung auf Zeit. Da mache ich mir schon meine Gedanken, wenn alles, was man so an Freiheit hat, in den Urlaub gepackt werden muß.

Schütt: Und die stört nicht, daß da einer kommt, der von sich behauptet, Sozialist bis an sein Lebensende zu bleiben?

Ich: So, wie ich mich in Italien verhalte – das könnte ich gar nicht, wenn ich was anderes wäre als Sozialist.

Schütt: Das Uneigennützige, das Freundliche, das Menschliche und Bescheidene kommt aus dem Osten – im Westen gibt es meistens nur kapitalistische Brutalos oder Spießer.

Ich: Ist das 'ne Frage an mich oder eine Feststellung?

Schütt: Es ist eine Schlußfolgerung aus dem, was du über dich in Italien gesagt hast.

Ich: Entschuldige mal, ich habe in Italien hervorragende Menschen kennengelernt, und solche Schwarzweiß-Einteilungen mache ich nicht mit. Es ist doch so: Die Deutschen in Ost und West sind auf wichtigen Gebieten sehr schwer zusammenzubringen. Das sieht ja jeder, da ist wieder viel wie Öl und Wasser. Was ich mache, ist ein Versuch auf weniger wichtigem Gebiet, sicher. Aber Sport gehört zum Leben, und er vermittelt nach wie vor ein paar nützliche Lebensregeln.

Schütt: Naja, aber wieso ist es in Italien wichtig, daß Täve Schur Sozialist ist?

Ich: Ich kann nicht nur so'n Fitness-Typ sein, ich will da was von meiner Lebenshaltung rüberbringen. Sport, wie ich ihn zu leben versucht habe, hat immer was grundsätzlich Antikapitalistisches: Für das Entscheidende ist der Geldbeutel der Eltern nämlich keine Garantie. Denn das kann nicht mal ein Millionär: sich Kraft und Talent und Gesundheit kaufen.

Schütt: Macht es dich verzweifelt, zu sehen, was aus dem Ideal einer sozialistischen Gesellschaft geworden ist?

Ich: Die Verzweiflung ist nicht mein Thema, weißt du.

Schütt: Vom Marxismus hast du jedenfalls nichts in den Müll geschmissen.

Ich: Die Idee ist doch weiter brauchbar. Der Marxismus ist so was wie ein Werkzeugkasten, weißt du. Da liegt Verschiedenes drin, aber nicht jedes Ding taugt für alles. Wenn ich einen Nagel in die Wand schlagen will, brauche ich einen Hammer. Aber wenn ich den Nagel wieder rausziehen will, nützt mir der Hammer gar nichts.

Schütt: In der DDR warst du kein bescheidener Arbeiter im Weinberg. Du warst unser Idol, du warst Werbeträger, du warst Staatsmacht, weil der Sport Staatsmacht war.

Ich: Und ich bin nach wie vor stolz darauf.

225

Schütt: Du warst also nie einfach nur Mitläufer?

Ich: Mitläufer? Nein. Ich bin doch immer nur Rad gefahren. Im Ernst: Beim Sport siehst du ja nicht nur den Sieg. Du siehst die Anstrengung, den Schweiß, das Zusammenarbeiten vieler Leute, du siehst, wie Niederlagen überwunden werden, du siehst den Gegner, mit dem man die Kräfte mißt. Das gibt dem Sport was Glaubwürdiges, was Handfestes. Und natürlich ist er Werbeträger, und er sollte für das Schönste werben: Herzensbildung. Sport ist dafür da, daß der Mensch den Unterschied lernt zwischen Fleiß und Überfleiß, zwischen Wettbewerb und eiskalter Rivalität, zwischen Selbstverwirklichung und Egoismus. Ich habe gelernt, daß alles, was man von anderen erwartet, erstmal an der eigenen Leistung gemessen werden muß.

Schütt: Jetzt könnte es heißen: Er will noch immer nicht einsehen, daß der Sport in der DDR mißbraucht wurde.

Ich: Ja, und die Unmenge an Post, die ich zum Beispiel an Geburtstagen erhalte, ist eine Karten-Kampagne der geschlossenen PDS! Sich für Frieden einzusetzen, für Freundschaft zwischen den Völkern – dafür hab ich mich gern in die Pflicht nehmen lassen. Bindung an so einen etwas größeren Gedanken war mir immer lieber als die Verpflichtung einer Firma gegenüber, deren Logo ich noch am Schlafanzug tragen muß – falls auch noch nachts ein Fernsehteam vorbeikommt. Oder hör hin, was heute Klubpräsidenten sagen: In unserer Region ist der Fußball wichtig, weil es so viele Arbeitslose gibt, Fußball schafft Identität. Hat das nichts mit Politik zu tun? Da soll der Sport ganz kräftig helfen, eine miese Realität zu ertragen.

Schütt: Du sprachst von Herzensbildung ...

Ich: Ach so, weil du vom Mißbrauch geredet hast: Der DDR-Sport ist doch auch in eine bestimmte Situation hineingedrängt worden. Die drüben wollten immer nur eins: uns ausbooten. 1954 gab's in einem WM-Rennen bei Solingen einen Pokal für den »Besten Deutschen«. Das war ich.

Na, das war ein Theater, bis sie endlich den Pokal raus-rückten. 1964 dann waren sie inzwischen schon so stark, daß von BRD-Seite aus die Weltmeisterschaften in ein NATO-Land gedrängt wurden, damit wir nicht teilnehmen konnten.

Schütt: Was unterscheidet dich von einem Sportlertyp wie Boris Becker?

Ich: Ich konnte nie so gut Tennis spielen wie er. Ganz klar.

Schütt: Was wäre das Schlimmste, was deine Kinder über dich sagen könnten?

Ich: Jetzt hebt er ab, der Alte, jetzt hat er vergessen, wo er herkommt. Ich halte deshalb das Streben nach Bescheidenheit für einen wichtigen Charakterzug. Ich sage: danach streben. Es ist nicht einfach, das zu erreichen. Erfolg hat seine Tücken: Der nimmt dir die Unbekümmertheit.

Schütt: Während du eben von Bescheidenheit sprachst, hast du deinen Enkel angeguckt.

Ich: Ja, den Juscha, den Jüngsten. Man kommt ja in das Alter, in dem man was weitergeben will. Ich würde meinen Enkeln unbedingt sagen wollen: Leute, lebt gesund, sportlich und bescheiden. Das hat die Welt am nötigsten. Wo die Menschen ungesund leben und allzu viele Bedürfnisse gegenüber der Welt entwickeln, verlieren sie den Boden unter den Füßen. Man sollte sinnvoll leben wollen, nicht nur gut. Wenn sich das nicht durchsetzt, geht die Welt krachen.

Schütt: Die DDR ging am Mangel zugrunde.

Ich: Wir haben trotz Mangel erstmal was aufgebaut! Als zur Wende die HO abgewickelt wurde, so eine Baracke, da kriegte ich Dachpappe in die Hände, und da waren Pappennägel drin, aus Blech gestanzt. Da dachte ich, Mensch, was werden sich deine Kumpels auf die Daumen gedroschen haben, als sie diese Nägel reinhauten. Die Kumpels drüben hatten bestimmt ordentliche und verzinkte Nägel. So muß man die Sache auch mal sehen, weißt du. Vierzig Jahre DDR haben nämlich auch eines gezeigt: Es hat seinen Reiz, mit geringen Mitteln eine politisch weit mächtigere Institution wie den Kapitalismus in Unruhe zu versetzen.

Schütt: Klingt schadenfroh.

Ich: Nein, ich bin nur nicht bereit zur Lüge, was mein Lebensgefühl in der DDR betrifft.

Schütt: War die Niederlage des Sozialismus Folge unfähiger Politiker?

Ich: Idioten haben an allem ihren Anteil. Wo nun der erste Idiot zu suchen ist, weiß ich wirklich nicht. Ich würde ihn jedenfalls weit im Osten suchen. Aber der Sozialismus hatte objektiv keine Chance: die Arbeitsproduktivität, weißt du. Die Aufrüstung war unsere Antwort, um am Leben zu bleiben. Sie hat uns totgemacht. Nun blutet der Osten.

Schütt: Wenn deine Kinder an unserem Gespräch teilnähmen – worin hätten sie dir am meisten widersprochen?

Ich: Was ich sage, sage ich ja mit einem Packen an Erfahrung. Den haben die Jüngeren nicht, sie sind nicht so sattelfest, was den Durchblick betrifft. Schon über diese Behauptung würde sich mein Sohn Gus-Erik wahrscheinlich empören.

Schütt: Du hast den Durchblick?

Ich: Ich laß mich jedenfalls nicht blenden von der größten Macht heutzutage: den Medien. Die verhindern doch systematisch, daß man die Welt erkennt.

Schütt: Und es gibt ja durchaus Dinge im neuen Deutschland, die auch Täve Schur gut findet.

Ich: Und ob. Nimm nur die herrlichen Radwege, die jetzt im Osten entstehen.

Die Entscheidung

Auf einer Pressekonferenz in Berlin übergab ich die Erklärung, die Zweifel beseitigte: Ich kandiere für die PDS! Und das war meine Begründung: »Zeit meines Lebens war ich ein politischer Mensch und stand als solcher in der Öffentlichkeit. Ein Spitzenamt habe ich allerdings nie angestrebt, denn unter den einfachen Menschen fühlte und fühle ich mich stets wohler. Gerade aus diesem Kreis erreichte mich in den letzten Wochen aber eine enorme Bestärkung, den gewiß nicht leichten Schritt zu wagen, das heißt zu kandidieren. Unter den vielen ermunternden Briefen und Anrufen, die mich erreichten, waren beileibe nicht nur PDS-Mitglieder, sondern auch zahlreiche Bürger, die keiner Partei angehören oder sogar Mitglied in anderen Parteien sind. Das vielleicht wichtigste Erlebnis in dieser Hinsicht war vor einigen Wochen die Fernsehsendung zur Überreichung der ›Goldenen Henne‹. Mir standen die Tränen in den Augen, als das Publikum spontan aufstand und mir Riesenbeifall spendete.

Mit meinen bescheidenen Mitteln möchte ich einen Beitrag dafür leisten, daß ein wirkliches Zusammengehen von Ost und West stattfindet. Ich bin der Letzte, der in DDR-Nostalgie verfällt, mein differenziertes, durchaus auch kritisches Urteil über die Vergangenheit habe ich auch in dem Leserbrief an die ›Leipziger Volkszeitung‹ geäußert. Ich habe früher sicher nicht alle Möglichkeiten genutzt, auf Unzulänglichkeiten, Mißstände oder gar Menschenrechtsverletzungen aufmerksam zu machen.

Dieses Versäumnis möchte ich nicht noch einmal begehen: Zu Massenarbeitslosigkeit, Sozialabbau und Verarmung vieler Menschen kann ich nicht schweigen. Ebenso verbittert mich, wie teilweise achtlos mit den Biografien vieler ostdeutscher Menschen umgegangen wird. In Zukunft möchte ich noch viel lauter meine Stimme gegen diese fatale gesellschaftliche Entwicklung erheben, um den Menschen, die zu mir und meinem bisherigen Lebensweg stehen, ein wenig mehr Kraft zum Widerstand zu geben.

Es liegt sicher nahe, daß ich der Sportpolitik besondere Aufmerksamkeit widmen würde. Wir müssen gerade in den neuen Bundesländern bessere Voraussetzungen für den Breitensport schaffen und dafür Sorge tragen, daß Sporttreiben auch künftig für jeden bezahlbar bleibt. Traurig stimmt mich daher immer wieder, wie der DDR-Sport demagogisch auf das Dopingthema verkürzt wird und die hervorragenden Erfahrungen bei der Ausbildung und Förderung des Nachwuchssports einfach ignoriert werden. Noch heute nenne ich die Abwicklung der Leipziger DHfK einen Skandal.

Ein zweites Sachgebiet, dem ich mich im Falle einer Wahl verstärkt zuwenden würde, ist die Umweltpolitik, die in der PDS immer noch ein wenig stiefmütterlich behandelt wird. Meine Liebe zur Natur hat natürlich viel mit meinem Sport zu tun.

Wer Hunderttausende von Kilometern auf dem Rennrad bewältigt hat, wer stets Wind und Wetter ungeschützt ausgesetzt war, der hat zur Natur ein spezielles Verhältnis und dem tut es weh, daß wir Menschen immer noch so sorglos mit ihr umgehen.

Weil mir vom ersten Augenblick an klar war, daß mein Engagement im Wahlkampf für die PDS mit der politischen Unabhängigkeit der Friedensfahrt im Widerspruch stehen könnte, habe ich mich schweren Herzens zu folgender Entscheidung durchgerungen: Mit dem heutigen Tag werde ich meine Funktionen als Präsident des ›Vereins Internationale Friedensfahrt e.V.‹ und als Vorsitzender des Organisationskomitees zunächst bis zur Bundestagswahl am 27. September 1998 nicht mehr ausüben, um jeglichem Verdacht der parteipolitischen Instrumentalisierung dieses großartigen Sportereignisses aus dem Wege zu gehen.

An meiner inneren Verbundenheit mit der Friedensfahrt ändert sich mit diesem Schritt nichts: Ich bin mit ihr gewachsen, sie war und ist mein Leben. Außerdem konstatiere ich mit großer Freude, daß es inzwischen eine Vielzahl profilierter Sportler, wie beispielsweise Thomas Barth und Klaus Ampler, qualifizierte Manager sowie potente Sponsoren gibt, die sich mit viel Kompetenz für den Fortbestand der Friedensfahrt einsetzen.«

Wahlkampf pur!

Danach begann der Wahlkampf. Übrigens nicht nur in Leipzig und rundum. Die Veranstaltungen jagten sich. Sie baten mich, an der Ostsee den Kampf um die Stimmen zu unterstützen und im Erzgebirge, und ich kam kaum noch nach Hause. In Eilenburg füllten wir eine Turnhalle, obwohl zur gleichen Stunde die deutschen Fußballkicker bei der Weltmeisterschaft antraten und alle schon das Bier vor dem Fernseher aufgereiht hatten. Als Christa Luft mich bat, ihr im Wahlkampf bei einem Sportfest in Berlin zur Seite zu stehen, hetzten wir durch strömenden Regen an die Spree, und ich hielt vor denen, die trotz des Unwetters ausgeharrt hatten, eine Rede. Als mein Terminplan ein Loch hatte, fuhr ich zu einem Flugplatzspektakel im Märkischen und wurde dort herzlich gefeiert. In Mutzschen begingen sie den 150. Jahrestag der Gründung des Turnvereins, und als ich unvermutet als Gratulant dort erschien, wurde ich begrüßt wie ihr Ureinwohner und ehemaliger Standesbeamter, mein Freund, der Arbeitersportler Erich Grunert. Ich will nicht übertreiben, aber wir schufteten hart und gaben unser bestes. Es gab nirgends giftige Zwischenrufe.

Aber es gab merkwürdige »Zwischentöne«. Kaum war bekannt geworden, daß ich für meine Partei kandidieren würde und in den Wahlkampf eingestiegen war, bekam ich von der Rentenrechnungsstelle in Berlin den Bescheid, daß ich »überzahlt« worden sei und 9.400 DM zurückzahlen müsse. Der Rentenspezialist, dem ich den Fall übertrug, kostete 1.800 DM. Ich brauchte keinen Pfennig zurückzuzahlen, bekam meine Rente wie bisher, entschuldigt hat sich bis heute bei mir niemand. Übrigens riet mir der Spezialist noch, die Affäre an die Sendung »Ein Fall für Escher« weiterzuleiten, und fragte mich, ob ich da mitmachen würde. Ich hatte keine Bedenken, aber nach einer Woche ließ er mich wissen, daß das Herrn Escher zu heiß sei.

Turn-Olympiasieger Klaus Köste hing sich ans Telefon und mobilisierte Unterschriften für eine parteiübergreifende Schur-Initiative, die nicht dazu aufrief mich zu wählen, aber mich zu unterstützen, wenn ich mich dafür engagierte, daß Sport für alle bezahlbar bleiben sollte. Die erste Liste trug 56 Namen, und die sollen hier wiedergegeben werden, schon damit der Appell und die Namen nicht in Vergessenheit geraten: » ›Sport für alle – ein garantiertes Grundrecht‹:

Klaus Ampler (Radsport), Brita Baldus (Wasserspringen), Andreas Behm (Gewichtheben), Wolfgang Behrendt (Boxen), Barbara Beyer-Petzold (Skilanglauf), Gisela Birkemeyer (Leichtathletik), Dr. Steffi Biskupek-Kräker (Turnen), Falk Boden (Radsport), Peggy Büchse (Schwimmen), Waldemar Cierpinski (Leichtathletik), Jens Doberschütz (Rudern), Peter Frenkel (Leichtathletik), Dr. Ruth Fuchs (Leichtathletik), Barbara Helbig (Handball), Martina Hellmann (Leichtathletik), Olaf Heukrodt (Kanurennsport), Dr. Birgit Heukrodt-Meineke (Schwimmen), Gisela Hill-Jäger (Rudern), Achim Hill (Rudern), Silvia Hindorff-Hafemeister (Turnen), Jan Hoffmann (Eiskunstlauf), Wolfgang Hoppe (Bobsport), Ute Kahlenberg-Starke (Turnen), Gert-Dietmar Klause (Skilanglauf), Dr. Thomas Köhler (Rennschlittensport), Klaus Köste (Turnen), Erwin Koppe (Turnen), Kerstin Knabe (Leichtathletik), Peter Kretzschmar (Handball), Waltraud Kretzschmar (Handball), Astrid Kumbernuss (Leichtathletik), Klaus-Dieter Kurrat (Leichtathletik), Kerstin Kurrat-Gerschau (Turnen), Barbara Lässig (Rudern), Marita Lange (Leichtathletik), Lutz Lötzsch (Radsport), Wolfgang Mager (Rudern), Manfred Matuschewski (Leichtathletik), Walter Meier (Leichtathletik), Petra Meier-Felke (Leichtathletik), Lothar Milde (Leichtathletik), Thomas Munkelt (Leichtathletik), Meinhard Nehmer (Bobsport), Angelika Noack (Rudern), Dr. Helmut Recknagel (Skispringen), Sabine Rogge (Senioren-Leichtathletik), Christina Rost (Handball), Peter Rost (Handball), Dietmar Schauerhammer (Bobsport), Jan Schur (Radsport), Dieter Speer (Biathlon), Helmut Stolper (Radsport), Lothar Thoms (Radsport), Peter Weber (Turnen), Thomas Weiß (Skislalom/Paralympics), Erika Zuchold (Turnen).

Eine Versammlung von 31 Olympiasiegern und 70 Welt- und Europameistern!

So wurde ich auch noch der Kandidat des seit 1990 so geschundenen DDR-Sports.

Und dann kam der Wahlabend. Das Rennen um das Direkt-Bundestagsmandat im Wahlkreis 310 verlor ich. Meine Rivalen im Kampf um den Stuhl in Bonn waren hartgesottene Politprofis: Für Bündnis90/Die Grünen stand immerhin der bisherige Fraktionsgeschäftsführer Werner Schulz auf der Liste, für die CDU Gerhard Schulz, ein Maschinenbauunternehmer – im Bundestag seit 1990 –, dazu noch Dr. Wolfgang Lingk von der F.D.P. und eben der Gewinner Gunter Weißgerber von der SPD. Der kam auf 47.408 Stimmen und damit auf 36,7 Prozent. Rang zwei ging an mich mit 33.810 Stimmen (26,1 Prozent), Rang drei an den CDU-Schulz (32.928 – 25,5 Prozent), Rang vier an Werner Schulz (8.382 – 5,5 Prozent) und Letzter wurde mit 2.471 Stimmen (1,9 Prozent) Dr. Lingk. Fazit: Jeder vierte Wähler, der zur Abstimmung gegangen war (Wahlbeteiligung 77 Prozent) hatte sich für die PDS entschieden. Bei den PDS-Zweitstimmen erhöhte sich die Zahl noch um 0,5 Prozent, also rund 700 Stimmen.

CDU-Schulz war nicht eben der beste Verlierer: Seinen Satz, daß »Politik doch wirklich mehr als Radfahren« ist, zitierte ich bereits.

Die ersten Erfahrungen

Zur Konstituierung der Fraktion fuhr ich nach Bonn. Von nun an bekam der Alltag für mich ein neues Gesicht. Vorlagen waren zu studieren, in den Zusammenkünften der Fraktion lernte ich, wie man Probleme analysiert, im Sportauschuß saß ich Ex-Ministers Kinkel gegenüber, der in seiner Begrüßungsrede an den 15. Deutschen Richtertag am 23. September 1991 in Köln gesagt hatte: »Ich baue auf die deutsche Justiz. Es muß gelingen, das SED-System zu delegitimieren, das bis zum bitteren Ende seine Rechtfertigung aus antifaschistischer Gesinnung, angeblich höheren Werten und behaupteter absoluter Humanität hergeleitet hat, während es unter dem Deckmantel des Marxismus-Leninismus einen Staat aufbaute, der in weiten Bereichen genau so unmenschlich und schrecklich war wie das faschistische Deutschland, das man bekämpfte und – zu Recht – nie mehr wieder entstehen lassen wollte.«

Er saß nun plötzlich ein paar Schritte entfernt, begann mich schon bald in Sportfragen zu respektieren und nahm sich vor allem des von uns zuerst und immer angesprochenen Problems Schulsport an. Wir hatten gemeinsame Pläne – wenn es um das Anliegen ging, den Sport für alle zu fördern. Während der letzten Debatte zum Schulsport im Bundestag waren unsere Argumente fast deckungsgleich, aber in den Medien las man am nächsten Tag alle Namen – bis auf meinen.

Übrigens erinnerte ich ihn nicht an seine Rede, in der er als Justiz-Minister die angeblich unabhängigen Richter haltlos aufgefordert hatte, meine Genossen vor die Gerichte zu zitieren und zu verurteilen mit dem ausdrücklichen Hinweis, sie wie Faschisten zu behandeln. Und die Begegnungen mit ihm hinderten mich keine Sekunde daran, öffentlich meine Sympathie und Solidarität mit denen zu bekunden, die unter dieser Weisung bitter zu leiden hatten. Wie zum Beispiel die Genossin Jendretzky, die als »Waldheim-Richterin« verurteilt worden war und der ich schrieb: »Liebe Genossin Irmgard Jendretzky, betroffen hatte ich bereits im November 1997 deinen Prozeß verfolgt. Die vierjährige Haftstrafe schien mir ein hohes Maß an Siegerjustiz. Daß man dich jetzt als 80jährige in eine Justizvollzugsanstalt sperren will, beweist, daß man noch Steigerungen zu demonstrieren imstande ist. Der vorgebliche Rechtsstaat setzt seine Bekundung von Rache und Haß auf besondere Weise fort. In dieser Stunde bleibt mir nicht mehr, als Dich meiner Solidarität zu versichern. Ich bin überzeugt, daß viele so empfinden wie ich und an Deiner Seite stehen. Mit solidarischen Grüßen Dein Täve Schur«

Stimme gegen den Krieg

Ich will nicht die Prioritäten durcheinanderbringen. Die Begegnung mit dem ehemaligen deutschen Außenminister Kinkel und Erfahrungen, die ich als Bundestagsabgeordneter sammelte, sind zweitrangig im Vergleich zu dem Augenblick, da ich meine Stimme nutzte, um gegen einen Krieg zu votieren. Als der deutsche Bundestag die unselige Entscheidung traf, daß sich die BRD am Überfall auf Jugoslawien beteiligen sollte, stimmte die PDS-Fraktion dagegen. Sie blieb zwar in der Minderheit, aber das Urteil, ob diese Stimmen-Minderheit nicht tatsächlich eine Mehrheit im deutschen Volk vertrat, wird die Geschichte fällen. Seit jenem verhängnisvollen Tag ist einige Zeit vergangen und vieles hat sich getan, das diese Pro-NATO- und Pro-USA-Entscheidung mehr und mehr in Frage stellte. Der Beschluß aber ist nicht mehr zu korrigieren. Leid kam über Jugoslawien, Menschen wurden ermordet, Werte vernichtet, und viele sind sich einig, daß die NATO nichts erreicht hat, außer eben Tod und Zerstörung. Dokumente wurden veröffentlicht, die eindeutig belegen, daß man die Abgeordneten des Bundestages vor der Abstimmung zu täuschen versuchte. (Vielleicht werden sich einige eines Tages darauf berufen.)

Bücher sind erschienen, in denen Experten nachweisen, daß Vorwände manipuliert, wenn nicht sogar erfunden worden waren, um zur Stimmenmehrheit zu gelangen. Wenn sich Rudolf Scharping die Reden heute durchlesen würde, die er damals gehalten hat, um die Kriegsstimmung anzuheizen, wird er sich als Sozialdemokrat fragen müssen, ob das mit den Moraltraditionen seiner Partei zu vereinbaren ist.

Noch einmal: Die so gescholtene Volkskammer hat nie einen Beschluß gefaßt, der so verhängnisvolle Folgen gehabt hätte.

Mich würde schon interessieren, durch wen der Kalte Krieg zwischen den jugoslawischen Teilstaaten geschürt wurde, wer die Menschen gegeneinander aufbrachte und letztlich in einen heißen Krieg trieb. Gar nicht vorzustellen, wie vernünftig Menschen leben könnten – dazu gehören auch ihre Kaufgewohnheiten –, wenn nicht Milliarden für die Werbung ausgegeben würden.

Ich wiederhole: In dem Augenblick, als zu der entscheidenden Abstimmung über Krieg oder Frieden im Bundestag aufgerufen worden war, bin ich – wie es das Grundgesetz fordert und vor allem aber meine Wähler von mir erwarteten – meinem Gewissen gefolgt. Ich, der ich den Krieg noch am eigenen Leib erfuhr, habe gegen einen neuen Krieg gestimmt. Das ist im Protokoll des Bundestages nachzulesen und steht verständlicherweise im »Rechenschaftsbericht« des Abgeordneten Gustav-Adolf Schur ganz obenan.

Meine Entscheidung ergab sich nicht nur aus den prinzipiellen Erwägungen eines Sozialisten, sondern auch aus persönlichen Erfahrungen. Ich hatte während meiner Friedensfahrten zahlreiche Jugoslawen kennengelernt. Der eine oder andere wird sich vielleicht noch an Namen erinnern: Cubric, Levacic, Petrovic. Ich kannte sie als clevere Bergfahrer oder schnelle Sprinter, aber ich hatte nie von ihnen erfahren, ob sie Serben waren oder Kroaten oder Slowenen. Ich hatte sie nie danach gefragt, und keiner von ihnen hat es mir je gesagt. Aber plötzlich beherrschte die Frage der Nationalitäten alle Nachrichtensendungen. Krieg tobte zwischen Serben und Kroaten – die Alt-BRD gehörte bekanntlich zu den ersten, die Kroatien und Slowenien diplomatisch anerkannten und damit entscheidende geopolitische Fakten schufen –, und dann setzte der selbsternannte Weltgendarm NATO seine angeblich »intelligenten« Waffen ein, um die Situation zu eskalieren. (Ich dachte bis dahin, daß Intelligenz eine Eigenschaft wäre, die dazu beiträgt, menschliches Unheil verhindern zu helfen, aber nun wurde ich belehrt, daß die Rüstungsindustrie sie benutzt, um Unheil zu eskalieren. Der Zynismus ist kaum zu überbieten.)

Wider alles Völkerrecht wurden Bomben über Jugoslawien abgekippt, Raketen explodierten in Wohnhäusern. In Belgrad schleppte man Säuglinge einer Klinik in die Keller, um sie zu retten, und die die Einsatzbefehle gegeben hatten, behaupteten ungerührt auch im Bundestag, es handele sich um Politik und die Verteidigung der Menschenwürde.

Die Stimmen unserer Fraktion gegen dieses Verbrechen konnten es nicht verhindern, aber der Welt und vor allem den Jugoslawen signalisieren, daß nicht alle Deutschen diesen dritten Überfall innerhalb eines Jahrhunderts billigten.

Wie man sich noch gut erinnert, wurde bald darauf sogar ein sportlicher Boykott gegen Serbien erörtert. Ich hielt es für angeraten, dem mit allem Nachdruck zu widersprechen und schrieb auch der »Leipziger Volkszeitung« meine Meinung. Friedhelm Julius Beucher, den ich als Vorsitzenden des Sportausschusses des Bundestages persönlich schätze, hatte nun zu der Boykottforderung geschrieben: »Wir haben doch nicht mit frohem Herzen der Bombardierung eines europäischen Landes zugestimmt ...« Ich las das fassungslos. Ging es darum, ob man frohen oder traurigen Herzens für einen Krieg stimmt? Die Abgeordneten der PDS hatten dagegen gestimmt! Schlimm genug, daß jemand dafür votiert, politische Ziele mit Bomben erreichen zu wollen. Und nun wollte er den Bomben noch einen Boykott folgen lassen, weil »der Sport kein politikfreier Raum« sei. Er mußte doch wissen, daß schon einmal eine sozialdemokratisch geführte Bundesregierung auf Wunsch eines amerikanischen Präsidenten einen Boykott im Sport erzwungen hatte. Das war 1980, als in Moskau die Olympischen Spiele stattfanden. (Übrigens zahlte die Bundesregierung 1980 den an der Moskaureise gehinderten Athleten damals eine »Entschädigung« von insgesamt 1,767 Millionen DM. Sozusagen als »Boykottsold«.)

Wollte er aber konsequent sein, dann sollte man augenblicklich Herrn Scharping vorschlagen, die vielen in der Bundeswehr diensttuenden Spitzenathleten in »Sportregimentern« zusammenzufassen und ins Krisengebiet zu verlegen. Das wäre die einzig logische Entscheidung. Eine Konzeption für solche Sportregimenter liegt übrigens seit langem vor: Carl Diem, noch heute hochangesehener Sportführer der Kaiserära, der Weimarer Republik und vor allem der Nazizeit, hatte einen solchen Vorschlag zu Beginn des Zweiten Weltkriegs unterbreitet. Athleten an die Front!

Sport soll Völker verbinden und nicht zum Druckmittel gegen unliebsame Politiker umfunktioniert werden. So lange ich die Möglichkeit habe, meine Meinung zu äußern und ihr durch meine Abgeordneten-Stimme Ausdruck zu verleihen, werde ich diesen Standpunkt vertreten.

Diesmal wirklich in die Schweiz

Mein Terminkalender, der mein Leben lang selten viel Lücken hatte, wurde nun als Abgeordneter regelrecht »zugeschüttet«. Mein wackerer Mitstreiter Klaus Köste hatte viel zu tun, um ihn immer wieder ins Gleichgewicht zu bringen. In Coswig feierte man den 50. Jahrestag der Gründung der Betriebssportgemeinschaft, und man lud mich ein, dabeizusein. Die Volkssolidarität traf sich auf dem Petersberg bei Halle. Über 2000 strömten wandernd zusammen. Den Ministerpräsidenten des Landes Sachsen-Anhalt lud man ein und auch mich.

Eines Tages flatterte ein Brief ins Haus, in dem man mich bat, bei einer Zusammenkunft der Schweizer Friedensgesellschaft zu reden. Ich erinnerte mich der Legende über meine angebliche »Flucht« in die Schweiz, als ich in der Sächsischen Schweiz meinem Klettervergnügen nachgegangen war. Man bat mich, zum Thema »Friedensbewegung und Friedensfahrt« zu sprechen. Als ich mich hinsetzte, um mir einige Notizen zu machen, fielen mir natürlich als erstes Schweizer ein, die zum Erfolg der Friedensfahrt beigetragen hatten. Hans Weder war 1958 dabeigewesen, und für ihn war damals die Reise hinter den Eisernen Vorhang ein unvergeßliches Erlebnis. Das sollte ich hier vielleicht mit einem Satz einflechten: Die Friedensfahrt hat enorm dazu beigetragen, mit Gerüchten und Legenden über das Leben hinter dem Eisernen Vorhang aufzuräumen. Als Weder wieder nach Hause kam, bat ihn die europaweit verbreitete Züricher Zeitung »Sport« über seine Erlebnisse zu berichten. Man räumte ihm fast eine halbe Seite ein. Noch nie hatte Weder einen so stimmungsvollen Auftakt eines Rennens erlebt. »100 000 Zuschauer füllten die Ränge. Als 17. Nation betraten wir die Aschenbahn des Stadions. Bestimmt wird keiner jenen Augenblick vergessen, als der Name ›Szwajca‹, dann der Name jedes Fahrers im Lautsprecher ertönte. Von der Ehrentribüne winkte uns ein Herr mit leicht angegrauten Schläfen. Ja, wir sahen recht, es war der Präsident der Sportkommission des Schweizer Radsportbundes, Walter Stampfli. Wir drehten zwei Runden. Fernsehen, Wochenschau und viele Pressereporter hatten alle Händevoll zu tun, um jede Mannschaft aufs Bild zu bekommen. Unter Kanonenschüssen und dem Aufflattern von unzähligen Friedenstauben verließen wir dann das Stadion zum Start der ersten Etappe.«

Weder war kein berühmter Rennfahrer, gewann keine Etappe und rangierte auf einem hinteren Platz. Aber detailliert schilderte er den Züricher Journalisten, wie er sich auf der letzten Etappe selbst besiegt hatte. Das Rennen hatte ihn verändert und zu dem Entschluß gebracht, auf keinen Fall aufzugeben. Er wollte von sich sagen können, die Friedensfahrt beendet zu haben. Und er schilderte sein Erlebnis mit den Worten: »Am Ende fuhr ich mutterseelenallein am Schluß des Feldes. Mehrmals kam der Schlußwagen zu mir herangefahren. Meine Landsleute Beuchat und d'Agostino forderten mich ständig auf, aus dem Rennen zu steigen. Ich rief ihnen erbittert zu: ›Habe ich schon mehr als 2000 km gelitten, so kann ich es auch noch auf den letzten 150 Kilometern!‹ Plötzlich bekam ich Flügel, ich erreichte eine Gruppe, mit dieser gemeinsam beendete ich dann auch die Friedensfahrt ... ich habe sehr viel gelernt bei diesem Rennen. Was wir während dieser 2200 km erlebten, werde ich nie vergessen.«

Das wollte ich den Schweizern erzählen. Und dann fiel mir Vico Rigassi ein. Der sprachgewandte Genfer Rundfunkreporter war eine Legende in seiner Branche und dem Radsport so verbunden, daß er viele Jahre auch offizieller Sprecher aller Weltmeisterschaften war. Er bekannte mir einmal: »Wenn ich alle Gelegenheiten aufzählen sollte, bei denen ich in Freundeskreisen von der Friedensfahrt berichten mußte, so würde eine vierstellige Zahl kaum genügen. Mit dem Tour-de-France-Generaldirektor Jacques Goddet in Paris, mit Direktor Dr. Giuseppe Ambrosini in Mailand, dem Schöpfer der Italienrundfahrt, mit Direktor Dr. Bruno Roghi in Rom, den Chefredakteuren der größten europäischen Tagessportzeitungen, mit Kollegen aus allen Ländern, mit führenden Persönlichkeiten der UCI, mit dem Kanzler des Internationalen Olympischen Komitees in Lausanne, Herrn Otto Mayer, mit dem Friseur, mit dem Straßenbahnschaffner, mit dem Briefträger, mit älteren und jüngeren Fahrern (Ferdi Kübler zeigte großes Interesse über alle Einzelheiten der Friedensfahrt), habe ich unzählige Male von den unvergeßlichen Eindrücken der Fahrt von Warschau über Berlin nach Prag erzählen müssen.«

Als Nelsons Enkel mitfuhr

Man könnte mir entgegenhalten, daß ich ob dieser Einladung ein wenig ins Schwärmen geraten bin und daß das alles längst vergessen und begraben ist. Ich bestreite das. Dieses Rennen wurde zu einem Symbol für unsere Zeit, in der wir auch im Sport humane Werte schaffen wollten. Mit dem Rennen ist es uns gelungen, auch wenn heute nur noch der Name existiert.

Bevor ich mit dieser Schwärmerei zu Ende komme, will ich doch eine Episode erzählen, die auch schon fast dreißig Jahre zurückliegt. In der britischen Mannschaft fuhr damals Geoffrey Wiles, ein 22jähriger Konstruktreur aus Kent. So ganz nebenbei erzählte er eines Abends, daß er ein Urenkel des legendären Admirals Nelson sei, der 1805 in der Seeschlacht bei Trafalgar fiel. Als sich die Kriegsschiffe damals aufreihten, um in die Schlacht zu segeln, hatte Nelson seinen Matrosen zugerufen: »England erwartet von jedem, daß er seine Pflicht erfüllt!« Schmunzelnd sagte der Brite: »Das war kein sehr friedlicher Appell, aber ich interpretiere ihn für die Gegenwart und glaube, daß es heute ein wenig meine Pflicht ist, etwas für den Frieden zu tun. Deshalb bin ich hier.«

Und das IOC?

Als das IOC ins Gerede kam, weil publik wurde, daß sich die Herren IOC-Mitglieder in Städten, die sich um die Spiele bewarben, reichlich hatten beschenken lassen, fragte man mich natürlich, was die PDS und ich zu diesem Skandal zu sagen hätte. Meine erste Antwort: Ich bekenne – und ich hoffe, daß das meinem Image als PDS-Bundestagsabgeordnetem nicht schadet –, daß ich schon einmal auf dem Stuhl des IOC-Präsidenten Juan Antonio Samaranch gesessen habe. Nur für wenige Minuten und außerdem weiß er nichts davon, aber ich habe mich vorsichtshalber sachkundig gemacht: Nach der IOC-Charta ist das nicht verboten, kann somit auch keine Konsequenzen nach sich ziehen. Außerdem ist es schon acht Jahre her, also verjährt.

Damals reiste ich mit Radsportfreunden zur Tour de France. Unterwegs statteten wir dem IOC in Lausanne einen Besuch ab. Die IOC-Oberen befanden sich zu dieser Zeit in Barcelona, um dort die letzten Vorbereitungen für die Olympischen Spiele 1992 zu treffen. Das stattliche Haus war fast leer. Der »Diensthabende«, ein junger Engländer, führte uns durch die Flure und schließlich auch in den Salon, in dem die Exekutive des IOC zu tagen pflegt. Fast ehrfürchtig standen wir in der »Heiligen Halle«, als der Engländer plötzlich, seine Gastfreundschaft vielleicht über gewisse Grenzen hinausführend, zu mir sagte: »Setzen Sie sich doch ruhig mal an den Tisch.« Ich zauderte, aber er schob mich geradezu auf Samaranchs Stuhl. Für zwei oder drei Minuten saß ich sozusagen auf dem Olympischen Thron und wurde von meinen Freunden eifrig fotografiert. Dieser Augenblick kam mir in die Erinnerung, als ich die jüngsten IOC-Skandalnachrichten las. Es wurde bekanntlich sogar gefordert, das IOC aufzulösen.

Wäre das eine realistische Forderung? Ich meine: Nein.

Nicht nur, weil das Komitee inzwischen 105 Jahre alt ist und damit wohl unter humanistischem Denkmalschutz steht, sondern auch, weil es sich in diesem Jahrhundert viele Verdienste erworben hat, die in diesen Tagen kaum jemand erwähnt. Die Idee des Begründers der Olympischen Spiele der Neuzeit, Baron de Coubertin, nur unabhängige Mitglieder in das IOC aufzunehmen, ist zwar längst durchlöchert, aber ganz ausgelöscht ist sie noch nicht. Und die jetzt so heftig diskutierten Fälle von Korruption schmälern diese Aussage nicht.

Korruption ist längst zum festen Bestandteil der menschlichen Gesellschaft geworden. Es ist nicht vorstellbar, daß ausgerechnet das IOC davon verschont bleiben sollte. Immerhin lagern allein Milliarden Dollar auf den IOC-Konten, zusammengetragen aus den horrenden Summen für Fernsehübertragungsrechte. Könnte eine strikte Kontrolle der Einnahmen und Ausgaben in Zukunft dafür sorgen, daß das Komitee korruptionsimmun wird? Zu glauben, daß ein paar Ausschlüsse alles wieder ins Lot bringen und den guten Ruf wiederherstellen könnten, ist in meinen Augen eine Illusion.

Ich habe mich kundiger zu machen versucht, weil das Thema IOC ja auch in der BRD ziemlich kontrovers diskutiert wird und ich als Mitglied des Sportausschusses des Bundestages für die dort denkbaren Debatten gerüstet sein wollte. Außerdem kann ich mich noch sehr gut an die Ereignisse um die Anerkennung des NOK der DDR 1965 in

Madrid erinnern. Das ist keine Nostalgie, sondern eher Rückblick auf den Kalten Krieg im Sport. Bonner Minister hielten damals unmißverständliche Reden und »warnten« das IOC vor der Anerkennung. Man würde sie als unfreundlichen Akt bewerten. Als das IOC dieses Risiko auf sich nahm, las man auch schon Forderungen, das »antiquierte« IOC endlich aufzulösen. Deshalb erinnere ich daran.

Es gibt in allen Sportarten sehr strikte Regeln. Wenn ein Sprinter den zweiten Fehlstart verursacht, scheidet er aus, wenn ein Schwimmer bei der Wende den Beckenrand verpaßt, wird er disqualifiziert, und selbst bei den Disziplinen mit subjektiver, weil menschlicher Bewertung sind die Regeln objektiviert worden, um Fehlentscheidungen immer seltener werden zu lassen. Daran sollten sich die Herren des IOC erinnern und auch an einige Forderungen des Begründers der modernen olympischen Idee, Baron de Coubertin. Damals, als ich für einige Minuten im Stuhl des IOC-Präsidenten saß, besuchten wir auch sein Grab. Vielleicht sollten das die IOC-Mitglieder vor Beginn ihrer Tagungen auch zuweilen mal tun. Möglicherweise fallen ihnen dann einige der strikten moralischen Forderungen, die Coubertin für die IOC-Mitglieder als Verhaltensregeln formulierte, wieder ein. Eine Auflösung des IOC würde höchstens die Übernahme der Spiele durch ein möglicherweise noch korrupteres Gremium nach sich ziehen. Nein, das IOC muß seinen guten Ruf wiederherstellen und – das wird heute schließlich überall gefordert – seine Geschichte aufarbeiten. Jeden Tag werden neue Beispiele für Korruption publiziert. Niemand weiß, welche stimmen. Man sollte die Prozeduren der Vergabe der Spiele überprüfen und dann Schlüsse aus den Erfahrungen ziehen.

Aber vielleicht sollte man auch alles so lassen, wie es ist ...

Rede an die Genossen

Schluß mit den Erinnerungen, die Gegenwart fordert täglich Entscheidungen und vor allem Engagement. Ich bin nicht der Meinung, daß jeder in der PDS die Rolle des Sports richtig bewertet, aber die PDS ist stolz auf ihren Pluralismus, und der gilt auch in diesem Fall. Dennoch will ich nun auf meine alten Tage – nein, niemand muß fürchten, daß hier eine Serie von Thesen oder Leitanträgen folgt – noch einmal formulieren, warum mir Sport so sehr am Herzen liegt. Ich habe das schon dargelegt, aber jetzt möchte ich es noch einmal im Zusammenhang mit meinen Aufgaben im Bundestag tun. Ich werde dort nicht viel verändern, aber zumindest unseren Standpunkt deutlich machen können.

Zunächst: Es ist nicht zu leugnen, daß die Fernseh-Einschaltquoten bei Sportübertragungen höher sind als bei den Direktübertragungen aus dem Bundestag. Woran erkennbar wäre, daß das öffentliche Interesse am Sport größer ist als an der Politik. Die alarmierenden Zahlen der Beteiligung an den letzten Wahlen bestätigen, daß die Politikverdrossenheit zunimmt, während von Sportverdrossenheit wenig zu spüren ist. Das hat Gründe, denn manchem Politiker ist es natürlich lieber, die Wähler interessieren sich für ein Fußballspiel als für die Schleichwege nicht sehr sauberer Politik. Ich will nur am Rande daran erinnern, daß englische Unternehmer schon im 19. Jahrhundert begannen, Geld in den Fußball zu stecken, weil sie auf diese Weise den Zulauf zu Gewerkschaftsversammlungen zu bremsen hofften.

Die DDR war – das leugnen nicht einmal ihre ärgsten Feinde, auch wenn sie sie ständig zu kriminalisieren versuchen – eine Sportnation. Unter anderem auch deshalb, weil zum Beispiel segelbegeisterte Jugendliche ihrer Leidenschaft für einen Mitgliedsbeitrag von 1,50 DM nachgehen konnten. Einer von denen, die Ende der sechziger Jahre am Berliner Müggelsee zum Segeln kamen, hat unlängst in Sydney noch eine Medaille für Deutschland geholt.

Mir muß niemand sagen, daß die Sportnation DDR sich ständig mit Mängeln plagen mußte. Keine Räder, keine Reifen, nicht genügend Laufschuhe, nicht genügend Schwimmhallen. Aber das annulliert das Prinzip nicht, von dem ich sprach. Die Wählerinitiative, die mich unterstützte – von der mich viele vielleicht nicht einmal gewählt haben – forderte, daß Sport bezahlbar bleiben müsse. Darum geht es.

In den Reihen unserer Mitglieder und Sympathisanten sind viele, die einige Ahnung davon haben, wie man Sport organisiert. Daß der Deutsche Sportbund mit mehr als 20 Millionen Mitgliedern die größte deutsche Bürgerorganisation ist, weiß jeder. Daß sie es auch in Zukunft bleibt, hängt davon ab, ob sich genügend Menschen finden, die sich mit einer Horde fußballbegeisterter Jungen oder auch Mädchen am Samstagmorgen auf den Weg in den nächsten Ort machen. Es ist nämlich eine Tätigkeit, die sich nicht »rechnet«, aber eine, die demonstriert, wie man sich persönlich engagiert, um zum Beispiel Kinder für das Fußballspielen zu begeistern, statt sie anderen für den »Reiz« am heimlichen Kiffen zu überlassen. Es stünde der PDS gut an, dort Meriten zu erwerben.

Der »Goldene Plan«

Als Abgeordneter bekommt man viele Briefe. Vor einiger Zeit hatte mir der Vorsitzende des Stadtsportbundes Erfurt einen Brief geschrieben und seine Sorgen geschildert. Ich habe ihm geantwortet und versichert: »Ich betrachte es als eine meiner wichtigsten Aufgaben, als Mitglied des Sportausschusses im deutschen Bundestag mit darüber zu wachen, daß der ›Goldene Plan Ost‹ schnellstens in die Gänge kommt und sich nicht als ›Alibi- oder Mogelpackung‹ herausstellt.«

Unlängst bekam ich einen Bescheid von Regierungsdirektor Dr. Schmidt vom Bundesinnenministerium, den er der Haushaltspolitischen Sprecherin meiner Fraktion, Frau Prof. Luft, zugestellt hatte. Wörtlich hieß es da: »Aufgrund der noch nicht abgeschlossenen Konzeptionierung hat das angestrebte Sportstättenbauförderungsprogramm nach den Kriterien des ›Goldenen Plan Ost‹ in den Regierungsentwurf keinen Eingang gefunden.«

1964 hatte ich mich in Erfurt – der Leser erinnert sich vielleicht – nicht für die Olympischen Spiele qualifizieren können. Das war allein meine Sache. 1999 ist es unsere Sache, Sache des Ausschusses, in dem alle Fraktionen vertreten sind, und Sache der Regierung, dafür zu sorgen, daß der Goldene Plan Ost endlich in Angriff genommen wird. Ich bin auch gewählt worden, weil Bürger überzeugt waren: Dieser Schur, auf den war immer Verlaß. Und jetzt schreibe ich einen optimistischen Brief nach Erfurt, und ein Regierungsdirektor teilt mir mit: Tut uns leid.

Und bei nächster Gelegenheit wird jemand wieder erzählen, daß die Misere der ostdeutschen Sportplätze und Turnhallen von der DDR verschuldet worden ist. Seit dem Untergang der DDR sind zehn Jahre vergangen, und da nutzen sich solche Erklärungen langsam ab!

Ich habe im Parlament auch sehr kritische Worte zum

Thema Schulsport geäußert. Mehrmals hatte ich auf die unbefriedigende Situation an den Schulen hingewiesen, und als ich das anläßlich der Jubiläumsfeier 30 Jahre Deutscher Sportausschuß zum wiederholten Mal tat und meine Rede mir der Vision »Künftig in Deutschland an jedem Tag eine Stunde Schulsport« beschloß, kam hinterher Bundesinnenminister Schily und sagte: »Herr Schur, der Schulsport ist nicht Ihre Sache.« Er wollte mich wohl aufklären, daß der Schulsport Angelegenheit der Länder sei. Um ehrlich zu sein: Das wußte ich längst. Aber ich habe keine Lust, mich damit abzufinden, und kann auch erklären, warum ich da anderer Meinung bin. In den Schulen sollten mindestens drei Wochenstunden Sport zur Norm werden. In einigen Ländern ist man bereits bei unter zwei Stunden angelangt. So im Saarland und in Baden-Württemberg. Bayern hatte 900 Sportlehrer »eingespart« und war nun auch bei zwei Wochenstunden angelangt.

Meine Erfahrung besagt, wer nicht von jung auf auch lernt, daß körperliche und geistige Bewegung Erfolgserlebnisse vermitteln, wird Mühe haben, das zu begreifen, wenn er älter wird, zumal wir in einer Gesellschaft leben, in der die körperliche Belastung abnimmt. Das Fernsehen trägt nach meiner Meinung auch nicht sonderlich dazu bei, daß junge Menschen geistig gefordert werden. Ob das Elternhaus immer in der Lage ist, dem entgegenzuwirken, ist infrage zu stellen.

Umso größere Bedeutung kommt deshalb dem Schulsport zu, der für das Fundament sportlicher Betätigung sorgen soll. Wenn damit erst in den Vereinen begonnen wird, ist das sehr viel schwerer zu erreichen. Aber selbst die Voraussetzungen für den Schulsport fehlen vielerorts. Nicht nur bedingt durch die geringe Stundenzahl. Viele Kinder können gar nicht so am Sportunterricht teilnehmen, wie sie vielleicht möchten, weil sie durch Bewegungsarmut und falsche Ernährung übergewichtig sind.

Zudem fehlt es ihnen aber auch an der schlichten Erkenntnis, wie wichtig körperliche Bewegung ist. Sie darüber aufzuklären muß früh begonnen werden, weil die Gesellschaft für Versäumnisse in dieser Hinsicht einen hohen Preis zu zahlen hat – auch durch steigende Ausgaben für das Gesundheitssystem.

Die Misere besteht darin, daß der Hochleistungssport in seiner jetzigen Form der Vermarktung seine Anziehungskraft für die Jugend längst verloren hat. Coubertin hatte schon vor Jahrzehnten gewarnt, daß sich der Sport zwischen Tempel und Markt entscheiden muß. Inzwischen stehen wir bereits mitten auf dem Markt. Und wenn die Werbewirksamkeit des großen Sports endgültig verlorengeht, bleibt uns nur noch der Schulsport als Mittel.

Als der Vater der berühmten norwegischen Eiskunstläuferin Sonja Henie Ende der zwanziger Jahre des vorigen Jahrhunderts seine Tochter aus der Schule nahm und mit der Konsequenz heutiger Manager auf ihre Laufbahn vorbereitete, die mit drei olympischen Goldmedaillen begann und in einer Revue endete, staunte man darüber noch. Heute wäre eine solche Karriere anders gar nicht mehr vorstellbar.

Als ich meine größten Erfolge feierte, spielten Kinder »Täve« und rasten schon im Kindergarten mit ihren Rollern um die Wette. Ich könnte die Kindergärten und Schulklassen nicht zählen, die ich in meinem Leben besuchte und dort nicht nur über meine Erlebnisse plauderte, sondern vor allem über die Notwendigkeit, sich sportlich zu betätigen. Trifft man heute noch Sportstars in Kindergärten? Die Frage läßt sich kaum bejahen, weil die Kindergärten oft nicht mal mehr das Geld haben, die Kindergärtnerinnen zu bezahlen, geschweige denn die von den Managern der Stars geforderten Auftrittshonorare.

Schulsport erreicht als einzige Form des Sports faktisch alle Kinder und Jugendlichen. Deshalb kann ich auch dem

Innenminister nicht zustimmen, der mir beibringen wollte, daß der Schulsport nicht »unser Ding« sei.

Der Freiburger Prof. Aloys Berg wies in Untersuchungen nach, daß bei den zwölfjährigen Kindern bereits 40
Prozent unter Kreislaufproblemen leiden, daß jedes dritte
Kind Haltungsfehler aufweist, bei jedem zweiten Muskel-
schwächen zu diagnostizieren sind und jedes fünfte an
Übergewicht leidet. Keine Horrorbilder, sondern die alarmierenden Feststellungen von Wissenschaftlern, die wir
sehr ernstnehmen sollten. Und wenn ich dann lese, daß ein
berühmter Fußballklub für 17 Millionen DM einen neu-
en Stürmer gekauft hat, für ihn also zwei Millionen DM
mehr hinblättern konnte, als die Bundesregierung für den
Goldenen Plan bewilligte, kann ich mir jeden weiteren
Appell sparen.

Wir stehen, was die Entwicklung des Sports betrifft, am
Ufer des Rubikon und sollten uns davor hüten, ihn zu über-
schreiten. Und der Maßstab für unsere Schritte sollte eben
nicht die bei Olympia errungenen Medaillen sein, sondern
die Situation in den Schulsporthallen. Warum ich das alles
in meine Memoiren schreibe? Weil wir überall Verbünde-
te suchen müssen für unsere Anliegen. Vielleicht kann ich
den einen oder anderen mit diesen Worten überzeugen,
dabei mitzuhelfen. Zudem will ich denen, die mich gewählt
haben, bekunden, daß ich nicht etwa in diesem Parlament
Platz genommen habe, weil ich auf die nicht unbeträcht-
lichen Diäten spekulierte. Man hat mir Vertrauen
geschenkt – ich will es rechtfertigen und damit meinem
Prinzip treubleiben. Deshalb bin ich auch fast rund um die
Uhr unterwegs und versuche, alle Termine wahrzunehmen.
Und zwischendurch sitzen überall Journalisten und stellen mir Fragen, obwohl ich manchmal meine, ich hätte
doch im Laufe der Jahrzehnte wohl alle Fragen längst
beantwortet. Aber es geht im Grunde gar nicht um Antworten. Immer wieder will man uns in Schwierigkeiten

bringen. Lange lag der Stapel Fragen eines deutschen Senders auf meinem Schreibtisch. Zum Beispiel: »Was war Ihr erster Gedanke, als Sie hörten: die Mauer ist gefallen?« Oder: »Gibt es Menschen, bei denen Sie sich für Ihr Handeln zu DDR-Zeiten entschuldigen müssen bzw. mußten?« und »Muß(te) sich jemand bei Ihnen entschuldigen?« Auf die erste Frage antwortete ich: »Mein erster Gedanke? Hoffentlich bewahren die Grenzkumpels überall trotz des Trubels die Ruhe, damit nichts passiert«, auf die zweite: »Ich entschuldige mich bei allen, denen ich je gesagt habe, es wird in unserer Gegend nie mehr Obdachlose geben«, und bei mir müßte sich der BRD-Rennfahrer entschuldigen, der 1964 beim Olympia-Ausscheidungsrennen in Erfurt die Order bekommen hatte, mich in den Graben zu fahren und das auch gründlich tat. Er hat sich inzwischen entschuldigt. Wir haben das unter uns geregelt, und deshalb werde ich auch nie seinen Namen nennen.«

Das waren nur drei von dreißig Fragen, und das waren wiederum nur dreißig von rund dreihundert, die man mir allein in den letzten Wochen gestellt hat. Ich werde noch viele Antworten geben müssen und manche vielleicht auch nicht geben können. Ich kann mich bemühen, auf viele der Fragen, die die Menschen heute stellen, Antworten zu finden, aber ich kann keine Garantie übernehmen, immer triftige Antworten zu wissen. Und will es auch gar nicht.

Und mit dieser Feststellung wäre ich wohl am Schluß meines Lebensberichts angelangt, den ich als 70jähriger zu Papier brachte. Es ist der Bericht über eine friedlose Jugend, über dramatische, manchmal sogar Millionen bewegende Radrennen, über meinen politischen Weg, mit einem Wort über viele Duelle, die ich in meinem Leben zu bestehen hatte. Und am Ende bleibt noch einiges zu sagen.

Mein Denken resultiert aus den Erfahrungen des Zweiten Weltkriegs und meinem Leben danach und das führt zu folgenden Schlüssen: Ich klage diejenigen an, die am

Zweiten Weltkrieg mit 55 Millionen Toten, Behinderten und psychisch Geschädigten und all den Verbrechen die Hauptschuld tragen. Letztlich profitierten sie an diesem Krieg. Und wenn heute Jugendliche nach den Parolen der ehemalig braunen Brut »funktionieren«, dann schreibe ich das dem Umstand zu, daß nach dem Krieg Tausenden Nazis und Kriegsverbrechern in den Westzonen der Weg in Ämter und Funktionen geebnet wurde. Sie und die Mörder des Holocaust haben den Faschismus gepflegt und dabei auch Krieg verherrlicht. Davon zeugen Landserhefte, Bücher, Orden, Fahnen und Symbole in Schaufenstern seit dem ersten Tag der Bundesrepublik. Umso absurder klingen heute die Vorwürfe, der Neonazismus hätte seine Wurzeln im »Osten«.

Und damit bin ich noch einmal in meiner Heimat, der DDR. Ich klage an, daß all das, was Millionen ehrlicher und redlicher Bürger in schwerer Arbeit geschaffen haben, durch ein paar Gesetze und einige Treuhandmanager verschleudert wurde, daß alles, was wir uns geschaffen hatten, gestohlen wurde, daß die so gepriesene Demokratie, die angeblich das Eigentum als höchsten Wert sieht, mit unserem Eigentum so umging.

Noch ein Wort an die jüngere Generation: Ich danke denen, die heute meine Rente erarbeiten müssen. Die Reichen – über 150 000 Millionäre und über 100 Milliardäre – zahlen sie nicht.

Und schließlich: Ich bin nicht gegen den Staat, in dem ich heute lebe und den viele für einen guten Staat halten. Ich will nicht zurück in die DDR, aber ich fordere Recht und Würde für die DDR und ihre Bürger.

Als ich an dieser Stelle angelangt war, mahnte man mich, den nächsten Termin nicht zu versäumen, denn er wäre ungemein wichtig. Also hastete ich davon und entschloß mich unterwegs, mit diesem Termin diesen Bericht endgültig zu schließen.

Man hatte mich eingeladen, nach Neukölln zu kommen und dort bei einer schlichten Gedenkfeier eine kurze Rede zu halten. Am 29. Juli 1945 hatte im Stadion Neukölln eine unvergeßliche Demonstration stattgefunden. Berliner Antifaschisten aus allen Stadtbezirken drängten sich auf den Rängen, und Ottomar Geschke, einer der Männer, der ein Nazi-KZ überlebt hatte und als Stadtrat des Berliner Magistrats inmitten der Berliner Trümmerwüste Not und Elend zu lindern trachtete, mahnte zum Kampf gegen den Faschismus vor allem in den Köpfen vieler Deutscher. Man wollte damals in Neukölln ein Zeichen setzen und hatte die Urne Werner Seelenbinders – vielfacher deutscher Ringermeister, Spartakiadesieger 1928 in Moskau, Olympiavierter 1936 in Berlin und ermordet von den Faschisten in Brandenburg – nach Berlin geholt und von seinen Kampfgefährten dort beisetzen lassen. Das Stadion wurde an diesem Tag nach ihm benannt.

Verordneter Antifaschismus?

Die Neuköllner Bezirksverordneten beschlossen jedenfalls keine drei Jahre später, daß der Name Seelenbinder wieder zu löschen sei. Das Grab verschwand hinter Schloß und Riegel und Hecken. Heute steht der Kampf gegen Rechts und gegen die braune Vergangenheit wieder auf der Tagesordnung. Man diskutiert, wer wo mehr tun sollte, um dieser Gefahr zu begegnen. Ich glaube, daß es auch hilft, uns auf Männer wie Seelenbinder zu besinnen, die ihr Leben hergaben, um den Faschismus zu besiegen, um uns daran zu erinnern, daß wir nicht warten dürfen, bis es eines Tages zu spät sein könnte. Appelle zur Courage und gute Ratschläge reichen nicht mehr.

Ja, mit der mahnenden Erinnerung an Werner Seelenbinder wollte ich meine Erinnerungen schließen ...

Inhalt